O que as pessoas estão falan
IoT: Como usar a Internet da
para alavancar seus negócios

"Bruce é ótimo contador de histórias e profundo conhecedor do tema IoT. Dessa combinação de atributos resulta um livro fácil de ler, com muitas informações valiosas. O livro tem algo para todos. Não importa que você só esteja interessado em aprender mais sobre esse tópico fascinante ou esteja pensando em criar um negócio de IoT, este livro tem tudo o que você procura, desde o desenvolvimento de uma estratégia de IoT, com excelentes exemplos de muitos setores diferentes, até a elaboração de um plano de negócios para compreender as necessidades de resultados dos seus clientes. Bruce explica como a IoT está mudando todos os setores de atividade, os fundamentos dos negócios e os relacionamentos com os clientes – tudo envolve transformar dados em informações úteis, aplicáveis e valiosas. Definitivamente, uma ótima leitura."

Tanja Rueckert, EVP, LoB Digital Assets e IoT, SAP.

"O mundo está inundado de novos livros exaltando as virtudes da Internet das Coisas (IoT) e alardeando inutilmente a enorme quantidade de dispositivos conectados – inutilmente, porque é irrelevante saber com exatidão quantos dispositivos estão conectados, porque é importante esclarecer que, na prática, quase tudo pode ser conectado. *IoT: como usar a Internet das Coisas para alavancar seus negócios* começa com a explicação do que pode ser conectado à internet – de secadoras de roupa a pneus de veículos, de sistemas de monitoramento de salas de operação a sistemas de construção – e, em seguida, desloca o foco para a maneira como essas conexões possibilitam novos modelos de negócios que produzem resultados para produtos e serviços. Em consequência, as disrupções serão muito comuns em diversos setores, como agricultura e automação doméstica, produção industrial e assistência médica. E a *IoT: como usar a Internet das Coisas para alavancar seus negócios* apresenta soluções não só para reconhecer essas disrupções, mas, principalmente, para lucrar com elas. Em vez de focar na tecnologia, Sinclair foca nas oportunidades de negócios, que só serão ignoradas por sua conta e risco."

Richard Mark Soley, PhD, Chairman e CEO, Object Management Group, e Diretor Executivo, Industrial Internet Consortium.

"Bruce Sinclair o ajudará a *vender resultados* e lhe dará *vantagem competitiva para alcançar o sucesso sustentável*. Em *IoT: como usar a Internet das Coisas para alavancar seus negócios*, Bruce oferece *insights* poderosos sobre como e quando explorar a IoT. Resultantes de sua experiência no mundo real, orientando pequenas e grandes empresas sobre como explorar a IoT, as ferramentas práticas e diferenciadas apresentadas por Bruce se destinam a qualquer pessoa que venda produtos físicos a consumidores. Se você está interessado em desenvolver uma estratégia de IoT a ser aplicada na vida real, de maneira a destacá-lo dos concorrentes, *IoT: como usar a Internet das Coisas para alavancar seus negócios* é leitura INDISPENSÁVEL."

Joseph Michelli, autor de livros da lista de best-sellers *do* New York Times, *como* Driven to Delight, Leading the Starbucks Way *e* The New Gold Standard.

"Achei *IoT: como usar a Internet das Coisas para alavancar seus negócios* um recurso excelente para compreender todos os aspectos relacionados com IoT. Aplicável desde os produtos mais restritos, como *wearables*, ou vestíveis, às soluções mais amplas, como cidades inteligentes, este livro propiciará a oferta de produtos e serviços melhores para consumidores e cidadãos. Embora não deva ser rotulado como livro técnico, ele oferece fundamentos sólidos para todos os *stakeholders*, ou partes interessadas, da Internet das Coisas – do programador ao CTO (executivo-chefe de tecnologia)."

Miguel A. Gamiño Jr., CTO, New York City.

"A Internet das Coisas está se transformando rapidamente em processo de criação de uma internet de valor para numerosos segmentos de mercado e áreas de aplicação. Adorei o método simples e objetivo de Bruce Sinclair para explicar a IoT e suas aplicações ao longo de todo o livro. O foco claro em criar valor para usuários e clientes, em todas as áreas de mercado, sem se deixar levar pelo *hype* e pelo tecnicismo, é requisito indispensável para o desenvolvimento e o aproveitamento da IoT. Essa mensagem, que ecoa em todo o livro, é exatamente a maneira certa de moldar a economia movida a IoT."

Krishna Mikkilineni, Vice-presidente Sênior, operações de engenharia e tecnologia da informação, Honeywell.

"Nos últimos dez anos, trabalhei com várias empresas de TI (tecnologia da informação) e TO (tecnologia de operações), sobre a proposta de valor da Internet das Coisas no âmbito industrial. Sem dúvida, o valor decorre da transição bem-sucedida das empresas, da venda de serviços para a venda de soluções integradas e, finalmente, para a ajuda aos clientes na obtenção dos resultados almejados. A *Outcome Economy* é a visão macroeconômica panorâmica de para onde a Internet das Coisas nos está levando. Bruce Sinclair explica com clareza como chegaremos lá, partindo do marco zero – envolvendo a criação e a monetização do valor, a tecnologia de IoT e a modelagem de negócios de IoT, de ecossistemas e de resultados. Recomendo enfaticamente este livro. Não importa o seu setor de atividade, ele o ajudará a orientar sua estratégia, nesse clima de negócios em transformação".

Prith Banerjee, CTO e EVP, Schneider Electric.

"A Internet das Coisas não é nova e nem inédita, mas o modelo de negócios que ela propicia pode ser transformador. Bruce adota uma perspectiva incomum, de valor do negócio, na abordagem dessa tendência tecnológica catalisadora, ao analisar a interseção de estratégia, operações e tecnologia. No percurso, ele fornece diretrizes simples e fundamentais sobre a implantação e as melhores práticas."

Ken Forster, Managing Director, Momenta Partners.

"Um excelente e gradual aprendizado sobre um dos maiores *hypes* da indústria de tecnologia atualmente: a IoT. O autor não se restringe somente a descrever os aspectos exaustivamente cobertos pela mídia, mas também se preocupa em demonstrar como transformar um empreendimento na área de IoT em um negócio lucrativo que se alinhe a um sólido plano estratégico de negócios. Bruce Sinclair ressalta ainda os importantes detalhes técnicos que fazem parte da IoT, como a interconectividade entre os aparelhos de IoT, a análise do volume astronômico de dados e a ameaça representada por ciberataques."

Paulo Freitas, Director of Technology, Securefact Transaction Services Inc.

"Sinclair traz uma contribuição única ao tratar, de forma simples e prática, o que o mercado até então discutia como sendo apenas um *hype* tecnológico. Por meio de um conteúdo de fácil leitura, sua abordagem focada na Economia de Resultados orienta o leitor na construção de uma estratégia para IoT e no desenvolvimento de um plano de negócios para implementação dessa tecnologia dentro de uma organização. Os exemplos abordados no livro, extraídos de diferentes indústrias, são uma excelente referência de melhores práticas."

Sérgio Passos, Cofounder & CTO, Take

"Este livro impacta a compreensão trivial dada para a Internet das Coisas, demonstrando que a chamada IOT é o *upgrade* da internet da consulta para a internet do valor. Ele traz *insights* poderosos para você repensar seu modelo de negócios na era da economia dos dados, permitindo não apenas reconhecer a disrupção, mas também lucrar com ela. A Internet das Coisas salvou mais de 30 mil vidas nos EUA em apenas um ano, com novos sensores inteligentes para uma direção mais segura. De hospitais, indústrias, comércio e até cidades inteligentes, você vai entender que, para muito além da manufatura, existe uma nova forma de conquistar mercados e clientes com essa ferramenta digital."

*Fábio Veras de Souza, Superintendente de Desenvolvimento de
Novos Negócios, Federação das Indústrias / Tendências Digitais*

Como usar a
INTERNET DAS COISAS
para **alavancar** seus **negócios**

Copyright © 2017 Bruce Sinclair
Copyright © 2018 Editora Autêntica Business

Esta edição brasileira é a tradução na íntegra da edição americana, especialmente autorizada pela Columbia University Press, a editora original.

Título original: *IoT Inc : How Your Company Can Use the Internet of Things to Win in the Outcome Economy*

Todos os direitos reservados pela Editora Autêntica Business. Nenhuma parte desta publicação poderá ser reproduzida, seja por meios mecânicos, eletrônicos, seja cópia xerográfica, sem autorização prévia da Editora.

EDITOR
Marcelo Amaral de Moraes

ASSISTENTE EDITORIAL
Vanessa Cristina da Silva Sá

CAPA
Diogo Droschi (sobre imagem de VLADGRIN/Shutterstock)

REVISÃO TÉCNICA
Marcelo Amaral de Moraes

REVISÃO
Lúcia Assumpção

DIAGRAMAÇÃO
Larissa Carvalho Mazzoni

Dados Internacionais de Catalogação na Publicação (CIP)
(Câmara Brasileira do Livro, SP, Brasil)

Sinclair, Bruce.

IoT : como usar a Internet das Coisas para alavancar seus negócios / Bruce Sinclair ; tradução Afonso Celso da Cunha Serra. -- 1. ed. -- São Paulo : Autêntica Business, 2018.

Título original: *IoT Inc : How Your Company Can Use the Internet of Things to Win in the Outcome Economy.*

ISBN 978-85-513-0356-6

1. Internet das Coisas 2. IoT 3. Negócios e tecnologia 4. Estratégia 5. Tecnologia I. Título.

18-15102   CDD-004.678

Índices para catálogo sistemático:
1. Internet das Coisas : Ciência da computação 004.678
Iolanda Rodrigues Biode - Bibliotecária - CRB-8/10014

A **AUTÊNTICA BUSINESS** É UMA EDITORA DO **GRUPO AUTÊNTICA**

São Paulo
Av. Paulista, 2.073,
Conjunto Nacional, Horsa I
23º andar . Conj. 2310 - 2312.
Cerqueira César . 01311-940
São Paulo . SP
Tel.: (55 11) 3034 4468

Belo Horizonte
Rua Carlos Turner, 420,
Silveira . 31140-520
Belo Horizonte . MG
Tel.: (55 31) 3465 4500

Rio de Janeiro
Rua Debret, 23, sala 401
Centro . 20030-080
Rio de Janeiro . RJ
Tel.: (55 21) 3179 1975

www.grupoautentica.com.br

BRUCE SINCLAIR

Como usar a
INTERNET DAS COISAS
para **alavancar** seus **negócios**

TRADUÇÃO Afonso Celso da Cunha Serra

autêntica
BUSINESS

À minha esposa, Jessica, que sempre esteve ao meu lado.

‹ SUMÁRIO ›

Prefácio   **13**

Agradecimentos   **17**

Introdução: Afinal, o que é IoT?   **19**

Parte Um: O propósito da IoT para o negócio   **29**

Capítulo 1: A tecnologia de IoT sob a perspectiva de valor   31
Capítulo 2: Criação de valor com IoT   40
Capítulo 3: Monetização do valor de IoT   62
Capítulo 4: A mudança no relacionamento com o cliente   83

Parte Dois: Análise do negócio sob as lentes da IoT   **87**

Capítulo 5: O seu setor de atividade e as mudanças em curso   89
Capítulo 6: A competição em IoT e as vantagens
            competitivas da IoT   104
Capítulo 7: A *Outcome Economy*   111
Capítulo 8: Sua nova empresa de IoT – Departamento
            por departamento   125
Capítulo 9: Definição dos requisitos do seu produto IoT   137
Capítulo 10: Dando a partida   157

Parte Três: Mergulho tecnológico profundo na IoT   **171**

Capítulo 11: O produto definido por software   173
Capítulo 12: O produto definido por hardware   182
Capítulo 13: A estrutura da rede   189
Capítulo 14: Sistemas externos, inclusive outros
            produtos IoT   210
Capítulo 15: Análise de dados de IoT e *big data*   214
Capítulo 16: Cibersegurança e gerenciamento de
            riscos de IoT   227

Conclusão   **244**

Índice   **249**

Sobre o autor   **262**

‹ PREFÁCIO ›

O que é a Internet das Coisas?

Vamos começar do começo. *Tecnicamente* falando, Internet das Coisas (Internet of Things – IoT) é apenas uma evolução da internet. Nada mais, nada menos. No entanto, as ramificações da IoT em termos de negócios produzirão efeitos revolucionários e lançarão as bases da *Outcome Economy* (Economia de Resultados). A compra e a venda de resultados exercerão impactos profundos no seu setor, organização e produtos.

Por isso é que a IoT é fonte de tanto entusiasmo e exagero. Bilhões de sensores! Trilhões de dólares! Ela é de tal maneira enaltecida que se situa no ápice do ciclo de *hype* (ver Figura P.1) e até tem seu próprio ciclo de *hype*!

Apesar de todo esse sensacionalismo, a Internet das Coisas é real. Essa afirmação é comprovada pelo tamanho dos atores que estão competindo para vender aos relativamente poucos adeptos precursores da IoT (ver Figura P.2). Passei boa parte de minha carreira atravessando fossos, e esse é, geralmente, o escopo das startups. Essas pioneiras devem aparar as setas com as próprias costas, enquanto os concorrentes maiores e mais cautelosos esperam que os mercados amadureçam e as tecnologias se estabeleçam. Mas não aqui. Além das startups de alto risco, todas as gigantes da tecnologia e muitas empresas *blue chips* já irromperam no mercado, em busca de um ponto de apoio no que em breve se converterá no novo padrão em negócios.

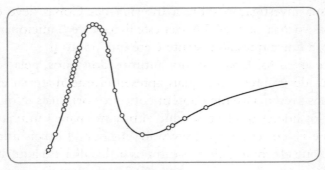

Figura P.1: O *hype* em torno da IoT

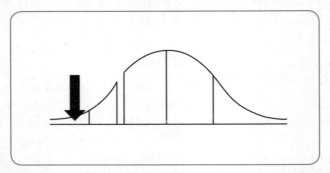

Figura P.2: Adeptos precursores da IoT estão recebendo muita atenção

    Alguns gigantes já reformularam suas previsões de resultados, traçando *loops* em torno de negócios até então classificados de maneira diferente, dispostos a convertê-los imediatamente em negócios de IoT. É bem possível que isso não passe de um truque de salão, para aproveitar o *hype* e turbinar os mercados, mas os líderes dessas empresas também são responsáveis perante a opinião pública pelo crescimento de suas iniciativas de IoT. Além disso, algumas empresas, como GE e PTC, já entraram no mercado, apostando tudo na Internet das Coisas. Essa competição precoce e excessiva, a responsabilidade pelos resultados e as grandes apostas na tecnologia são testemunhos da oportunidade de negócios pela frente.

Abraçando a Internet das Coisas

    Se você está em dúvida se sua empresa deve abraçar ou não a Internet das Coisas, pergunte-se antes se sua empresa já abraça a internet. Se a resposta for sim, o que é muito provável, sua empresa, por definição, deve abraçar a Internet das Coisas. Não é uma questão de *se* – é uma questão de *quando*.

A sua investigação sobre a Internet das Coisas deve começar agora, mas você já sabe disso. Ao ler este livro, você já iniciou a jornada; portanto, a única questão restante é até que ponto ir.

Este livro foi lapidado, nos últimos dois anos, pelas centenas de líderes de empresas aos quais apresentei este material em meus workshops presenciais. Ele contém conceitos originais e foi influenciado pelos líderes intelectuais que entrevistei para a minha série de podcasts e vídeos em: http://www.iot-inc.com. O mais importante, porém, é que ele foi testado nos campos de batalha. Eu aqui apresento o mesmo conteúdo e os mesmos métodos que usei nas trincheiras, assessorando empresas grandes e pequenas sobre como planejar seus negócios e linhas de produtos de IoT.

‹ AGRADECIMENTOS ›

Este livro começou com um uma pilha de slides, apurada durante anos na condução de workshops profissionais em todo o mundo. Senti-me motivado pelo *feedback* dos participantes e pelos casos instigantes que analisamos. Aprendi e me diverti com os clientes de meus podcasts, vídeos e eventos, e sou grato aos meus clientes de consultoria por me apoiarem enquanto eu escrevia este livro — e por torná-lo real ao me permitirem entrar em seus negócios.

Também agradeço aos membros de meu clube de resenhas, pelo interesse que desde o início demonstraram por este livro, pelo tempo que dedicaram à revisão de seus capítulos, e pelos incentivos com que me cumularam ao longo do percurso. Especificamente, gostaria de agradecer a Daryl Moon, Chris Drag, Shivanand Sawant, Daniel Elizalde, Paul Jauregui, Dale R. Smith, Reinier van den Biggelaar, Leena Manwani, Matthew Miller, Van Wray, Lars W. Kowalczyk, Ilya Pavlov, Matt Wopata, Mohan Iyer, Eli Richmond Hini, David Nordstedt, Gonzalo Escuder Bell, Matthew Balogh, George Bloglehurst, Mike Fahrion, Radomir Pistek, Ritu Bajpai, Catherine Dilan, Chris Mastrodonato, Olivier Gramaccia, Vishwesh Pai, Chris Herbst, Ovi Sandu, Jack Walls, Mazen Arawi, Patrick Dunfey, Farhaan Mohideen, Dan Yarmoluk e Mike Gelhausen. Também gostaria de agradecer a Jane Alcantara, que muito me ajudou em cada fase da edição.

Minha mais profunda gratidão à minha família: à Jessica, minha esposa, pelo seu apoio, paciência e confiança inesgotáveis. Aos meus filhos, Paris e Chase, que aprenderam importantes lições com a minha experiência como autor, já que ela envolveu toda a nossa casa. E à minha mãe, Georgette, que sempre foi minha maior fã.

Por fim, e sem dúvida não menos importante, agradeço aos meus leitores, ouvintes e espectadores, que me motivam a dar o melhor de mim.

‹ INTRODUÇÃO ›

Afinal, o que é IoT?

Nós cinco, talvez seis, ouvíamos atentamente, e um tomava notas, enquanto Pat Dronski, da Dronski Pest Control, era o centro das atenções. Ele gesticulava, apontando para o chão, no pequeno trailer de serviço em que estávamos, explicando que os camundongos sobem pelas paredes. Exceto nas áreas de lixo, ele distribuiu as ratoeiras com iscas no perímetro do primeiro andar de cada prédio do Hospital Universitário, que era seu cliente. A esposa de Pat, Nicole, trabalhava lá como enfermeira, desde a sua inauguração, 30 anos antes. De lá para cá, o hospital tinha crescido muito, não mais ocupando um único prédio, como no começo, para se tornar um complexo disperso, que hoje é a maior conta da Dronski.

Fabricando uma ratoeira melhor

Hoje, Pat usa um produto que basicamente não mudou em milhares de anos. Arme a ratoeira com uma isca cheirosa, deixe-a preparada até que o animal entre, a porta se feche e ele fique preso no interior da armadilha. Muito simples e muito eficaz, mas tínhamos uma solução melhor. Estávamos, literalmente, produzindo uma ratoeira melhor, com a Internet das Coisas (IoT).

O trailer de Pat estava estacionado atrás de seu prédio de apartamentos, em Staten Island, Nova York. O furacão Sandy havia inundado seu escritório de alvenaria, uns dois anos antes, e ele acampou perto de casa, gostou da alternativa e ficou lá. Geralmente, o espaço era bastante grande para ele, o filho e o cachorro, mas, hoje, parecia um pouco apinhado, quando toda a nossa equipe de validação de produto se espremia para ouvir o que Pat tinha a dizer.

A ACME Pest, meu cliente, já se encontrava nos primeiros estágios de desenvolvimento de produtos IoT, e estávamos visitando usuários finais, como a Dronski, para validar nossas ideias iniciais. Além de mim, a equipe incluía o chefe de vendas da ACME, seu gerente regional, além de Jeromy e Jordan, netos do fundador da ACME Pest, que agora dirigiam o espetáculo. Nossa equipe, junto com Pat e seu buldogue francês, Rocky, não dos mais brilhantes, além do tópico em si, compuseram o elenco e o cenário de uma das mais memoráveis reuniões de validação de produto de que eu já havia participado – e olha que, na época, eu atuava nessa área há uns 20 anos. Esse era o dia dois de um tour rodoviário de cinco dias, em que viajávamos juntos numa van, visitando dois *prospects* por dia, para validar a nossa ratoeira IoT. Mais adiante, neste livro, revisitarei outras dessas reuniões de validação.

A ACME Pest tinha sido fundada aproximadamente 50 anos antes, por um químico húngaro, ao descobrir que a pasta para papel de parede que ele havia inventado tinha a propriedade de aderir a qualquer camundongo que se aproximasse demais. Como bom empreendedor, ele viu uma oportunidade e pivotou, mudando a família e o negócio para o Bronx, onde a empresa ainda está até hoje. O filho expandiu tremendamente o negócio, para abranger o controle de pragas em estabelecimentos comerciais. Agora, os netos, Jeromy e Jordan, que tinham lido sobre IoT, estavam convencidos que essa era a maneira de pôr sua própria marca no negócio e lançar a empresa na era digital. Como parte do dever de casa, compareceram ao Internet of Things World, onde assistiram a meus workshops. Por terem gostado do que aprenderam, eles me contrataram para assessorar a ACME Pest em como explorar melhor a IoT para impulsionar o negócio em si e para desenvolver novas linhas de produtos.

A cadeia de distribuição deles inclui grandes distribuidores de controle de pragas, que vendem suas ratoeiras para empresas de controle de pragas (como a Dronski Pest Control), que, por seu turno, vendem seus serviços aos clientes, como hospitais. A IoT vai revirar de alto a baixo o setor de controle de pragas, e, no processo, vai virar de ponta-cabeça todos os negócios em cada camada da rede de distribuição. Mais à frente, neste livro, analisaremos como a IoT capacita os ecossistemas e esmiuçaremos os efeitos profundos que ela exercerá sobre o setor, a concorrência e os produtos da ACME.

O Vale do Silício está chegando

Da mesma maneira como o negócio de controle de pragas, o seu negócio, o seu canal e o seu setor também vão experimentar grandes mudanças. A sua empresa pode estar sediada a milhares de quilômetros de onde moro, no Vale do Silício, mas, goste você ou não, o Vale do Silício, com a sua cultura Data-Driven, ou seja, movida a dados, está chegando até você.

Será que a Internet das Coisas o afetará?

À medida que a internet estender seu alcance a objetos físicos e se tornar também a Internet das Coisas, não só a Internet das Pessoas, ela reconfigurará todos os setores que estiverem no percurso. O que é hoje um produto futurista logo será lugar comum. A IoT se converterá em parte integrante de todo empreendimento de negócios e de cada produto de consumo, comercial, industrial e de infraestrutura. A Internet das Coisas será tão transformadora dos negócios quanto foi a própria internet em si, no passado não tão recente, e, se você parar e olhar, já estamos assistindo ao começo de mudanças radicais ao nosso redor.

IoT de consumo

Nossa casa deixou de ser burra para se tornar automatizada e, depois, inteligente, aglutinando segurança, gestão de energia e conveniência. No interior, a casa está sendo equipada com produtos conectados, como escovas de dentes, eletrodomésticos e camas. Em nosso corpo, usamos uma nova categoria de produtos IoT, monitorando constantemente nosso organismo e o meio ambiente. E o nosso carro de cada dia está ficando mais autônomo e se tornando melhor condutor de si próprio do que nós como condutores externos, realização que, segundo se estima, poupará cerca de 30.000 vidas por ano, só nos Estados Unidos.

IoT comercial

Atividades comerciais, como transportes, estão melhorando a gestão de frotas com a telemática. Em assistência médica, a IoT está ampliando os conhecimentos e as competências dos médicos e empoderando os pacientes com informações necessárias para gerenciar e prevenir doenças. E as seguradoras estão medindo o comportamento humano e prevendo o comportamento de máquinas para melhor avaliar o custo do risco. Em qualquer lugar que você observe, os equipamentos estão sendo instrumentados para transmitir dados aos proprietários e usuários, a fim de melhorar o negócio e as relações com os clientes.

IoT industrial

A indústria está passando por outra revolução. A Internet das Coisas cria condições para que os fabricantes façam produtos melhores e lancem no mercado mais carros, mais máquinas e mais produtos químicos a custo mais baixo. Os setores de petróleo e gás analisam sensores de dados para se tornarem mais eficientes na extração, no processamento e na distribuição de seus produtos. A mineração está aumentando o rendimento e a segurança de suas operações, com equipamentos autônomos que operam 24 horas por dia. E a agricultura está modelando o rendimento das safras com o *machine learning* (aprendizado de máquina), para aumentar a produtividade agrícola, usando dados fornecidos por sensores ligados às plantações e à terra, e por serviços de monitoramento ambiental da internet.

IoT de infraestrutura

A infraestrutura está ficando mais inteligente, inclusive com cidades inteligentes que conectam os equipamentos urbanos com os habitantes e com os meios de transporte. As empresas de serviços de utilidade pública estão distribuindo eletricidade com mais eficiência e com mais credibilidade, usando modelos matemáticos que simulam centrais elétricas inteligentes, conectadas com redes elétricas inteligentes, conectadas com medidores de consumo inteligentes, em nossas casas inteligentes, onde se encontram os nossos eletrodomésticos inteligentes e outras máquinas inteligentes.

A quem se destina este livro

Este livro é para gestores que trabalham com marcas e com fabricantes de coisas – produtos físicos vendidos a empresas e a consumidores. É para gestores de empresas que querem trazer a Internet das Coisas para sua organização, a fim de melhorar sua competitividade. É para empreendedores e para investidores em startups, que estão melhorando as ratoeiras ou inventando alguma coisa completamente nova. Também é para quem trabalha em empresas fornecedoras de bens ou prestadoras de serviços, que precisam compreender a IoT, para orientar e trabalhar produtivamente com seus clientes empresariais.

Todas as iniciativas de IoT em todas as empresas com que trabalhei começam com alguém levantando a mão e se oferecendo para analisar com mais cuidado as oportunidades oferecidas pela IoT. Essa proposta pode partir de qualquer área da organização. Às vezes, a iniciativa de IoT parte da área de negócios; outras vezes, da área de engenharia.

Este livro é para quem levantou a mão primeiro. Para os gestores de negócios, que estão planejando a estratégia da empresa. Para os gerentes e engenheiros de produtos, que querem fazer produtos melhores. E para as pessoas de vendas e marketing, cientes de que a tecnologia de IoT pode contribuir para relacionamentos de negócios mais significativos com os clientes. Se você já iniciou sua jornada de IoT, este livro será um recurso valioso, não importa a distância que você já percorreu.

Por que você precisa ler este livro

É um *killer app*

A Internet das Coisas está acontecendo com ou sem você. E não porque é uma tecnologia legal... os clientes não se importam com a tecnologia dos fornecedores. A IoT está acontecendo pelo que ela proporciona. O aplicativo matador (*killer app*) da IoT são os resultados. Os resultados que, no final das contas, os clientes querem. Eles não estão interessados nem mesmo nos produtos; eles querem saber o que os produtos fazem para eles.

Deixando de lado os fetiches do produto, a maioria dos consumidores não quer ser dono do carro em si; eles querem ir de um lugar para outro, com rapidez e segurança. Essa constatação levou a negócios do tipo "automóvel como serviço", como Uber, e a negócios de economia compartilhada, como Zipcar, que acabarão recorrendo a veículos autônomos, movidos a IoT.

Não é diferente em negócios. Os hospitais não querem ter os próprios instrumentos cirúrgicos; eles querem fazer as cirurgias com segurança, com economicidade, e no menor tempo possível. As empresas de mineração não querem possuir os equipamentos pesados; querem extrair os recursos naturais da Terra, pelo menor custo possível. As empresas de serviços de utilidade pública não querem as dores de cabeça das redes elétricas inteligentes; querem entregar a eletricidade aos clientes, de maneira confiável e eficiente. E as pessoas não querem ser donas das ratoeiras, muito menos do que está dentro; elas querem um ambiente sem pragas.

A *Outcome Economy* chegou para ficar

Embora operando nos bastidores, a Internet das Coisas está impulsionando duas importantes tendências que estão deslocando os negócios de economia baseada em produtos e serviços para uma *Outcome Economy*. Com o passar do tempo, os produtos serão orquestrados para trabalhar em conjunto, de modo a entregar os resultados almejados pelos clientes. Em paralelo, o modelo de negócios do vendedor se alinhará com o modelo de negócios do comprador.

Essas duas tendências se integram tecnicamente por meio da plataforma de IoT. O ecossistema de IoT monetiza toda a tecnologia envolvida na venda de resultados. Os gestores precisam ler este livro para compreender como esses resultados capacitados pela IoT mudarão o seu setor de atividade, o seu negócio e o seu relacionamento com os clientes. Mais importante, eles aprenderão a explorar a IoT em seus produtos e serviços para criar valor incremental, e aprenderão a aplicar os modelos de negócios de IoT para monetizar o valor, com fins lucrativos.

O *timing* é tudo

A Internet das Coisas está chegando rápido e não está esperando por ninguém. O desafio é prever quando ela chegará ao seu setor de atividade e quando você deverá lançar o seu produto IoT.

O *timing*, ou o momento certo, é tudo, e a IoT não é exceção; com efeito, suas consequências serão ainda mais importantes. Por que? Porque anos de IoT são como anos de cachorro, e chegar atrasado a essa festa, mesmo que só um pouco, pode produzir efeitos devastadores, como no caso da Kodak. Vou explicar.

A IoT o capacita a aperfeiçoar o seu produto com mais rapidez. Hoje, com os produtos físicos tradicionais, compreender o que o cliente quer exige visitas aos clientes, o que consome tempo e recursos. Nesse caso, atender a essas necessidades do cliente mudando o produto é ainda mais demorado e oneroso. O prazo de lançamento de um novo produto manufaturado pode ser de até um ano. A IoT reduz drasticamente a duração desse processo, ao oferecer acesso em tempo real, 24/7, ao negócio dos clientes, mostrando com clareza o que fazem com seu produto, como usam seu produto, e, mais importante, como ganham dinheiro com seu produto. Tudo isso, e a capacidade da IoT de atualizar o produto à distância, via software, criam condições para que as empresas de IoT lancem novas versões do produto pelo menos sete vezes mais rápido do que as empresas tradicionais (meu cálculo não é científico). Portanto, a empresa de IoT que chega ao mercado com um Produto IoT um ano antes da empresa tradicional sai na frente com uma vantagem de sete anos.

As empresas tradicionais ficarão para trás

As empresas que não entram no mercado na hora certa, com uma oferta de IoT, enfrentarão fortes ventos contrários, e os retardatários não serão capazes de alcançar os precursores, tornando suas ofertas obsoletas. Há mais aqui, porém, do que uma simples corrida a pé. A IoT transforma a maneira como as empresas competem, e, no processo, muda as condições do campo de jogo, deixando-o de maneira que não é óbvia hoje. A IoT pode alterar as fronteiras da competição, eliminar os intermediários fracos, absorver categorias de produtos convencionais e transformar os modelos de negócios em si no mais importante de todos os atributos. Parece improvável? Pense na diferença em inteligência de mercado entre o Uber e as empresas convencionais de táxis. Talvez dez vezes, cem vezes? Essa é a alavancagem decorrente de partir na frente com um produto IoT.

Moral da história

Depois de ler este livro, os gestores serão capazes de desenvolver a estratégia de IoT e de elaborar o plano de negócios de IoT da empresa.

Visão geral do livro

Este livro é organizado em três partes. A Parte Um explica os fundamentos da criação e da monetização do valor a IoT. A Parte Dois ajuda os leitores a desenvolver e a executar a estratégia de IoT. E a Parte Três mergulha na tecnologia de IoT. Mas a tecnologia em si não é assim tão avançada.

A dificuldade de explicar a IoT decorre da amplitude e da profundidade não só da tecnologia, mas, nesse caso, de suas diferentes aplicações em negócios. Daí a necessidade de adotar um ponto de vista, e o que escolhi para este livro é a perspectiva de "comprar e vender". Ou seja, compre a tecnologia de IoT, integre-a em seu produto, e venda o conjunto integrado para seus clientes. Esse produto pode ser um objeto independente, como bens de consumo, equipamentos comerciais ou máquinas industriais; ou pode ser, facilmente, um sistema ou um ambiente, como telemática ou cidades inteligentes.

Se isso não for bastante amplo, as lições extraídas deste livro também são aplicáveis à perspectiva "comprar e usar". Ou seja, compre um produto IoT, integre-o em suas operações, e use-o em sua empresa.

Parte Um

A Parte Um começa com a definição de IoT. Ela escava até uma camada abaixo da narrativa popular de hoje, para descrever a tecnologia com que estamos lidando. Mais do que isso, no entanto, ela encara os componentes tecnológicos da IoT sob uma perspectiva de valor. Essa visão de negócios da tecnologia será a pedra angular do restante deste livro.

Em seguida, sem plumas e paetês, o livro chega ao âmago do negócio: geração e monetização do valor. Aqui se responde às perguntas: (a) de que maneira podemos usar a IoT para criar valor incremental? e (b) quais são as classes de modelos de negócios a serem escolhidas para ganhar dinheiro? A tecnologia de IoT e os modelos de negócios para monetizá-la são intrinsecamente interligadas. Como você descobrirá, à medida que avança a tecnologia, também avança o modelo de negócios – cuja importância estratégica aumenta, até se converter no atributo mais estratégico do Produto IoT.

Um dos benefícios mais impactantes de usar a IoT de maneira adequada é a visão inédita que obtemos do negócio do cliente. Analisaremos como esse benefício pode se converter em relacionamento mais profundo e lucrativo para ambas as partes envolvidas.

Parte Dois

A Parte Dois aborda a IoT como lentes sob as quais você observa os seus clientes, o seu setor e os seus concorrentes, para desenvolver a sua estratégia de negócios. Explorar a capacidade de dados inédita da IoT para focar em resultados, em vez de em produtos e serviços, transformará o seu setor e o seu espaço competitivo.

Nesse cenário, o livro disseca a *Outcome Economy*: o que é, como participar dela, e por que ela se tornará importante para os negócios.

Para efetivamente desenvolver, vender e dar suporte a um Produto IoT, a empresa deve tornar-se movida a dados – o etos do Vale do Silício. As empresas de Internet das Coisas usarão dados para desenvolver e vender produtos com mais eficácia, para prestar serviços aos clientes com mais eficácia e para formar parcerias mais eficazes. Este livro descreve como se tornar uma empresa de IoT de maneira gradual, departamento por departamento. Para competir usando a Internet das Coisas, é preciso desenvolver novas propriedades intelectuais. Primeiro, e acima de tudo, o desenvolvimento de software e a ciência de dados devem ser entrelaçadas com o DNA das empresas tradicionais, para explorar melhor o seu conhecimento institucional e contextual no futuro.

Em seguida, o livro desenvolve o conceito de modelagem do valor – uma abordagem singular para qualificar e quantificar a proposta de valor dos produtos IoT. Isso leva diretamente a uma metodologia de cima para baixo, para definir os requisitos do produto IoT. A IoT é sem igual no sentido de que consideramos mais do que apenas as especificações dos clientes.

A Parte Dois termina com recomendações sobre como dar a partida em sua nova iniciativa de IoT. Embora se apresentem novas teorias no livro, todos os conceitos foram testados nos campos de batalha – praticados no mundo real por meus clientes, no desenvolvimento de seus negócios e de suas linhas de produtos IoT.

Parte Três

A Parte Três requer que você calce botas de borracha para percorrer o solo lavrado, irrigado, fertilizado e germinado da IoT, em toda a sua fecundidade e prodigalidade. E o capítulo é abrangente: software, hardware, *networking*, *big data*, análise de dados e segurança. Não com profundidade suficiente para começar a implementação, mas decerto com acuidade suficiente para promover discussões produtivas com a equipe de engenharia. E assim é por força da confiança resultante de saber como a IoT funciona, e, mais importante, de compreender os benefícios com que ela pode contribuir para o seu negócio e para o negócio dos seus clientes.

Cada setor de atividade fará a transição para a *Outcome Economy* no seu próprio ritmo. O seu trabalho, desde que você levantou a mão, é planejar o negócio de IoT e propor a hora certa para começar.

O Capítulo 1 dá a partida, esmiuçando a tecnologia de IoT sob uma perspectiva de valor. Vamos lá!

PARTE UM

O propósito da IoT para o negócio

A essência de qualquer negócio é vender alguma coisa de valor aos clientes. Esse objetivo se resume em criação e monetização de valor. Nesta primeira parte do livro, examinamos as diferentes maneiras de usar a tecnologia de IoT para criar valor – fundamento aplicável a qualquer negócio. Deslocamos o olhar, então, para as classes de modelos de negócios usadas para monetizar o valor. Essas maneiras de vender produtos não são necessariamente exclusivas de IoT, mas o atributo realmente singular é a capacidade de medi-las de maneiras que sejam significativas e proveitosas para o cliente. Sendo capazes de medir nosso modelo de negócios e o modelo de negócios do cliente, podemos alinhar naturalmente nossos negócios, e, ao agir assim, mudar o relacionamento com os clientes.

    É disso que tratamos na Parte Um do livro: como usar a tecnologia da Internet das Coisas para criar e monetizar valor, síntese que se obtém primeiro examinando a tecnologia sob uma perspectiva de valor e depois arrematando com a maneira como a IoT pode propiciar o melhor relacionamento possível com os clientes.

‹ CAPÍTULO 1 ›

A tecnologia de IoT sob a perspectiva de valor

A Internet das Coisas é uma tecnologia que pode ser usada em seu produto e em sua empresa para aumentar em muito o seu valor e competitividade. Como ela é nova, precisamos compreender como funciona antes de aplicá-la na prática. Aqui e agora, ela talvez pareça futurista, mas não é. Ela está sendo usada hoje para ganhar dinheiro – e a maneira como ela funciona não é complicada, pelo menos para os nossos propósitos.

> **TECH TALK**
>
> Um produto IoT pode ser:
>
> **1.** um produto independente,
> **2.** um sistema,
> **3.** um ambiente.

Vamos começar com umas poucas definições. Usarei o termo "Produto de Internet das Coisas", ou "Produto IoT", neste livro. Não gosto do termo "produto conectado" nem, a propósito, "produto inteligente". Não os aprecio porque eles não transmitem a relevância do conceito.

Temos produtos inteligentes há mais de meio século. Não é de hoje que usamos sistemas embutidos em produtos burros para torná-los inteligentes – portanto, até aqui, nada de novo. E os produtos conectados já têm pelo menos uma década. Já em 2008 eu usava um iPhone para controlar dispositivos e acessar sensores em todo o mundo, de modo a demonstrar a então plataforma de casa conectada da minha empresa. É por isso que uso o termo "produto IoT". O "produto IoT" vai além do produto inteligente e do produto conectado, por explorarem toda a capacidade da internet em produtos físicos. Infelizmente, "casa IoT" não tem o mesmo charme ou aura de "casa inteligente" ou "casa conectada"; portanto, ainda uso "inteligente" e "conectado" como qualificativos para certos tipos de produtos.

Isso dito, um produto IoT é efetivamente um sistema, ou, mais exatamente, um sistema de sistemas. Ele é autoconsciente e se comunica com outros sistemas e pessoas. Neste livro, um produto IoT é sobrecarregado de significados, para designar um produto independente, ou um sistema fechado, ou um ambiente fechado. Um exemplo de produto IoT é uma secadora de roupas conectada. Um exemplo de sistema de IoT é um produto de telemática para logística de transportes. E um exemplo de ambiente IoT é um edifício inteligente. Em todos os casos, trata-se de coisas físicas... produtos físicos.

A Internet das Coisas ainda está sendo padronizada. Nessas condições, ao desenvolver um produto IoT, a empresa geralmente precisa de ajuda para "aglutinar" num todo os diferentes subsistemas ou componentes. Meus clientes empregam um ou dois tipos de parceiros de montagem para ajudar as suas equipes de engenharia internas. Ao construir sistemas ou ambientes, como telemática ou edifícios inteligentes, trabalhamos com integradores de sistemas. Ao criar produtos independentes, como secadoras de roupas, trabalhamos com escritórios de design. A confiança nesses parceiros decrescerá na medida em que a tecnologia IoT amadurecer e se padronizar.

Ambos os tipos de prestadores de serviços são novos em IoT, e naturalmente a abordam com base em sua experiência e conhecimento institucional. Os escritórios de design recorrem à IoT quando elaboram desenhos industriais ou quando desenvolvem aplicativos para dispositivos móveis. E, como seria de esperar, ambos encaram à sua maneira a tecnologia subjacente aos produtos IoT.

A visão do integrador de sistemas

Os engenheiros veem a tecnologia de IoT como um *networking stack*, ou "pilha de rede", que é, de certa maneira, simplesmente um mapa de protocolo (ver Tabela 1.1). O mapeamento de protocolos, desde a origem dos dados dos sensores até o uso dos dados pelo aplicativo, é a maneira absolutamente errada de encarar a tecnologia – pelo menos em termos de negócios. Isso é encanamento, não é fonte de valor. Daí não se conclui que quem vende encanamento não fornece valor, mas encanamento é meio para alcançar um fim; é a maneira de transferir dados de um lugar para outro. Não vejo a tecnologia de IoT como uma "pilha de rede", porque essa imagem não isola, nem enfatiza adequadamente onde se cria valor.

> **TECH TALK**
>
> Protocolo é uma linguagem usada na comunicação entre dispositivos ou sistemas. Para detalhes, ver a seção "Estrutura da Rede", mais adiante.

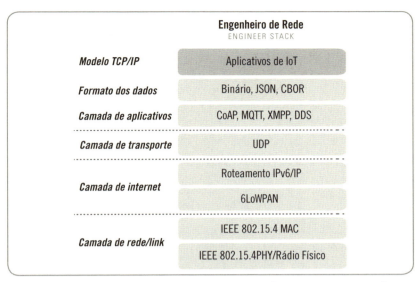

Tabela 1.1: Visão da IoT pelo Engineer Stack (Engenheiro de Rede)

Visão do escritório de design

Os designers têm uma visão diferente (ver Tabela 1.2). Eles perguntam: "Quais são os *touch points*, ou pontos de contato, do usuário final?", "Qual é a interface de *back-end* com o cliente?" e "Como customizar o produto para que atenda a ambas as necessidades?". Os designers encaram a tecnologia de IoT como *front-end* e *back-end*, e uma infraestrutura capacitadora (enabler) entre elas. Essa abordagem é um pouco melhor. Já está um pouco mais perto do valor, mas há uma maneira melhor.

Tabela 1.2: Visão da IoT pelo designer stack

Visão de negócios

Evidentemente, os integradores de sistemas e os escritórios de design necessitam de visão de negócios, mas essa não é a perspectiva básica deles. Inspirada pelos sistemas ciberfísicos e pelas redes definidas por software, a visão de negócios (ver Figura 1.1) agrupa a tecnologia de IoT nessas quatro partes:

1. produto definido por software,
2. produto definido por hardware,
3. sistemas externos,

que são todas interligadas pela

4. estrutura da rede, ou *network fabric*.

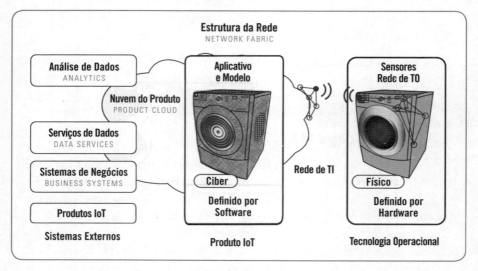

Figura 1.1: Visão da IoT pelo gestor

Uma quinta parte, que não é realmente uma parte, permeia todo o sistema. Cibersegurança de IoT é mais ampla que segurança de TI, porque protege dados em repouso e dados em movimento, exigindo conhecimentos de segurança móvel, segurança de rede, segurança de aplicativos, segurança de web e nuvem, e segurança de sistemas. O equivalente em negócios à cibersegurança é o gerenciamento de riscos.

Todo o valor incremental de um produto IoT decorre da transformação dos dados em informações úteis. Informação – IoT – é pura tecnologia da informação, e informação é de onde emana o valor.

> **TECH TALK**
>
> Cibersegurança é tecnologia que protege a confidencialidade, a integridade e a acessibilidade dos dados dos produtos IoT, em repouso e em movimento. Ver Capítulo 16.

Os ingredientes dessa informação são dados diferentes, muitos dados dos sensores dos produtos e dos sistemas externos. A receita, que define como os dados são reunidos, é descrita pelo cibermodelo. Cria-se valor executando o modelo com o aplicativo e interrogando-o com a análise de dados. Essa visão de cima para baixo, em que o valor define a informação necessária, que define os dados necessários, é a melhor maneira de ver a tecnologia de IoT para negócios. O trio do valor é o cibermodelo, o aplicativo e a análise de dados. Todas as outras tecnologias servem para coletar e entregar dados. Vamos usar essa perspectiva de valor para analisar a tecnologia de IoT com mais detalhes.

Produto definido por software

O produto definido por software é a estrela do espetáculo, pois é o que gera valor. Consiste em um cibermodelo e um aplicativo (ver Figura 1.2); bem, na verdade, de vários modelos e de vários aplicativos. Talvez seja útil encará-lo como o gêmeo digital do produto físico – o software que descreve a funcionalidade do produto do ponto de vista de IoT. Em um videogame esportivo, os jogadores dos dois times, que são controlados pelos joysticks ou equivalentes, são jogadores definidos por software. Os cibermodelos representam a personalidade e as habilidades de cada jogador. O aplicativo do jogo controla o I/O (*input/output*) e executa o modelo em diferentes situações e ambientes.

> **TECH TALK**
>
> O produto definido por software consiste em:
>
> 1. o cibermodelo,
> 2. o aplicativo.
>
> Ver Capítulo 11.

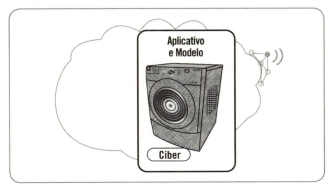

Figura 1.2: Produto definido por software

Cibermodelos são algoritmos de software que representam o valor em IoT e são compartilhados pelo aplicativo e pela análise de dados. Aplicativos são códigos de software, ou programas, que fornecem a lógica do produto, coordenam o conjunto de dados e interagem com outros aplicativos, serviços e pessoas. O aplicativo executa o modelo e a análise de dados usa os dados para construir, comparar e resolver o modelo.

O produto definido por software e a análise de dados geram todo o valor em produtos IoT. Nessas condições, devem ser a prioridade do gestor e devem orientar todas as outras escolhas. Também indicam o *know-how* interno que deve ser cultivado pelo fabricante: desenvolvimento de software e ciência de dados.

Produto definido por hardware

No produto físico, o produto definido por hardware consiste em sensores, acionadores e sistemas embarcados, ou *embedded systems* (ver Figura 1.3). Os sensores já são previstos pelo projeto original ou são retro alimentados por sistemas legrados. Os sensores conectados exigem um sistema embarcado para converter o sinal analógico fornecido pelo sensor digital (dados) para enviá-lo através da rede. Dois são os propósitos do produto definido por hardware: coletar os dados do sensor e enviá-los para o aplicativo e para a análise de dados, para processamento, e acionar fisicamente o produto IoT.

O produto definido por hardware do sistema de freios antitravamento do seu carro (ABS) consiste em sensores, um sistema embarcado, e acionadores: os sensores reconhecem quando o freio é ativado e, se a roda travar, o sistema embarcado coleta os dados dos

> **TECH TALK**
>
> O produto definido por hardware consiste em:
>
> **1.** sensores conectados,
> **2.** acionadores conectados,
> **3.** sistemas embarcados.
>
> Ver Capítulo 12.

sensores do freio e envia os dados para a rede do freio, e os acionadores atuam no sentido contrário, acionando o freio com base nos dados recebidos.

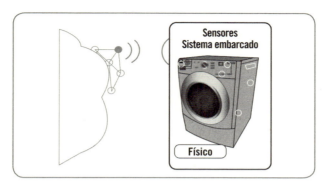

Figura 1.3: Produto definido por hardware

Sistemas externos

O produto IoT se integra com sistemas externos, pela internet, para aumentar sua funcionalidade, da mesma maneira como o software on-line, conectando-se com a análise de dados, com serviços de dados externos, com sistemas de negócios e com outros produtos IoT (ver Figura 1.4). Esses sistemas externos fornecem dados externos para complementar os dados internos coletados pelos sensores de produtos.

TECH TALK

Para mais informações sobre análise de dados, ver Capítulo 15. E para mais informações sobre sistemas externos, ver Capítulo 14.

Análise de dados significa, basicamente, responder a perguntas. Ela decifra dados do passado, para esclarecer "O que aconteceu?". E faz previsões sobre o futuro, para sugerir "O que vai acontecer?".

Figura 1.4: Sistemas externos

Funcionalmente, a análise de dados constrói modelos, melhora modelos, resolve modelos, e faz comparações entre modelos e entre modelos e dados.

Os data services, ou serviços de dados de internet, às vezes empacotados como microsserviços, são acessados para fornecer dados brutos. Os exemplos incluem clima, preço e estoques.

Os produtos IoT se integram com sistemas de negócios como CRM e PLM, assim como ERP e SCM, para trocar dados operacionais da empresa.

Finalmente, os produtos IoT se conectam a outros produtos IoT – fontes extremamente poderosas de dados e fundamentais para a viabilidade técnica dos resultados.

Estrutura da rede

A estrutura da rede entrelaça tudo (ver Figura 1.5). Inclui as redes de TO (tecnologia de operações) e de TI (tecnologia da informação), também conhecida como *fog network* (rede em névoa), o *uplink*, a nuvem pública (internet), e as *product clouds* (nuvens do produto) privadas, que podem residir *on-prem*, ou seja, localmente, na rede da empresa, ou provavelmente fora da empresa, em um data center externo.

TECH TALK
Para mais informações sobre a estrutura da rede, ver Capítulo 13.

A rede de TO é a rede instalada dentro do produto IoT, que recebe e envia dados para os sensores e acionadores. A rede de TI é externa ao produto IoT. Ela se conecta com a rede de TO, geralmente através de ondas de rádio, e a liga à internet, via conexão *uplink*. A comunicação é realizada por protocolos na *networking stack*, ou "pilha de rede", que, para IoT, inclui a camada de mídia (como Bluetooth, Wi-Fi, 802.15.4, LPWA, celular), a camada de rede (protocolo de internet e protocolos de TO proprietários), e a camada de aplicativos (como MQTT, CoAP, DDS), que põe os dados coletados em contexto com os metadados para o aplicativo.

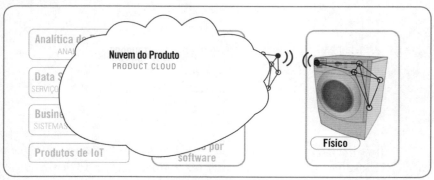

Figura 1.5: Estrutura da rede

Juntando tudo

Geralmente, a narrativa em torno da Internet das Coisas é, como seria de esperar, sobre coisas. Essa simplificação, porém, inverte seu real sentido. Valor em IoT é criado de cima para baixo. A proposta de valor de IoT define a informação necessária, que identifica os dados a serem coletados, que, então, e só então, identifica que tecnologia e que "coisas" são necessárias. Tecnicamente, o topo da abordagem "de cima para baixo" começa com o produto definido por software e com a análise de dados, que recebe dados do produto definido por hardware e dos sistemas externos, através da estrutura da rede.

★ ★ ★

Antes de definirmos a tecnologia, precisamos primeiro definir o valor que queremos criar. No próximo capítulo, analisaremos as quatro maneiras de criar valor com os dados coletados.

‹ CAPÍTULO 2 ›

Criação de valor com IoT

A criação de valor é o cerne do negócio. Se um produto IoT não cria valor incremental suficiente, ninguém pagará mais pelo produto. Isso é um problema, porque a IoT agregou custos, tanto de *front-end* quanto de *back-end*, a serem cobertos. Os gestores ainda novatos em IoT supõem que conectar um produto à internet cria valor. Eles podem estar certos, mas, geralmente, não cria valor suficiente para cobrir os custos extras. O primeiro requisito para vencer com IoT em negócios é criar valor incremental suficiente para ser monetizado com lucro. Este capítulo esboça as quatro maneiras de ser bem-sucedido na criação de valor com a Internet das Coisas.

Mais do que conectividade ou inteligência

No Capítulo 1, já expus minhas restrições em relação aos termos "produto inteligente" e "produto conectado", como rótulos para "produtos IoT", mas os usarei aqui no sentido literal. Produto conectado é aquele que usa a internet para a sua conectividade, de modo a ser acessado e controlado à distância. Pense na secadora de roupas conectada. Ela se conecta com o seu smartphone, de modo a lhe enviar notificações sobre o estado de suas roupas lavadas e a lhe permitir ligar ou desligar a máquina à distância. Será que essas funções de comando e controle justificam um aumento de 30% no preço? E se houvesse uma câmera dentro (frequentemente o atributo seguinte a ser acrescentado)? O acréscimo no preço seria válido? Eu diria que não. O benefício ainda seria insuficiente. Na maioria dos casos, a simples conexão de um produto não gera valor incremental suficiente para cobrir o custo incremental. Os consumidores esperam que esse tipo de funcionalidade já integre os produtos topo de linha contemporâneos. Na maioria dos casos, o produto conectado fracassa. Só porque *podemos* conectar a secadora não significa que *devemos* conectar a secadora.

A criação de valor, conforme exposto no primeiro capítulo, não resulta da conectividade; é consequência dos modelos, dos aplicativos e da análise de dados – o que chamo de trio do valor.

A epidemia do produto conectado é mais observada na IoT de consumo, difundida pela falsa confiança associada ao capital menos discriminatório levantado por *crowdfunding*. Evidentemente, haverá umas poucas centenas de consumidores interessados numa garrafa d'água conectada, mas se o preço dela não for muito próximo do preço da prima não conectada, o produto fracassará; e assim será porque o valor incremental não justifica o preço incremental. Saia às compras para quase qualquer tipo de produto de consumo conectado – garrafa d'água, fechadura, termostato – e o preço do produto incrementado chega a dez vezes o do equivalente não conectado. O acréscimo de preço é necessário para cobrir os custos da infraestrutura de rede, mas o simples fato de ser necessário não significa que as pessoas se disporão a pagar pelo acréscimo.

O mesmo desafio é enfrentado pela IoT de negócios. Embora haja mais modelos de negócios disponíveis entre os quais diluir os custos, nenhum produto IoT pode escapar do mandamento de criar valor real incremental. O fato é que um produto conectado não é um produto IoT, pois, como veremos neste capítulo, o valor real incremental não resulta só da conectividade; ele se origina da exploração de todo o poder da internet.

Como criar valor com IoT

Todo o valor incremental de um produto IoT é criado pela transformação de dados em informações úteis. Assim sendo, como essa condição se relaciona com o trio do valor: o modelo, os aplicativos e a análise de dados? Os modelos incorporam valor, como a capacidade de simulação, e são desenvolvidos analisando os dados. O aplicativo cria valor executando o modelo, e a análise de dados cria valor interrogando o

> **TECH TALK**
>
> Os modelos de IoT são criados com base em estatísticas e são usados pelos aplicativos e pela análise de dados. Ver Capítulo 11.

modelo para descobrir informações úteis. Vamos ver como se inicia a criação de valor.

Modelagem do valor

O primeiro passo da criação de valor pela IoT é a modelagem do valor. A modelagem do valor descreve o valor incremental qualitativamente, com uma proposta de valor, e quantitativamente, com um cibermodelo. A proposta de valor descreve as contribuições do produto e é codificada, pelo cibermodelo, para ser usada pelo aplicativo e para ser executada pela análise de dados. O passo seguinte é definir os requisitos do modelo, do aplicativo e da análise de dados. Esses são os requisitos do produto a serem considerados pelo gestor, porque, uma vez definidos, toda a tecnologia se encaixa nos devidos lugares. Você não precisa ser engenheiro de software, de hardware, nem de dados para projetar produtos IoT; basta ser um engenheiro capaz de gerar valor.

Maneiras de criar valor em IoT

No Capítulo 1, analisamos a tecnologia usada para *capacitar* a criação de valor. Este capítulo demonstra *como* criar valor e a *maneira* de criar valor. Mais especificamente, demonstra como fazer a modelagem do valor para cada uma das quatro maneiras de criar valor com IoT:

1. Tornar os produtos melhores, com um exemplo de inovação vindo da IoT comercial.
2. Operar melhor os produtos, com um exemplo de como aumentar a eficiência operacional, vindo da infraestrutura de IoT.
3. Suportar melhor os produtos, com um exemplo de como aumentar a utilização dos ativos, vindo da IoT industrial.
4. Criar melhor os novos produtos, com um exemplo de invenção vindo da IoT de consumo.

Tornar os produtos melhores cria valor por meio da inovação, e criar melhor os novos produtos cria valor por meio da invenção. Operar melhor os produtos cria valor por meio do aumento da eficiência operacional, e suportar melhor os produtos cria valor por meio do aumento da utilização do ativo. Essas melhorias na primeira linha (receita) e na última linha (lucro) contribuem para melhorar o desempenho financeiro (lucros e perdas) − objetivo final dos negócios.

E, vale repetir, continuarei a insistir no termo "produto", no sentido de produto físico, sistema ou ambiente.

Fazer os produtos melhores

A primeira maneira de criar valor com a Internet das Coisas é fazer os produtores melhores. É possível fazer os produtos melhores acrescentando atributos comparáveis aos dos concorrentes. É possível fazer os produtos melhores aprimorando a experiência do usuário. É possível fazer os produtos melhores eliminando os defeitos. Porém, a maneira mais eficaz de fazer os produtos melhores é por meio da invenção e da inovação. Uma maneira nova ou melhor de fazer alguma coisa que os clientes consideram valiosa é o que torna ótimo os produtos, e, no processo, esmaga a competição, conquista mercados e contribui com uma grande fatia para os resultados financeiros da empresa. Esses são os devaneios dos gerentes de produtos de todo o mundo, e aprender a usar a tecnologia de IoT é uma maneira inédita e poderosa de realizar esses sonhos.

Enquanto a eficiência operacional e a utilização de ativos, a serem analisadas nas próximas duas seções, contribuem para a última linha dos resultados financeiros (lucro) reduzindo as despesas, as inovações e as invenções contribuem para a primeira linha dos resultados financeiros (receita) gerando mais negócios. A IoT propicia inovações e invenções até então impossíveis, e os aumentos no lucro resolvem todos os problemas.

Em contraste com os grandes saltos e avanços, a melhoria contínua do produto também é importante. A invenção por meio de modelos de usabilidade, utilidade e desempenho será analisada na última seção deste capítulo ("Faça novos produtos"). Embora eficaz para descobertas, esses modelos também podem ser usados para melhorar os produtos existentes, gerando *loops* de *feedback* para projeto e engenharia, de modo a compreender de que maneira e para que propósito os clientes usam o seu produto. A IoT também possibilita iterações com o produto, com base no próprio desempenho, e oferece maneiras de aprimorar o produto, para melhorar a qualidade, aumentar a funcionalidade e eliminar

> **TECH TALK**
>
> **OTA** é um mecanismo para atualizar o software de produtos IoT, geralmente por meio de uma conexão sem fio. Ver Capítulo 11.

defeitos, desenvolvendo o produto definido por software com um mecanismo de atualização OTA (*Over-The-Air*).

Vamos ver agora um exemplo de como usar a inovação e a melhoria contínua para fazer um produto melhor – nesse caso, um dispositivo médico.

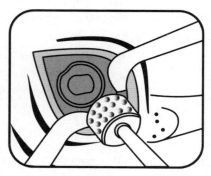

Figura 2.1: Mandril acetabular

Mesmo que você não tenha prótese de quadril, são boas as chances de que você conheça alguém nessas condições. A prótese de quadril é um procedimento comum executado em articulações desgastadas (ver Figura 2.1). A cirurgia demora de 60 a 90 minutos, e começa com uma incisão vertical na pele, acima da articulação do quadril. Uma vez exposta, a articulação que liga a perna (fêmur) ao corpo (pelve) é deslocada e separada. Depois de deslocada, a cabeça do fêmur é serrada e uma junta esférica de metal com um longo pino é martelada longitudinalmente no fêmur. Substituída a junta esférica do fêmur, o passo seguinte da cirurgia é usar uma ferramenta chamada mandril acetabular para, como sugere o nome, mandrilar um orifício semiesférico na pelve para substituir o soquete natural da articulação. Essa é a parte perigosa. O orifício criado pela broca tipo ralador de queijo deve encaixar-se exatamente com o copo acetabular da junta artificial a ser introduzida.

Esse bom encaixe é dificultado por uma reação denominada necrose. Da mesma maneira como a madeira, também o osso aquece em torno do furo que está sendo feito pela broca. No entanto, ao atingir temperaturas em torno de 55° C, as células ósseas começam a morrer, resultando em necrose. Caso se acumulem muitas células ósseas mortas, o copo acetabular não estabelecerá bom contato depois de ser inserido, e pode oscilar ou até se deslocar com os movimentos de caminhada, provocando dores intensas e altas despesas com nova cirurgia.

As cirurgias de prótese de quadril apresentam taxas de repetição de 1% no primeiro ano. No décimo quinto ano, 15% dos pacientes precisam de nova cirurgia. Sob outro ponto de vista, as próteses de quadril duram mais de 20 anos em média, e o motivo de 75% dos retornos são movimentos no soquete da junta, provocados por células ósseas que, literalmente, foram queimadas até a morte. Podemos usar a IoT para reduzir a queima de células e a repetição de cirurgias.

Proposta de valor do mandril acetabular IoT

A proposta de valor do mandril acetabular IoT é *executar o procedimento no menor tempo possível e manter a saúde do paciente* (ver Quadro 2.1). A chave aqui é temperatura. Para criar um mandril acetabular melhor com IoT, o novo mandril acetabular IoT terá de executar a fase de perfuração da operação o mais rapidamente possível, *sem queimar* as células ósseas.

Quadro 2.1: Fazer os produtos melhores

Executar o procedimento no menor tempo possível e manter a saúde do paciente

Modelo:
- Temperatura = f(velocidade de rotação, pressão, tempo).

Aplicativo:
- Controlar a velocidade de rotação para limitar a temperatura.

Análise de dados:
- Usar modelos para prever os resultados do paciente.
- Analisar modelos para otimizar o desenho das lâminas e os parâmetros operacionais.

Modelo

Depois de definir a proposta de valor, o próximo passo é quantificá-la com um cibermodelo. Para o gestor, os modelos são de alto nível – deixaremos para os engenheiros a tarefa de codificá-los para a realidade.

Este modelo estima a temperatura, que se relaciona com a velocidade de rotação do mandril, com a pressão aplicada no mandril e com a duração do tempo de perfuração do mandril.

Temperatura = f (velocidade de rotação, pressão, tempo)

Velocidade de rotação, pressão e tempo são as variáveis (e dados) a serem medidas para evitar a necrose. Nesse caso, os dados sobre rotação e pressão são oriundos dos sensores e os dados sobre o tempo são fornecidos por um circuito temporizador. Com base nesses dados, construímos um modelo de temperatura para simular o aquecimento do osso durante o procedimento.

Aplicativo

Depois de definir o modelo, definimos os requisitos do aplicativo. Ele usará o modelo de várias maneiras. O modelo é, basicamente, uma equação, e, como tal, pode ser manipulado e resolvido de diferentes maneiras. Sabemos que o limite de temperatura para não provocar necrose é de 55° C. Não temos como controlar a pressão do mandril sobre o osso e nem a demora da perfuração, que dependem exclusivamente do cirurgião, mas somos capazes de controlar a velocidade de rotação da broca. Podemos, portanto, reformular a equação, para que a velocidade de rotação seja função da temperatura, da pressão, e do tempo, e que ela nunca supere o limite que, quando combinado com as outras variáveis, aqueça as células ósseas acima de 55° C.

Usar o aplicativo para controlar (acionar) mandril acetabular IoT significa que, não importa como o cirurgião use a ferramenta, as células ósseas nunca queimarão, mesmo que o mandril tenha que desacelerar e até parar. Também significa que o aplicativo acelerará o mandril, se possível, para diminuir o tempo de uso da ferramenta, e, assim, reduzir a duração e o custo da cirurgia.

Análise de dados

Em seguida, consideramos os requisitos de nossa análise de dados. Em todos os casos, queremos descobrir a relação causal entre os dados sobre as variáveis que medimos/captamos para o nosso modelo e os eventos daí decorrentes (efeito). Pode haver muitos modelos. Nesse caso, um modelo poderia referir-se ao prazo para refazer a cirurgia e outro poderia tratar da qualidade da saúde depois de certo intervalo de tempo. Em ambos os casos, também queremos incluir dados pessoais e demográficos, como sexo, idade, saúde, geografia, e outros, além das variáveis do modelo do instrumento. A análise de dados preditiva pode prever se o paciente precisará de uma segunda cirurgia ou qual será o estado de saúde geral do paciente, digamos, em cinco anos.

> **TECH TALK**
>
> A análise de dados preditiva pergunta: "O que acontecerá?". Ver Capítulo 15.

A análise de dados diagnóstica pode determinar os parâmetros operacionais ótimos do instrumento. Para otimizar o desenho da lâmina do mandril, relacionaríamos a densidade das perfurações da lâmina, o tamanho das perfurações, a forma das perfurações, e assim por diante (causa), com o tempo necessário para concluir o procedimento de mandrilagem (efeito), a fim de definir o desenho ótimo da lâmina.

> **TECH TALK**
>
> A análise de dados diagnóstica revela *insights*, investigando o passado. Ver Capítulo 15.

Valor gerado

Embora esse produto de Internet das Coisas seja usado off-line, ele ainda usa o termo "internet" para criar valor. A inovação pela IoT produz uma nova classe de produtos que melhoram a eficácia da cirurgia e ao mesmo tempo diminuem o tempo de cirurgia, o que reduz os custos do médico e do plano de saúde.

A Tabela 2.1 resume os modelos, os aplicativos e os requisitos de análise de dados referentes ao mandril acetabular IoT.

Tabela 2.1: Executar prótese de quadril no menor tempo possível e manter a saúde do paciente

Modelos	Modela a necrose do osso e a eficiência do mandril.
Aplicativos	Executa o modelo transformado de necrose do osso para controlar a velocidade de rotação do mandril.
Análise de dados	Evita a necrose, reduz o tempo de cirurgia, diminui as repetições de cirurgias, melhora a qualidade de vida, e define o projeto ótimo da lâmina.

Evidentemente, podemos usar diferentes modelos, aplicativos e análise de dados para criar valor incremental adicional, operando melhor o produto, suportando melhor o produto, e criando novos produtos com base nos dados coletados, mas analisaremos cada um desses métodos de criação de valor nos próximos três exemplos.

Operar melhor os produtos

A segunda maneira de criar valor com a Internet das Coisas é operar melhor os produtos.

Aumentar a eficiência operacional é amplamente reconhecido como um dos principais benefícios da IoT – e é. Depois de espremer tanta ineficiência quanto possível com a TI, recorremos agora à IoT para eliminar ainda mais ineficiência. Esse é, em geral, o melhor ponto de partida para o desenvolvimento de um produto IoT, porque é mais fácil de "vender". Uma vez que as outras maneiras de criar valor são menos familiares para quem aprova orçamentos, o argumento da eficiência operacional tem maior probabilidade de acender a luz verde. Vejamos, agora, o "produto" de uma empresa de serviços de utilidade pública. Nesse caso, a IoT cria valor incremental ao possibilitar a operação da rede elétrica com mais eficiência.

As redes elétricas são uma característica da paisagem há mais de 130 anos (ver Figura 2.2). Durante todo esse tempo, as empresas de serviços de utilidade pública enviam pessoal de campo para medir e monitorar todos os componentes do sistema de transmissão e distribuição da rede elétrica. As leituras são feitas manualmente, a partir das usinas de geração, passando pelas linhas de transmissão, subestações e linhas de distribuição, até as casas e empresas. As faltas de energia são descobertas somente depois de reclamações enfurecidas dos clientes. E quando as equipes de reparo são despachadas, elas não têm ideia da causa e da localização do problema.

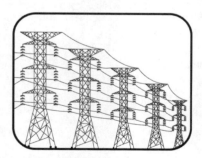

Figura 2.2: Rede elétrica inteligente

Hoje, umas poucas empresas de serviços de utilidade pública usam SCADA (*Supervisory Control and Data Acquisition*) para possibilitar uma forma limitada de conectividade entre os sensores da linha de energia e o comando da central. Essas redes elétricas inteligentes (mais bem classificadas como redes elétricas intraconectadas) fornecem dados brutos sobre as condições da rede elétrica, mas quase todas as operações ainda são gerenciadas manualmente.

As redes elétricas IoT (rótulo meu) são mais do que inteligentes e conectadas, ao instrumentarem todos os nós da rede para criar modelos vivos. Nesse caso, as leituras podem ser feitas em tempo real, em qualquer ponto da rede, por meio de medidores instalados nos transformadores, nas subestações e em todas as linhas de transmissão e distribuição. A rede pode ser acionada manual ou automaticamente, para executar tarefas e otimizar a sua estrutura.

Proposta de valor da rede elétrica IoT

A proposta de valor da rede elétrica IoT é *reduzir os custos operacionais e aumentar a confiabilidade* (ver Quadro 2.2). O essencial aqui é fluidez. Operar melhor a rede elétrica exige que se tenha mais flexibilidade para reagir às forças do mercado e às forças da natureza.

Quadro 2.2: Operar melhor os produtos

Reduzir os custos operacionais e aumentar a confiabilidade.

Modelo
- Programação linear e otimização da rede.

  f(fontes, ralos, voltagens entre nós).

Aplicativos
- Operação remota da rede.
- Interface que salienta nós de sobrecarga para o operador.
- *Loop* fechado para desenvolver a automação de sistemas/processos autônomos.

Análise de dados
- Prever problemas e prescrever reparos para os operadores.
- Diagnosticar o fluxo de energia ótimo para diferentes condições.

Modelo

Nosso modelo abrangerá três aspectos da eficiência operacional: reduzir os custos de recursos humanos, melhorar a eficiência da rede elétrica e aumentar a confiabilidade, reduzindo as paralizações. A rede elétrica, como uma grade de fontes e ralos, pode ser representada com exatidão pela álgebra linear. As características da eletricidade (voltagem, amperagem, etc.), em qualquer ponto da grade, são função das fontes de oferta e dos ralos de demanda:

Eletricidade $= f$ (fontes de oferta, ralos de demanda)

Captando dados em cada nó da rede elétrica, podemos construir um gráfico direcionado das fontes e dos ralos. Essa representação matemática fornece meios de controle, capacitando-nos para mudar a magnitude e o percurso da eletricidade na grade, a qualquer momento, com o nosso aplicativo.

Aplicativo

A disponibilidade desse modelo vivo tem efeitos profundos para a eficiência operacional. O aplicativo monitora o modelo, exibindo voltagens (e outras características) em cada nó da rede, e salienta os nós sobrecarregados. Os dados também podem ser enviados na direção oposta, para acionar equipamentos, reduzindo os custos operacionais, substituindo intervenções presenciais por intervenções remotas, ou aumentando a eficiência das visitas operacionais.

Pode-se adotar a automação usando sistemas autônomos e IA (Inteligência Artificial) para gerenciar, por algoritmos, tarefas repetitivas e fluxos de trabalho. As curvas de oferta e demanda de energia podem ser normalizadas com a apresentação de dados sobre preços, de modo a influenciar os clientes a reduzir o consumo quando os custos da energia estão altos – gerando economias para o consumidor e para a empresa.

A rede elétrica é mais resiliente a forças externas na forma matemática, pois é mais maleável assim que na forma física. Mudanças na rede elétrica física exigem esforço considerável e, como os disjuntores, os itens podem "queimar", mesmo quando é possível prevenir as causas. Essa rigidez das redes elétricas físicas é que acarretam "falhas", provocando faltas de energia e apagões. Maneira mais sofisticada de minimizar essas ocorrências é desenvolver autoconsertos, automatizando certos processos, com base em regras predefinidas. Por exemplo, se parte da rede está ficando sobrecarregada em resposta ao ambiente físico, a eletricidade pode ser desviada automaticamente das áreas afetadas, com base em restrições de programação linear, para otimizar o sistema nessas condições. Com o tempo, essa IA pode ser melhorada, aprendendo o que funciona e não funciona.

Análise de dados

Pode-se usar a análise de dados diagnóstica para melhorar o modelo, com base em várias condições climáticas. A análise de dados preditiva pode ir mais além e prever apagões, preparando os operadores para despachar equipes de serviço. Redes elétricas ainda mais sofisticadas usarão a análise de dados prescritiva para identificar colapsos iminentes e dar um passo adiante, acionando o sistema e redirecionando a eletricidade para evitar problemas preventivamente. Por exemplo, se houver antecedentes de apagões provocados por quedas de árvores nas linhas de energia em certa área geográfica, sempre que o vento ultrapassa 40 Km por hora vindo do Oeste, é possível reconhecer essas condições e prever quando elas se repetirão, adotando as ações adequadas, antecipadamente, por meio de algoritmos, para evitar os apagões.

Valor gerado

O valor é gerado pela otimização da rede e por operações remotas. A rede elétrica IoT é otimizada matematicamente para diferentes usos e condições climáticas. Ela pode ser operada por uma interface gráfica do usuário, em vez de visitas técnicas presenciais, com ferramentas e equipamentos pesados. Podemos aumentar ainda mais a eficiência, permitindo que agentes de inteligência artificial e outros tipos de algoritmos assumam o controle operacional em certas situações.

A Tabela 2.2 resume os requisitos dos modelos, dos aplicativos e da análise de dados de redes elétricas IoT, para a melhoria da eficiência. Este exemplo foca exclusivamente na criação de valor, operando a rede com mais eficiência. Também podemos considerar a criação de valor sob a perspectiva de fazer melhor a rede elétrica, de manter melhor a rede elétrica, ou de criar produtos de informação correlatos, com base em dados coletados da grade.

Tabela 2.2: Reduzir os custos operacionais e aumentar a confiabilidade

Modelos	Reduzir os custos humanos, aumentar a eficiência e diminuir o tempo ocioso.
Aplicativos	Exibir leituras; acionar equipamentos manualmente e automaticamente.
Análise de dados	Minimizar a energia, ajustar-se a diferentes condições climáticas, e prever e prevenir falhas.

Suportar melhor os produtos

A terceira maneira de criar valor com a Internet das Coisas é suportar melhor os produtos. Um dos primeiros benefícios que vêm à mente de qualquer pessoa que tenha pelo menos um pouco de familiaridade com a Internet das Coisas industrial (IIoT - Industrial IoT) é a manutenção preventiva. Sim, é verdade; a manutenção preventiva é importante para suportar melhor os produtos, mas, como veremos nesta seção, há muito mais ferramentas nesta caixa.

Sob uma perspectiva de valor, melhor manutenção e suporte técnico resultam em aperfeiçoar a utilização do ativo – um subconjunto da eficiência operacional.

Com a altura de 25 andares e comprimento de dois campos de futebol, o Bagger 293 detém o recorde mundial de ser o maior veículo terrestre (ver Figura 2.3). É uma escavadeira sobre rodas, com caçamba (*bucket wheel excavator* – BWE), usada em mineração a céu aberto, que remove material em volume equivalente a dez carros pequenos por segundo, ou, em outros termos, pode escavar um buraco do tamanho de um campo de futebol, com 30 metros de profundidade, por dia, todos os dias.

O Man Takraf, como também é conhecido, custa mais de US$ 100 milhões, e, como outros BWE, seu tempo ativo é de apenas 41% a 60%, sobrando muitas horas para a melhoria da manutenção e do suporte técnico. Seu atual modelo de manutenção é reativo e preventivo. Se alguma coisa quebra, é consertada; fora isso, a manutenção é executada conforme programação prévia.

Figura 2.3: Bagger 293 – Escavadeira sobre rodas com caçamba

A BWE IoT cria valor incremental com melhor manutenção, desenvolvendo as condições de manutenção de reativa e preventiva para proativa, preditiva e prescritiva.

Nada menos que 91 milhões de toneladas de terra são revolvidas e removidas todos os dias. O peso da carga afeta a Bagger 293 de duas maneiras principais: as juntas quebram e a estrutura racha – as duas principais causas de tempo ocioso não programado. Por meio de um conjunto de sensores, a BWE IoT mede o calor e o atrito nas juntas e as tensões e torções na estrutura.

> **TECH TALK**
>
> Enquanto um sensor mede as condições físicas e as converte em sinal digital, o acionador transforma o sinal digital em ação no mundo físico.

Usando sensores e, possivelmente, acionadores, a IoT possibilita a manutenção dos produtos à distância. Sem precisar locomover-se até o produto, a equipe de serviços pode diagnosticar os problemas e, em alguns casos, pode configurar e consertar o produto remotamente. Caso seja necessária a mobilização física de recursos, a visita técnica é feita com mais eficiência, enviando-se a equipe certa com as peças certas, e até conectando-se com o CRM para gerar um pedido customizado, antes da partida da equipe.

Proposta de valor da escavadeira sobre rodas, com caçamba, IoT

A proposta de valor da BWE IoT é *aumentar o tempo ativo e o tempo ocioso não programado* (ver Quadro 2.3). O importante aqui é instrumentar o produto para detectar os problemas antes que ocorram e eliminá-los durante as manutenções programadas.

Quadro 2.3: Suportar melhor os produtos

Aumentar o tempo ativo e eliminar o tempo ocioso não programado

Modelos
- Temperatura = f (carga, velocidade angular, frequência da vibração).
- Atrito = f (torque, temperatura).
- Tensão/torção = f (força 1, força 2, ... força n).

Aplicativos
- Usa *rules engine* para salientar se as variáveis estão fora dos padrões.
- Aciona, à distância, a refrigeração ou a lubrificação.
- Modifica, à distância, o software de operações para limitar o levantamento da carga.

Análise de dados
- Prevê falhas, interpretando as variáveis do modelo no tempo.
- Prescreve mudanças a serem acionadas no produto para evitar falhas futuras.

Criação de valor com IoT   53

Modelo

Para identificar os principais problemas de juntas e estruturas do BWE IoT, usaremos três modelos principais: um para temperatura, outro para atrito e outro para tensão e torção.

Com o primeiro modelo, calculamos a temperatura das juntas como função das variáveis carga, rotação e vibração:

Temperatura = f (carga, velocidade angular, frequência da vibração)

Usando sensores, sempre medimos a carga, e então, dependendo do tipo de junta, medimos a velocidade de rotação ou translação. Essas variáveis ajudam a calcular a temperatura da junta. A exatidão do modelo é aperfeiçoada com o tempo, comparando a temperatura simulada com a temperatura real da junta.

O segundo modelo, também para juntas, estima o atrito na junta como função do torque e da temperatura:

Atrito = f(torque, temperatura)

Avaliamos o atrito medindo a dificuldade de rotação da junta e quanto ela aquece.

O terceiro modelo mede a tensão e a torção em pontos problemáticos da estrutura e constrói um modelo de elementos finitos como função das forças individuais.

Tensão/torção f(força 1, força 2, ...força n)

Em todos os casos, as variáveis desse modelo são medidas com sensores.

Aplicativo

No caso de decisões em "tempo real", perde-se o foco do que são *rules engine* e *streaming analytics* do aplicativo. Não importa onde estejam sendo feitos os cálculos, estamos verificando, em cada um desses modelos, se os valores de temperatura, atrito, e tensão e torção se enquadram entre os respectivos mínimos e máximos. Por exemplo, se a temperatura da junta se

> **TECH TALK**
>
> Em geral, o *rules engine* é incluído como parte de uma plataforma de IoT do tipo AEP (*Application Enablement Platform*) e a *stream analytics* é um produto separado.

situa entre 20° C e 110° C, tudo bem; no entanto, se ela estiver acima do limite máximo, o aplicativo aciona jatos de água para garantir a manutenção proativa das juntas, esfriando-as quando necessário. Do mesmo modo, se o atrito numa junta estiver alto demais, podemos fechar o *loop* e lubrificá-la. Essa chamada manutenção proativa tenta corrigir as condições, antes que se tornem problema.

Se a tensão ou a torção da estrutura for considerada alta demais, é possível disparar um comando por software OTA para mudar o comportamento da BWE IoT. Depois da atualização, independentemente do comportamento dos operadores e da intensidade da escavação, o sistema recém-reconfigurado limita a força e a velocidade da roda da caçamba para reduzir a carga e, em consequência, o risco de rachadura da estrutura. Dessa maneira, a BWE IoT pode continuar a trabalhar, embora com capacidade mais baixa, até o reforço da estrutura, na próxima manutenção programada.

> **TECH TALK**
>
> "Fechar o *loop*" refere-se à capacidade de acionar o produto. O *loop* fechado abrange o movimento circular produto>lógica>produto, em vez de um processo de comunicação em sentido único.

Análise de dados

E possível prever, com base em um conjunto de variáveis, que a junta acabará queimando ou parando. Essa é a manutenção preditiva clássica, o próximo passo no suporte técnico, realizada pela análise de dados preditiva, ao detectar uma falha típica na peça, por meio da análise dos dados sobre a peça. A constatação dessa falha é indício de que a peça, nesse caso, a junta, parará de funcionar. Evidentemente, a exatidão da manutenção preditiva se baseia na disponibilidade de um histórico bastante longo das falhas na mesma peça, para que se tenha um modelo de causa e efeito estatisticamente relevante. Lembre-se, causa e efeito. As variáveis de nosso modelo de valor são captadas ao longo do tempo (causa) até que ocorra uma falha (efeito), estabelecendo-se uma relação causal entre a série temporal de variáveis e a paralisação da peça. Essas predições não se limitam a peças. Também as aplicam a componentes, produtos e sistemas.

A manutenção prescritiva usa matemática diferente para dar um passo adiante. Como a análise de dados preditiva, a análise de dados prescritiva reconhece o problema em andamento. E, como a análise de dados proativa, elimina-o antes que ocorra, resfriando e lubrificando a junta. Em alto nível, a análise de dados prescritiva combina os dois tipos de análise de dados, prevendo o problema iminente (preditiva) e, então, antecipando-se na solução (proativa). A análise de dados prescritiva pode ser uma cura temporária, até a próxima manutenção programada, ou pode prescrever um conserto permanente para o problema.

O que é velho agora é novo. A análise de dados prognóstica usa ainda outra classe de matemática para predizer com mais exatidão o momento de alguma falha. Se seu ambiente operacional está sujeito a restrições e é menos fluido, esse tipo de análise de dados oferece muitos benefícios.

Valor gerado

Essa é a evolução da manutenção. Começamos sendo responsivos: se algo quebra, é consertado (análise de dados reativa). Em seguida, a manutenção é programada para pontos predefinidos no tempo, digamos, uma vez por mês (análise de dados preventiva). Depois, analisamos pontos de falha potenciais e, se não gostamos do que vemos, fazemos alguma coisa para atenuar o problema até a próxima manutenção programada (análise de dados proativa). Na sequência, usamos os dados para prever que peças tendem a falhar, o que proporciona o conforto de possibilitar a solução do problema antes da ocorrência, conforme a própria programação da manutenção (análise de dados preditiva). E, finalmente, identificamos antecipadamente o problema e deixamos que o produto faça a própria autocorreção, recorrendo ao software ou acionando o ambiente físico (análise de dados prescritiva). Cada passo na evolução da manutenção é progressivamente mais valioso, sendo que os três últimos dependem da tecnologia IoT.

Reativa > Preventiva > Proativa > Preditiva > Prescritiva

A evolução da manutenção

A segunda tendência é onde a manutenção é executada. Cada vez mais, ela é feita à distância, por meio de comandos de software, acionamentos, e atualizações de software. Caso se necessite de visita técnica no local, os técnicos comparecem mais preparados e equipados sabendo qual é o problema, conhecendo as soluções, e munidos das ferramentas e peças certas.

O valor gerado resulta em melhor utilização do ativo.

A Tabela 2.3 resume os requisitos do modelo, do aplicativo e da análise de dados, para melhorar o suporte técnico, aumentando o tempo ativo e eliminando o tempo ocioso. Como nos outros exemplos, também podemos criar valor de outras maneiras. No caso da BWE IoT, também fazer o produto melhor, operar o produto melhor e criar novas versões físicas ou produtos informacionais baseados em dados.

Tabela 2.3: Aumentar o tempo ativo e eliminar tempo ocioso não programado

Modelos	Temperatura da junta, atrito da junta, e tensão e torção estrutural.
Aplicativos	Verificação da tolerância, acionamento da refrigeração e da lubrificação, ajuste do levantamento da carga.
Análise de dados	Manutenção proativa, manutenção preditiva, e manutenção prescritiva.

Fazer novos produtos

A quarta maneira de criar valor com a Internet das Coisas é fazer novos produtos. Embora a inovação com IoT melhore significativamente os produtos existentes, a invenção com a IoT cria novos produtos ou novas categorias de produtos totalmente inéditos. Por definição, esse tipo de criação de valor não é somente incremental; ele tem o potencial de exercer grande impacto em relação às perspectivas de sucesso da empresa.

A categoria de produtos "*Quantified Self*", "Eu Quantificado", ou "Autoquantificação", cujo lema poderia ser "autoconhecimento através dos números", consiste em medir a si próprio, os indicadores de metabolismo e as atividades que executamos (ver Figura 2.4). Ocorre que essa quantificação é um grande negócio – gerando mais de um bilhão de dólares de receita por ano, com a Fitbit, líder do mercado, desbravando o caminho. Curiosamente, porém, três quartos dos produtos Fitbit vão para a gaveta depois de apenas nove meses de uso. Sem dúvida, há espaço para melhorias e, talvez, para novos produtos.

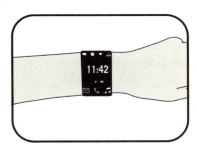

Figura 2.4: Relógio *Quantified Self*

Esta seção é diferente, uma vez que estamos fazendo novos produtos, em vez de renovar ou melhorar algo já existente. Portanto, o valor gerado é para o fornecedor, não para o cliente – para a empresa que fabrica coisas, os produtos físicos que são vendidos, neste caso, aos consumidores (B2C). Entretanto, pode ser mais do que isso. Como você verá, com a IoT, você ficará surpreso ao deparar com as novas oportunidades.

As ferramentas do ofício, aqui, são os modelos de usabilidade e utilidade, e várias técnicas de *data mining* (mineração de dados). Com a IoT, a sua visão de dados sobre como o cliente usa os seus produtos e interage com eles se estende pelos sete dias da semana, 24 horas por dia.

Os modelos de usabilidade codificam como o produto está sendo usado. A comparação do uso efetivo com o uso previsto pode levar a *insights* sobre maneiras de baixo custo de ampliar a variedade de produtos (novos modelos de produtos) por meio de *upgrades* no software, de novos atributos ou de mudanças na atuação dos atributos. Esses modelos têm sido usados para melhorar os sites de comércio eletrônico há anos, rastreando como os visitantes navegam no site para alcançar seus objetivos. Por exemplo, quantos e quais são os passos necessários para comprar um livro. Diferentes desenhos da interface do usuário obtêm escores diferentes em como os usuários alcançam esse objetivo, gerando *insights* valiosos para alterações imediatas. Essa técnica poderosa agora pode ser aplicada a dispositivos físicos, mas, no caso de produtos IoT, essas avaliações vão além da interface do usuário (U/I - User Interface) e se aplicam a toda a experiência do usuário (U/X - User Experience) no mundo físico.

> ### TECH TALK
>
> Os modelos de análise de dados dos produtos incluem:
>
> **1.** modelos de usabilidade que definem como o produto está sendo usado,
> **2.** modelos de utilidade que definem para que o produto está sendo usado,
> **3.** modelos de desempenho que definem com que eficiência o produto está executando a sua tarefa.

Os modelos de utilidade identificam para que o produto está sendo usado, para comparação com o objetivo pretendido do produto. Daí talvez resultem *insights* que podem ser muito úteis no desenvolvimento de produtos informacionais e físicos inteiramente novos. Esses modelos medem as funções usadas, o ambiente em que o produto é usado, e outras variáveis específicas do contexto. Para tanto, é preciso ter a antevisão de incluir sensores que não só contribuam para o propósito básico do produto, mas que também coletem dados subsidiários que talvez sejam úteis para os clientes e outros mercados. Sensores adicionais podem medir a geolocalização, as condições ambientais, os materiais com que o produto entra em contato, e outras condições específicas do contexto.

Proposta de valor do relógio *Quantified Self* IoT

A proposta de valor do fornecedor do relógio de autoquantificação IoT é *invenção*. O essencial aqui é usar os dados de um produto para inspirar novos produtos – físicos e digitais. Vamos ver uns dois exemplos que ilustram como explorar os modelos de usabilidade e utilidade com análise de dados – um simples e o outro um pouco mais sofisticado.

Modelo

Cada modelo de usabilidade e utilidade deve ser elaborado sob medida para o produto que está sendo medido. No exemplo do relógio IoT, estamos interessados na maneira como a interface está sendo usada:

$$\text{Usabilidade} = f(\text{UX}), \text{ onde UX é a experiência do usuário}$$

E estamos interessados na frequência com que cada função está sendo usada:

$$\text{Utilidade} = f(\text{atributos usados})$$

Análise de dados

A nossa análise de dados perscrutará muitos relógios IoT, plotados ao longo do tempo, para identificar padrões estatísticos na interface e no uso de funções. Outros dados captados pelo relógio IoT também serão vasculhados em busca de relevância estatística para descobrir o que talvez seja útil internamente para os nossos próprios produtos e o que talvez possa ser usado externamente, a ser vendido como produtos de informação para novos mercados.

Valor gerado

Não há como exagerar o valor potencial gerado pela invenção de novos produtos. A agregação e o processamento de dados com IoT ajuda a identificar novas ideias de produtos que eram invisíveis antes.

Digamos que você identifique as maneiras como os seus clientes usam os seus produtos de autoquantificação, no caso, um relógio esportivo – um relógio que mede a frequência cardíaca, o ritmo, a velocidade e a localização. Imaginemos, então, que você descubra, depois de comparar modelos de usabilidade (planejado *versus* real) e modelos de utilidade (planejado *versus* real), que a maioria dos seus clientes está usando os relógios como pedômetros, observando reiteradamente a interface para verificar quantos passos deram, a fim de estimar a quantidade de "calorias queimadas" por dia. Com base nesses resultados, faria sentido melhorar a usabilidade do produto atual, tornando a função de pedômetro mais acessível e mais fácil de usar. Também seria sensato produzir e vender um novo produto, ou seja, um monitor pedômetro – um novo produto com mercado certo.

Outro exemplo, nesse caso para valorizar certo aspecto, é o da detecção de terremotos. Como moro na Califórnia, não é estranho para mim ser sacudido no meio da noite, que é exatamente o que ocorreu na noite de 24 de agosto de 2014. O U.S. Geological Survey (USGS) monitora e relata terremotos. Para tanto, mantém uma rede de sensores sismológicos e geofísicos que abrange todo o estado, todo o país e todo o mundo. Na manhã seguinte eu li as notícias do USGS e confirmei que, sim, foi de fato um terremoto o tremor que acordou metade da minha família, na noite anterior, às 3h20. Com magnitude de 6.0, o terremoto South Napa foi o mais forte a atingir a Califórnia em 25 anos. Uma semana depois, contudo, a Jawbone, que também faz relógio de autoquantificação, divulgou seus próprios dados sobre o terremoto. Como seus aparelhos medem a taxa metabólica dos usuários, ele sabe quando as pessoas estão dormindo e avalia a qualidade do sono. Ocorre que a rapidez com que a pessoa acorda é indicador muito bom da magnitude e da localização do terremoto. Embora o pessoal da Jawbone não tivesse condições de quantificar com precisão o tamanho do terremoto, ao analisar seus dados eles puderam localizar o epicentro do terremoto e seu padrão de distribuição com mais exatidão do que o USGS. Entretanto, não estou dizendo que a Jawbone poderia começar a vender um monitor localizador de terremotos. O que estou afirmando é que, às vezes, a utilidade do produto não terá nada a ver com a sua destinação original, e que ele também poderá ser útil em outros mercados.

Além dos produtos físicos, uma nova classe de produtos se baseia somente em informações e geralmente é vendida como serviços.

Esses novos produtos se materializam a partir da chamada *digital exhaust*. Exaustão digital é a quantidade maciça de dados oriundos dos sensores de produtos IoT. Se sua empresa acumula dados, ou seja, paga pelo transporte e armazenamento de todos esses dados, o *data mining* dessa exaustão digital pode revelar informações valiosas para os clientes, dentro ou fora do seu mercado-alvo. No caso de dados de autoquantificação, não se precisa de muita imaginação para identificar outros mercados que talvez estejam interessados em dados sobre a saúde humana. Empresas seguradoras e farmacêuticas logo vêm à mente, assim como organizações de pesquisas médicas. A descoberta de valor na exaustão de dados do seu produto pode não ser óbvia, mas esse é um argumento para preservar seus dados, pelo menos por certo prazo determinado.

Nesses exemplos, a invenção é inspirada pela análise de dados. Você pode analisar os dados de maneira específica para responder a perguntas específicas ou pode analisar os dados para descobrir novas informações valiosas – informações que podem ser usadas por sua empresa ou por outras empresas. A Tabela 2.4 apresenta os requisitos para a criação de novos produtos, com base em modelos e em análise de dados.

Tabela 2.4: Invenção

Modelos	Usabilidade e utilidade
Aplicativos	Não disponível
Análise de dados	Atributos do novo produto, versões do novo produto e categorias do novo produto.

Todo o valor incremental de um produto IoT decorre da transformação de dados em informações úteis, e as quatro maneiras de usar essas informações para criar valor são tornar os produtos melhores, operar melhor os produtos, suportar melhor os produtos e criar melhor os novos produtos.

★ ★ ★

Agora que sabemos criar valor com IoT, a pergunta seguinte, naturalmente, é "como ganhar dinheiro com IoT?". O próximo capítulo explica as maneiras singulares de usar a IoT para monetizar o valor.

‹ CAPÍTULO 3 ›

Monetização do valor de IoT

Embora estivéssemos a apenas 30 km do trailer de serviço de Pat Dronski, em Staten Island, poderíamos muito bem estar num planeta diferente. A Confident Surroundings Pest Management tinha escritórios no vigésimo andar do quarto edifício mais alto do Lower Manhattan, não muito longe do World Trade Center. Essa era a minha sétima reunião das nove da primeira rodada de nossa viagem de validação de mercado, em que os caras da ACME e eu estávamos recebendo *feedback* sobre a nossa recém-concebida ratoeira IoT, fornecido pelos mandachuvas do controle de pragas.

Enquanto eu esperava no que parecia ser o *lobby* de uma das quatro grandes empresas de contabilidade, eu li que a Confident era a maior empresa de extermínio de percevejos dos Estados Unidos. Com mais de 250 empregados, incluindo 200 técnicos, a empresa domina o controle de pragas no mercado de hospedagem da cidade de Nova York, o que inclui os grandes prédios residenciais. Depois de cinco minutos de espera, fomos levados para a sala de reuniões com vista para Wall Street, onde Paul Brass, o COO, Chief Operations Office, e Roy Nery, entomologista-chefe, já estavam sentados esperando. Paul me lembrou Joe Pesci, do filme *Goodfellas* (*Os bons companheiros*) – joias de ouro, relógio volumoso e corte de cabelo de US$ 100.

Paul estava interessado acima de tudo em negócios e se mostrou ainda mais engajado quando passamos para os slides de apresentação do nosso modelo de negócios. Embora ele precisasse ser visto como um desbravador de tendências pela clientela de alto nível, ele também precisava fechar os números. E nossa proposta de taxa fixa única de US$ 70 por estação (ratoeira IoT) não foi aceita, por mais que ele quisesse aquela engenhoca mais moderna e mais eficaz. O modelo de negócios da Confidence era uma taxa mensal, com acréscimos por serviços especiais. Ele também queria pagar uma taxa mensal por ratoeira, não uma taxa fixa única, mesmo que o total anual fosse superior ao que teria pagado para comprar a ratoeira. Para Paul, nosso modelo de negócios tinha que se amoldar ao dele.

O modelo de negócios de IoT para B2B

Quase toda a narrativa em torno da inovação em IoT é sobre tecnologia, mas os recursos de coleta de dados da IoT terão um efeito profundo também sobre a inovação do modelo de negócios. Usar dados para a criação de valor *e* para a monetização do valor inicia uma nova era em inovação de negócios, até hoje impossível. À medida que se torna mais sofisticada, a tecnologia de IoT cria mais valor não só para o produto, mas também para o negócio.

O modelo de negócios descreve como a empresa ganha dinheiro com a criação de valor. Em IoT, todo o valor incremental decorre da transformação de dados em informação útil. Esses dados, contudo, não se limitam ao que é útil para o produto; eles também podem incluir informações sobre o negócio do cliente, o que em si é valioso. Hoje, o modelo de negócios é do vendedor, mas a IoT nos permitirá mudar essa situação, para alinhar o modelo de negócios do vendedor com o de seus clientes.

Este capítulo, em grande parte, descreve a monetização da IoT para B2B, ou seja, a IoT comercial, a IoT industrial e a IoT de infraestrutura. As empresas têm demonstrações do resultado e precisam gerar lucro. A IoT do consumidor é diferente. A proposta de valor não é direcionada pelo lucro – outros motivos aqui também são relevantes, o que a torna mais desafiadora.

O modelo de negócios de IoT para B2C

O modelo de negócios de IoT para B2C é um trabalho em andamento e seguirá um caminho diferente a partir do que será discutido no restante deste capítulo sobre B2B. Atualmente, o modelo de negócios de fato para o produto de consumo IoT é o mesmo do produto de consumo tradicional – que consiste no ato isolado e consumado da compra do produto. O problema é que valor e preço estão desequilibrados. A versão IoT do produto de consumo é muito mais dispendiosa. Correspondendo a até dez vezes o preço do produto tradicional, o modelo de negócios de IoT para B2C precisa ser mudado, e parece que a mudança virá de pelo menos duas maneiras diferentes. Uma envolve vender dados, e a outra envolve vender serviços.

Anunciantes, seguradoras e qualquer empresa que venda para os mesmos consumidores estão ansiosas para pôr as mãos em informações pessoais identificáveis (*personally identifiable information* – IPI) de seu mercado-alvo. Vender essas IPIs (com consentimento) é uma maneira de compensar os custos do produto para o cliente.

A outra maneira segue os passos de um dos mais sofisticados dispositivos de IoT – o smartphone. Como o modelo de negócios do telefone celular, o preço, ou parte do preço, do produto IoT pode ser amortizado durante o prazo de um contrato de serviço, como parte da compra do produto.

Os produtos IoT sempre custam mais por causa da estrutura de *back-end* que o consumidor não vê. Nada, porém, é de graça. Para cobrir os custos extras do produto IoT, os consumidores talvez acabem pagando com a perda de privacidade ou com o preço de um serviço adicional para compensar a diferença.

Alinhamento do modelo de negócios

Se sentirmos as principais variáveis do modelo de negócios do cliente, podemos alinhar nosso modelo de negócios com o do cliente. Não é o único fator, mas acredito que o atrito da monetização – ou seja, o arrasto associado a fazer a venda – é função do grau de alinhamento entre os modelos de negócios do comprador e do vendedor. Pense nisso como um coeficiente de atrito. Se os modelos de negócios forem completamente diferentes,

> **TECH TALK**
>
> Uma API (*Application Programming Interface* ou Interface de Programação de Aplicativos) é um conjunto de comandos pelos quais diferentes softwares podem falar um com o outro.

o atrito da monetização será muito maior do que seria se os modelos de negócios se relacionassem entre si – situação em que é muito mais fácil conseguir um sim. Se o modelo de negócios da nossa ratoeira IoT não combinar com o modelo de negócios dos serviços da Confidence, o atrito será alto demais para fazer a venda. Vamos examinar alguns exemplos do Capítulo 2 para ver como isso poderia funcionar.

O hospital é pago por cirurgia de prótese de quadril. Como o mandril acetabular IoT pode registrar as cirurgias em que é usado, o fabricante também pode cobrar por cirurgia. A empresa de serviços de eletricidade é paga por watts consumido. Como a rede elétrica IoT pode rastrear esse consumo, ela também pode cobrar pelo mesmo critério. Nesses exemplos, só a contribuição para a receita está sendo calculada, mas a IoT também pode captar mais dados sobre o modelo de negócios do cliente.

Por exemplo, em mineração de carvão, a receita depende do número de toneladas cúbicas produzidas, e a escavadeira sobre rodas com caçamba pode medir sua contribuição medindo o peso do carvão extraído. No lado dos custos, ela também pode medir as variáveis relacionadas com os custos operacionais, que incluem, entre outras, horas de operação, tempo de mão de obra, quantidade de lubrificante consumido, peças substituídas, horas de manutenção, consertos e combustível consumido – tudo mensurável. Quando combinadas, essas variáveis podem alimentar um modelo que se aproxime do modelo de lucro atribuído à escavadeira sobre rodas com caçamba. Como a plataforma de IoT conectará cada vez mais a operação de mineração de carvão, abrangendo exploração, extração, refino e expedição, desenvolve-se um modelo em tempo real cada vez mais exato do negócio do cliente.

> **TECH TALK**
>
> A plataforma de IoT é o *middleware*, ou software intermediário entre o sistema operacional ou banco de dados e os aplicativos; é a base técnica para reunir vários produtos IoT. Para mais informações, ver Capítulo 13.

O Continuum do Modelo de Negócios de IoT

A IoT possibilitará a inovação do modelo de negócios como nunca antes, resultando em centenas, até milhares, de diferentes modelos de negócios. Os factíveis, porém, os realmente valiosos, serão, em grande parte, permutações ou variações das cinco classes de modelos de negócios aqui apresentadas. Esses modelos de negócios não são necessariamente novos; o mais importante é que, agora, eles estão sendo viabilizados pela tecnologia de IoT. Eles também evoluirão, sequencialmente, de um para o seguinte, com cada modelo de negócios sucessivo oferecendo mais valor que o anterior.

Como os modelos de negócios evoluirão passo a passo com a evolução da tecnologia de IoT, será mais ilustrativo plotar as mudanças na mesma linha do tempo. Essa progressão ou evolução dos modelos de negócios é denominada Continuum do Modelo de Negócios de IoT (ver Figura 3.1). Esse gráfico é uma ferramenta útil para os gestores que estão balanceando as suas opções de modelos de negócios. Ele fornece numerosos pontos de entrada e um vetor direcional referente a como mudarão ao longo do tempo. Essa mudança na monetização deve ser considerada parte da estratégia de IoT de todas as empresas. Começamos com a venda de produtos e terminamos com a venda de resultados. Vamos primeiro examinar essas duas extremidades.

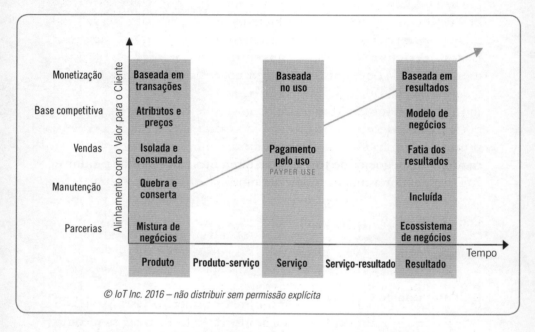

Figura 3.1: O Continuum do Modelo de Negócios de IoT

Hoje, quando você vende um produto, a monetização se baseia na transação. A compra é um evento único, isolado e consumado, em função dos atributos, a um preço que os clientes internalizam para calcular o seu próprio ROI (retorno sobre o investimento). Mesmo quando o suporte técnico é contínuo, geralmente é simples – quando quebra é consertado. Ao comprar produtos, o cliente empresarial precisa lidar com vários fornecedores e integrar o conteúdo do *pipeline*, para atingir o resultado almejado, e o ROI de vários produtos, para construir um negócio lucrativo.

No outro lado do espectro, estão os resultados. Quando você vende um resultado (p. ex., cirurgia bem-sucedida, distribuição de energia confiável e eficiente, tempo ativo para as máquinas de mineração), a monetização é diretamente relacionada com a qualidade da entrega do resultado. Assumindo que você possa fornecer o resultado que o cliente deseja, a base da competição passa a ser o modelo de negócios, e a venda se estrutura em torno

> **TECH TALK**
>
> O ecossistema é o equivalente em negócios à plataforma de IoT, reunindo os produtores e consumidores da tecnologia de IoT, para monetizá-la.

da divisão do lucro. Como os objetivos do comprador e do vendedor estão alinhados, o suporte técnico está incluído no negócio. Em vez de formar parcerias com vários fornecedores, o cliente se torna parte de um ecossistema cujo propósito é entregar o resultado almejado.

O Contínuo do Modelo de Negócios de IoT abrange, de ponta a ponta, o produto, o produto-serviço, o serviço, o serviço-resultado, e, então, o resultado. Vamos percorrer cada uma das cinco classes de modelos de negócios de IoT, usando diferentes exemplos de produtos IoT, para expor as nuances de cada uma.

Modelo de negócios de produtos

A venda "isolada e consumada" é o lugar mais seguro para iniciar a jornada do modelo de negócios. O produto IoT é vendido como um produto tradicional; no entanto, usa a IoT para aumentar a funcionalidade e para ampliar o seu futuro. Considere o Tesla Modelo S (ver Figura 3.2). É, por definição, um carro IoT, e, em consequência, sempre tem aquele cheiro de carro novo. Vou explicar. Todos os Teslas têm, pelo menos, conexão 2G para celular com a internet, por meio da qual a empresa, continuamente, melhora o carro, atualizando os modelos e os aplicativos interiores. Imagine-se entrando no carro, como todas as manhãs, só que dessa vez você recebe uma mensagem no console informando-o de que o atributo Chamada agora está disponível. Foi o que aconteceu com o lançamento do Tesla versão 7.1. No outono de 2015, os usuários de Teslas depararam com um novo recurso no carro, acessível pelo telefone. Naquele mesmo dia, eles poderiam chamar o carro, que os ficaria esperando nas proximidades do escritório.

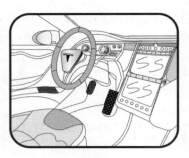

Figura 3.2: O carro IoT

As atualizações OTA de software também podem ser usadas para outros propósitos. No começo de janeiro de 2014, a *U.S. Traffic Safety Administration* emitiu dois avisos de recall, um para a GM e outro para a Tesla, ambos referentes a risco de incêndio. A GM teve de convocar 370.000 pick-ups para reparos, enquanto a Tesla rapidamente emitiu uma atualização OTA para os 30.000 veículos afetados. A TSA aceitou o conserto da Tesla e, no processo, redefiniu o significado de recall.

Além das atualizações OTA, o Tesla definido por software também usa análise de dados avançada. Uma das maneiras de a Tesla explorar o aprendizado de máquina (*machine learning*) é desenvolver a tecnologia de condução autônoma. Adotando abordagem totalmente diferente da do Google, a Tesla melhora o atributo de piloto automático, usando aprendizado de máquina para codificar as ações de seus condutores, sempre que o condutor humano se impõe ao algoritmo de condução autônoma, presumivelmente porque o carro não reagiu de maneira adequada. Ao analisar as condições e as reações de "tomada de controle", a funcionalidade do piloto automático é aprimorada de maneira contínua e automática, por processo iterativo. Compare esse método com o do Google, de desenvolvimento de baixo para cima da condução autônoma, sem participação humana no *loop*.

As questões de negócios podem ser mais desafiadoras na sua organização do que a tecnologia; portanto, lançar um produto IoT não significa que você deva mudar seu modelo de negócios no lançamento. Não deixe que questões de vendas e distribuição emperrem suas iniciativas de IoT. Uma abordagem segura é começar com o modelo de negócios conhecido e consagrado, e prosseguir no Continuum do Modelo de Negócios de IoT, de maneira sensata e oportuna (Figura 3.3). Ao mesmo tempo em que você está usando a IoT para criar valor, você também pode usá-la para coletar dados e criar serviços de informações a serem vendidos pelo modelo de negócios de produtos-serviços, que analisaremos na próxima seção. Essa é a estratégia do automóvel da Tesla.

Figura 3.3: Exemplos do Continuum do Modelo de Negócios de IoT

Mais exemplos

Embora esse modelo seja basicamente o modelo de negócios de hoje, ainda é possível produzir valor extra com a captação e o fornecimento de dados adicionais úteis para o cliente, a serem oferecidos de graça ou, como já vimos, a serem empacotados e vendidos no futuro. No caso do hospital, o mandril acetabular pode detectar e registrar diferenças no uso por diferentes cirurgiões que realizam a mesma cirurgia e correlacionar as variações com a recuperação e a saúde dos pacientes pós-cirurgia. Para a empresa de serviços de utilidade pública de IoT, os dados úteis coletados podem ser a base de serviços inteligentes rentáveis, conforme as circunstâncias individuais de cada consumidor. Como a empresa de mineração de carvão é remunerada por peso, os clientes da escavadeira sobre rodas, com caçamba, IoT estariam interessados em saber como a sua porcentagem de ocupação da caçamba – um indicador-chave de desempenho (*Key Performance Indicator* – KPI) – compara-se com os padrões setoriais. É um pouco diferente quando se trata de modelos de negócios B2C, mas, para o usuário de um relógio de autoquantificação IoT, para perda de peso, o consumo de calorias é algo valioso que pode ser calculado e transmitido em tempo real.

Modelo de negócios de produtos-serviços

O modelo de negócios de produtos-serviços é um híbrido de produto tradicional e de novos modelos de negócios de serviços. Acrescentar um serviço de informação a um produto baseado em dados coletados é uma maneira de gerar receita incremental e, talvez, criar uma vantagem competitiva. Como vimos no último capítulo, esse novo tipo de produto de informação pode ser vendido à parte e até para um mercado completamente diferente.

Essa fase de transição entre o modelo de negócios de produtos e o modelo de negócios de serviços é um momento ótimo para começar a implementar as mudanças operacionais a serem analisadas no Capítulo 8.

Prosseguindo no tema do nosso veículo, o pneu conectado exemplifica muito bem essa categoria de modelo de negócios. Pneus de caminhões e automóveis munidos de sensores estão se tornando padrão, sobretudo no caso de frotas comerciais (ver Figura 3.4). Medir temperatura, número de rotações, pressão, localização do caminhão, desgaste e disparidades de altura entre os pneus economiza dinheiro. Os grandes fabricantes de pneus já estão oferecendo aos gestores de frotas, como opcional, produtos com serviço de gerenciamento. Pneus são uma das três maiores despesas das frotas, juntamente com pessoal e combustível.

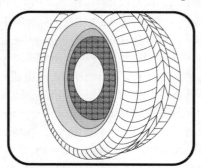

Figura 3.4: O pneu IoT

No modelo de negócios de produtos-serviços, o produto físico é vendido com um produto opcional de serviço de informação. Este exemplo específico gira em torno de segurança de veículos, economia de combustível e redução das despesas com pneus. É possível evitar acidentes, paralisações e indenizações onerosas com o monitoramento de itens como temperatura, profundidade dos sulcos, e a principal causa de falhas catastróficas nos pneus – baixa pressão. Pneus pouco cheios também reduzem em 0,33% o rendimento do combustível por cada PSI (unidade de pressão) abaixo da recomendada. Um cálculo rápido baseado em rodagem de 200 bilhões de quilômetros por ano mostra que só esse fator pode economizar milhões de dólares para grandes frotas.

As normas de manutenção preventiva recomendam que os pneus sejam trocados depois de certa quilometragem. Trata-se de média baseada nas condições médias de condução de veículos, com carga média, em condições médias de conservação das rodovias. Os gestores de frota põem em primeiro lugar a segurança dos motoristas, mas também querem aproveitar adequadamente esses componentes desgastáveis antes de substituí-los. Ao adotar um sistema de manutenção proativa, os gestores de pneus da frota podem usar dados de sensores para orientar a substituição de pneus, garantindo a segurança dos pneus, mas evitando a reposição prematura.

Pense em sua situação – que tipo de serviço de informação você poderia adicionar ao seu produto tradicional, capaz de gerar valor incremental e de impulsionar o seu negócio ao longo do Contínuo do Modelo de Negócios de IoT? Essa fonte de receita incremental poderia ser explorada como vantagem competitiva, ou, como vimos no exemplo do *Quantified Self*, no capítulo anterior, poderia ser vendida em mercados diferentes. Reflita sobre os dados coletados por esses pneus. Trata-se de algo "fora do quadrado", mas, se mudanças nos dados sobre pressão dos pneus se correlacionam com mudanças nos dados sobre localização, tem-se uma aproximação útil para estimar as condições das estradas, uma vez que buracos, por exemplo, podem se correlacionar com os picos na pressão dos pneus decorrente do choque com essas irregularidades na faixa de rodagem. Esse produto de informação poderia interessar aos órgãos de manutenção de vias públicas ou até a empresas de mapeamento por GPS.

Mais exemplos

Vamos repassar mais uma vez nossos exemplos, para ver que dados auxiliares podemos empacotar e monetizar para melhorar os negócios do cliente.

Um serviço de informação complementar para o mandril acetabular IoT poderia sugerir a duração do período de internação no hospital, para minimizar os custos pós-cirúrgicos. Ao correlacionar as condições demográficas e físicas do paciente com KPIs sobre as condições da cirurgia, o serviço poderia recomendar que a permanência do paciente no hospital por mais um dia reduziria a probabilidade de complicações que contribuiriam para a necessidade de repetição da cirurgia e de novo período de internação no hospital, que são duas fontes de altas despesas.

Ao analisar a correlação entre padrões de clima e falhas na eletricidade, um serviço de análise de dados preditiva poderia ser vendido a operadoras de redes elétricas IoT, capazes de sugerir mudanças na configuração da grade, para minimizar apagões e para identificar os pontos que exigem manutenção local por equipes especializadas, antes da falta de energia.

Com tempo ativo de 42% a 60%, um serviço de manutenção preditiva para uma escavadeira sobre rodas, com caçamba, IoT seria muito útil. Depois de coletar dados sobre o mesmo produto no período de 12 a 18 meses, você teria informações suficientes para começar a fazer predições sobre que partes quebrarão. Os clientes desse serviço, ao efetuarem a compra, receberiam uma lista das partes e peças a reparar durante cada período de manutenção programada.

Depois da coleta de dados suficientes, uma estratégia inteligente é desenvolver um produto de informação e procurar todos os clientes para vender-lhes um novo serviço. Foi o que fez a Fitbit depois de desenvolver seu novo produto Trainer. A US$ 49 por ano, ele usará a análise de dados e seus objetivos para tornar-se seu *personal trainer*.

Modelo de negócios de serviços

O modelo de negócios de serviços, ou XaaS (*Anything as a Service*), é o modelo de negócios que logo vem à mente quando se discute IoT, mas ele não é novo. A novidade é aplicá-lo com eficiência à ampla variedade de produtos físicos, inclusive alguns básicos, do tipo comida como serviço (Instacart), hospedagem como serviço (Airbnb), e transporte como serviço (Uber). A Rolls-Royce, porém, foi uma das pioneiras em aplicá-lo a produtos físicos, de maneira ampla, em seus motores a jato (ver Figura 3.5). Cunhado de início pelo fabricante de motores a jato Bristol Siddeley, o modelo de negócios *power-by-the-hour* que a Rolls-Royce usa para bens de capital tem sido alvo de muita imitação. O *insight* da Rolls-Royce foi que as empresas não querem possuir (e manter) os motores a jato; elas querem propulsão para seus aviões. Trocar o peso de enormes despesas de capital e de manutenção por pagamentos recorrentes pode fazer muito sentido para os negócios.

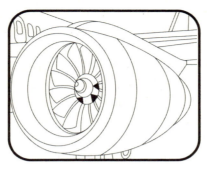

Figura 3.5: O motor a jato IoT

A Rolls-Royce o torna ainda mais atraente, associando o preço ao modelo de negócios do cliente. E isso é fundamental para o modelo de negócios de serviços: selecionar o KPI que esteja alinhado com o modelo de negócios do cliente. Podem ser unidades concluídas, volume processado, ou, neste caso, tempo de uso, o que se relaciona com milhas de voo – parte do KPI pelo qual vivem e morrem as empresas de aviação: milhas de voo por assentos ocupados.

O modelo de negócios de serviços não se relaciona exclusivamente com software ou com produtos físicos; também pode monetizar produtos de informação. Continuando com o nosso tema do motor a jato, desde que os fabricantes de motores a jato conheçam em tempo real a eficiência energética de seus motores, se eles coletarem outros dados, velocidade, altitude, rumo ou direção e localização, e correlacionarem combinações de dados com eficiência energética, eles terão algo valioso. Por exemplo, já existem serviços de informação que fornecem às empresas de aviação relatórios de cada voo, sobre a eficiência dos planos de voo em comparação com a eficiência agregada de planos de voo semelhantes, de outras empresas de aviação, na mesma rota. Usar esse serviço de informação para ajustar as condições nos quatro voos diários de Seattle para Las Vegas pode gerar eficiências significativas. Esse é um exemplo de como se gera valor incremental criando um novo produto de informação com os dados existentes.

Quase tudo pode ser oferecido como serviço. Em estilo mais ameno, o Teatreneu, de Barcelona, criou o "Pay per Laugh – o primeiro espetáculo de humor em que você só paga pelo que consome". Usando software de reconhecimento facial, o Teatreneu cobra dos membros do público 0,30 euro por cada risada durante a noite, com o limite de 24 euros, ou 80 risadas. O novo modelo de negócios revolucionou as atividades do clube, aumentando o preço médio em 6 euros e ampliando a satisfação dos clientes. O exemplo está sendo copiado por outros teatros.

Esse modelo de negócios de serviços é sedutor, mas há questões práticas de implementação, referentes a financiamento, vendas e sistemas, das quais o empreendedor deve estar consciente. Um dos meus clientes vende equipamentos IoT a empresas industriais. Um aspecto que estamos enfrentando é como financiar o modelo de negócios de serviços. Vender o produto como serviço é ótimo para o cliente, mas implica a necessidade de financiar os custos de capital dos equipamentos. Nosso ROI (retorno sobre o investimento) de 18 meses é ótimo, mas ainda significa que o nosso fluxo de caixa com cada cliente fica negativo durante 18 meses, exercendo pressão não planejada sobre as nossas demonstrações financeiras. Segundo, precisamos mudar nossa estrutura de vendas, de um modelo baseado em transação isolada e consumada para outro em que sejamos capazes de vender reiteradamente os nossos serviços a cada período de 12 a 24 meses. Para tanto, precisamos organizar e remunerar nosso canal de maneira completamente diferente. E, finalmente, temos que tratar do faturamento. Nossos sistemas financeiros não estão configurados para cobrar e contabilizar pagamentos mensais. Esses sistemas de faturamento estão no mercado, mas também eles precisam ser financiados.

Mais exemplos

Qual é a principal métrica do modelo de negócios do seu cliente? Quais são os bônus pagos? O que contribui para as pessoas serem promovidas? Qual é o KPI pelo qual o cliente vive e morre? Se você puder medi-lo ou, pelo menos, for capaz de avaliar um fator relevante para alcançá-lo, há boas chances de o seu modelo de negócios de serviços ser bem-sucedido.

Os hospitais são pagos por cirurgia. Portanto, faz sentido que o fornecedor do mandril acetabular cobre o preço por cirurgia. Com esse modelo de negócios, o hospital não precisa se preocupar com a manutenção – está incluída no preço. E é praticamente garantido que o mandril acetabular tenha aquele cheiro de carro novo, porque é dos melhores interesses do fornecedor atualizar o software de modo a oferecer os mais recentes atributos e melhorias, a fim de manter o cliente feliz o suficiente para renovar sucessivas vezes o contrato em cada vencimento do prazo.

No caso da rede elétrica IoT, o cliente é pago pelo quilowatt. Portanto, um serviço também cobrado por quilowatt será atraente para a empresa de serviços de utilidade pública, pois reduz seus riscos.

Em mineração, tudo tem a ver com o peso extraído pela escavadeira sobre rodas, com caçamba, IoT. O modelo de serviço "por tonelada cúbica de material extraído" é uma situação ganha–ganha para o cliente e para o fornecedor. O cliente só paga quando a máquina está funcionando e gerando receita, e o fornecedor ganha mais melhorando a eficiência operacional do produto. Evidentemente, a única maneira de cobrar por tonelada cúbica é pesar o carvão e a terra extraída, caçamba por caçamba. Trata-se de algo impossível de medir e melhorar com uma escavadeira sobre rodas com caçamba convencional, mas os fabricantes dessas máquinas, munidas de tecnologia IoT, podem incluir esse requisito no projeto.

Desenvolver a métrica de um modelo de negócios de serviços para produto B2C pode ser mais desafiador, mas um bom recurso alternativo é usar o KPI de tempo. E quanto aos relógios de autoquantificação? Cobrar por hora? Provavelmente não; a cobrança por mês, porém, pode ser perfeita para consumidores pragmáticos, que queiram testar esse novo tipo de relógio. Essa solução também funciona para o fornecedor do relógio. Depois de cobrar um aluguel inicial um pouco mais alto, o fornecedor pode recondicionar e atualizar os devolvidos, e alugá-los sucessivas vezes, a um preço um pouco menor – melhor utilização dos ativos para todos.

Modelo de negócios de serviços-resultados

A China é líder mundial em geração de energia eólica, gerando o triplo da capacidade do segundo maior produtor, os Estados Unidos. Um palestrante convidado para um dos meus workshops sobre IoT, no Vale do Silício, da ParStream (depois adquirida pela Cisco), explicou como a análise de dados em tempo real da empresa dele era usada para melhorar a eficiência de uma grande instalação de turbinas eólicas no norte da China. Cada turbina era analisada e comparada em termos de velocidade do vento e produção de energia. Os ângulos das lâminas das turbinas com baixo desempenho eram ajustados com base nos ângulos das lâminas das turbinas próximas, com melhor desempenho, em suas relações espaciais com outras turbinas e nas condições climáticas. Embora a tecnologia fosse impressionante, ainda mais importante era o modelo de negócios pelo integrador de sistema da ParStream.

No modelo de negócios de serviços-resultados, o vendedor se torna parceiro do negócio. O vendedor fornece o produto ou instala os equipamentos necessários para melhorar o negócio do cliente, às expensas do vendedor. Há duas partes nesse modelo de negócios. A primeira parte é semelhante à do modelo de negócios de serviços, mas, em vez da monetização de um único produto como serviço, uma ou mais linhas de produtos são monetizadas como serviço. A segunda parte é a partilha dos ganhos. Depois da adoção de um patamar mínimo como ponto de partida, parte do ganho incremental por aumento de receita ou redução de despesa é paga por fase ou meta.

Figura 3.6: Fazenda eólica IoT

No caso da fazenda eólica (Figura 3.6), mediu-se o custo por watt gerado para estabelecer um patamar. O novo custo por watt foi medido trimestralmente. Com base nos ganhos de eficiência observados de 15%, para a fazenda eólica de 20.000 turbinas, com 10-GW de capacidade, esses ganhos resultaram em dezenas de milhares de dólares por ano de benefícios econômicos, com base em US$ 40/MW-hora. O integrador do sistema foi bem remunerado, e o cliente da fazenda eólica ficou feliz com o ganho inesperado – uma situação realmente ganha-ganha, com baixo risco para o cliente.

Mais exemplos

A possibilidade de em breve o negócio vir a fornecer resultados, em lugar de produtos e serviços, significa que os produtos IoT estão trabalhando juntos, primeiro em linhas de produtos que operam integradas e, depois, em redes de linhas de produtos, todas também operando integradas; e, em ambas as situações, sendo monetizadas por ecossistemas IoT. Como já analisamos, o modelo de negócios de serviços-resultados tem um componente de serviço, e pode envolver pagamentos adicionais por oferecer ao cliente aumento de receita ou redução de despesas, com remuneração proporcional aos ganhos do cliente, incentivando o fornecedor a melhorar o negócio do cliente.

No caso da cirurgia de prótese de quadril, o mandril acetabular IoT será conectado à serra oscilatória e a outros equipamentos usados na sala de operações, para monitoramento, anestesia, esterilização, etc., todos reunindo dados para análise. À medida que o setor de assistência médica dos Estados Unidos se transforma, constata-se uma mudança lenta do pagamento por procedimento para o pagamento por resultados. As empresas seguradoras agora estão penalizando os hospitais por cirurgias malsucedidas, sobretudo quando se precisa repetir a cirurgia. Esse novo clima aumentará a popularidade dos modelos de negócios de serviços-resultados. Nessas condições, os pagamentos adicionais estarão relacionados com a saúde duradoura do paciente.

Os recursos humanos são responsáveis pela maior parte dos custos operacionais de uma rede elétrica. Portanto, medir os custos de RH como parte do modelo de receita, além do uso da rede, é uma boa maneira de captar a eficiência operacional da rede elétrica IoT. Esse é um encaixe natural para uma rede elétrica IoT que pode ser operada à distância e pode automatizar muitas das operações manuais do passado. O pagamento adicional nessa situação estaria relacionado com a redução das despesas operacionais com recursos humanos.

Depois de se estabelecer o patamar dos custos de manutenção da escavadeira sobre rodas, com caçamba, IoT, o resultado de redução dos custos de manutenção pode ser combinado com o modelo de negócios da BWE como serviço. Nesse modelo de negócios de serviços-resultados, o fornecedor receberia uma porcentagem da redução dos custos de manutenção em relação ao patamar. A evolução da manutenção, de preventiva para proativa, preditiva e prescritiva, capacitada pela análise de dados, tornará esse modelo de negócios atraente para todas as partes envolvidas.

Seguradoras de automóveis de ponta já recompensam os bons condutores com base nas medições de um dispositivo IoT plugado na porta ODP do carro, cobrando valores menores pelo seguro. Da mesma maneira como a seguradora de carros pode recompensar os proprietários com valores de seguro mais baixos, os planos de saúde podem recompensar os donos de relógios de autoquantificação IoT com mensalidades mais baixas, baseadas na quantidade de exercícios. Tudo bem, isso talvez seja um exagero, mas essas são situações ganha-ganha típicas, que recompensam ambas as partes com base num objetivo comum.

Modelo de negócios de resultados

Os resultados diferem, mas o rei dos modelos de negócios se justifica com base nas contribuições para o desempenho financeiro da empresa. Para desenvolver o último modelo de negócios do Continuum, diferentes produtos se combinam para alcançar os resultados almejados pelo cliente. Os negócios do cliente e do fornecedor se alinham, e o risco é baixo para o cliente. Tecnicamente, consegue-se esse desempenho com plataformas de IoT, mas o maior desafio é moldar o negócio. As parcerias serão cada vez mais importantes, e a estrutura de parcerias desse futuro será definida pelo ecossistema.

O ecossistema de IoT é o equivalente em negócios à plataforma de IoT em tecnologia. Ela reúne produtores (fornecedores) e consumidores (clientes) da tecnologia de IoT para monetizá-la. Um ou mais ecossistemas se estabelecerão na cadeia vertical de todos os setores de atividade, e, como na dança das cadeiras, os fornecedores não vão querer ficar de fora. No mínimo, os fornecedores precisarão ser parte de um ecossistema. No máximo, os fornecedores encontrarão e controlarão um ecossistema.

Vamos ser realistas – os seus clientes, no duro, não querem os seus produtos; o que eles querem é o que farão com eles. Os agricultores, por exemplo, não querem ter e manter tratores; o que eles querem é uma supersafra ao custo mais baixo possível. A agricultura inteligente é uma cadeia vertical, constituída dos primeiros ecossistemas (ver Figura 3.7). Na linha de frente estão os fornecedores John Deere e AGCO, de equipamentos agrícolas. Esses ecossistemas concorrentes reúnem maquinário agrícola, gestão de sementes, irrigação e dados sobre clima, para vender aos agricultores resultados de maior produtividade a custos mais baixos. Individualmente, cada uma dessas categorias de produtos gera valor, mas, quando interligadas, as interdependências são codificadas, gerando sinergia, ou seja, criando valor superior à soma das partes. Por exemplo, que linhagem de sementes produz os melhores resultados em determinadas condições de geografia, clima e irrigação, quando plantadas, cultivadas e colhidas por determinada marca de equipamentos agrícolas? E em que data deve se iniciar o plantio para maximizar o rendimento em suas condições específicas de geografia, clima e irrigação? Transformar todos os produtos em software ou dados permite que eles atuem da melhor maneira possível. E quanto mais nos aproximarmos do fornecimento de uma solução completa, baseada em resultados, mais perto estaremos de alinhar o nosso modelo de negócios com o modelo de negócios de nossos clientes.

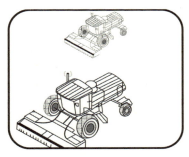

Figura 3.7: O ecossistema agrícola de IoT

À medida que as plataformas de IoT se desenvolvem para abranger o espaço de produtos de um setor, o modelo de negócios de serviços-resultados abre o caminho para um puro modelo de negócios de resultados. O ecossistema divide as reduções de custos e/ou os aumentos de receita, e se ambas as extremidades de lucros e perdas forem quantificadas, o lucro será repartido. Isso vai além do modelo de negócios de serviços-resultados, uma vez que o pagamento agora se baseia totalmente no desempenho. Esse alinhamento de modelos de negócios só é possível com todo um ecossistema erguido sobre uma plataforma IoT abrangente. Esse modelo de receita é sedutor para o cliente porque transfere o risco para o fornecedor e alinha completamente os interesses de ambas as partes. Também é atraente para o fornecedor porque, com a tecnologia e o *know-how* certos, pode alcançar grande sucesso.

Mais exemplos

Na cirurgia de prótese de quadril, um modelo de negócios de resultados baseado em redução de custos é mais provável que outro baseado em receita ou lucro.

Ao contrário de um procedimento cirúrgico, a rede inteligente é, tecnicamente, um sistema limitado, que poderia ser monetizado com base em redução de despesas, aumento de receita ou lucro.

Para que o modelo de negócios de resultados funcione no exemplo da mineração de carvão, é preciso desenvolver um ecossistema que inclua mais estágios da operação de mineração. No entanto, uma vez que o preço das *commodities* pode mudar além do controle do ecossistema, esse exemplo específico seria mais compatível com o lado das despesas do que com o lado da receita e do lucro.

Como no exemplo da cirurgia, o modelo de negócios de resultados do monitor de autoquantificação teria que se basear no que é quantificável, uma vez que o comportamento humano certamente não é. Seria difícil, mas dividir a redução do prêmio do seguro poderia fazer sentido se a saúde do cliente fosse medida e verificada por médicos e exames. Todo esse contexto está ficando muito parecido com a *Outcome Economy*, que discutiremos no Capítulo 7.

Essa é a fronteira avançada e, como tendência em negócios, ainda está sendo traçada. Quando se desenvolve uma solução em conjunto, também é preciso dividir os riscos e compartilhar as questões cruciais de propriedade intelectual, tudo também em conjunto. Como o modelo de negócios de serviços, o modelo de negócios de resultados deve tratar dos novos aspectos envolvendo finanças, vendas e sistemas. O provedor do modelo de resultados deve financiar os custos de capital dos equipamentos, mas também precisa financiar todos os outros custos "hard" e "soft", concretos e abstratos. Vendas não mais se resume em vender um produto ou serviço; também é vender uma parceria, e, depois de estabelecida, vendas se parece mais com uma consultoria de negócios (ver todas as mudanças organizacionais no Capítulo 8). Os sistemas de faturamento baseados em resultados ainda estão em desenvolvimento e, por isso, ainda hoje é um processo manual.

Os modelos internegócios, entre fornecedores de ecossistemas, ainda estão evoluindo. Como estamos vendo com alguns dos principais atores da Internet das Coisas industrial, seus modelos de negócios ecossistêmicos estão imitando os modelos de negócios ecossistêmicos adotados pelo setor de dispositivos móveis, em que os aplicativos que são "plugados" nas plataformas são comprados e monetizados à la carte.

Na extremidade final do Contínuo do Modelo de Negócios de IoT, os clientes pagarão uma única fatura de produto recorrente, baseada na redução de despesas, no aumento de receitas, ou em ambos, dependendo do lucro gerado durante a entrega dos resultados. Ao alcançar esse estágio, quando o ecossistema for capaz de fornecer os resultados almejados pelo cliente, o modelo de negócios passa a ser o único atributo relevante.

O modelo de negócios como atributo

Começamos com um produto e, então, acrescentamos um serviço, para agregar mais valor. A partir desse ponto, passamos a oferecer cada vez mais o resultado almejado pelo cliente, primeiro focando no aumento da eficiência ou da receita de parte do negócio do cliente, e, depois, abrangendo todo o negócio do cliente (ver Figura 3.8). Esse processo, naturalmente, aglutina os modelos de negócios do fornecedor e do cliente.

Para executar esses modelos de negócios, avalie tanto quanto possível o negócio do cliente, tornando-o parte dos requisitos do seu produto. De início, bastam algumas medidas indiretas de algumas das variáveis que compõem a receita ou os custos do cliente. Com o passar do tempo, porém, na medida em que os produtos IoT se convertem em linhas de produtos IoT, e as linhas de produtos se transformam em redes de linhas de produtos de diferentes fornecedores, todas integradas para oferecer os resultados requeridos pelo cliente, cada vez mais variáveis do modelo de negócios do cliente estarão expostas e disponíveis para captação. Vale a pena repetir: se formos capazes de entregar os resultados desejados pelo cliente, a funcionalidade de cada produto se torna menos importante, e o único atributo relevante passa a ser o modelo de negócios.

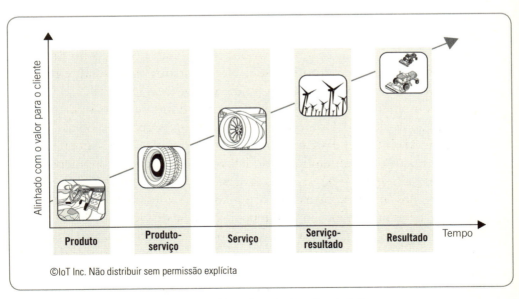

Figura 3.8: Monetização do valor de IoT

Embora o conceito de modelo de negócios como atributo não seja novo, ele tem sido até agora relativamente obscuro. A IoT empurrará os modelos de negócios para a fronteira avançada, como mecanismo de competição.

* * *

Talvez o efeito mais profundo daí resultante para os negócios seja um alinhamento mais estreito dos interesses de negócios do fornecedor e do cliente. Esse marco da *Outcome Economy* paga dividendos por meio de maior eficiência na criação de valor, mas as suas consequências vão mais longe. Como veremos no próximo capítulo, todo o relacionamento entre clientes e fornecedores muda... para melhor.

‹ CAPÍTULO 4 ›

A mudança no relacionamento com o cliente

Embora hoje tenhamos sinais de mídias sociais a decifrar, nosso relacionamento com o cliente se manteve em grande parte inalterado nos últimos 20 anos. A IoT está a ponto de mudar esse relacionamento drasticamente.

Se você quiser observar, um produto IoT lhe oferece uma visão do negócio do cliente. Se a observação for feita da maneira certa, você poderá compreender como o cliente usa o seu produto, para que o cliente usa o seu produto, com que frequência o cliente usa o seu produto, onde e durante quanto tempo o cliente usa o seu produto, e, por fim, por que o cliente usa o seu produto.

Decerto, no passado, havia maneiras menos diretas e mais qualitativas de observar o negócio do cliente, mas não eram tão eficazes. As pesquisas sobre produtos eram conduzidas em grupos de foco ou executadas depois do fato consumado, por meio de enquetes. Só depois do advento de software de redes é que os fornecedores passaram a ter uma visão real, em tempo real, de como seus produtos (sites e serviços) eram de fato usados. Agora, ao equipar os produtos com sensores, a IoT oferece essa perspectiva em relação a qualquer coisa que você faça.

Fui gerente de produto e, depois, gerente de gerentes de produtos durante muitos anos – um de meus trabalhos favoritos. E minha atividade preferida era visitar clientes. As visitas aos clientes me ofereciam dados novos e autênticos. Essas viagens aos negócios dos clientes para ver como eles usavam meu produto despertava *insights* genuínos sobre como o produto deveria evoluir. No entanto, mesmo na condição de gerente de produto jovem e solteiro, era difícil passar mais de duas semanas, a cada dois meses, fora do escritório, em campo, com os vendedores – havia muitos outros afazeres.

Pense em como a IoT muda esse cenário – é o sonho dos gerentes de produtos. A Internet das Coisas escancara uma janela, 24 horas por dia, sete dias por semana, para o negócio do cliente. Além disso, as observações podem ser quantificadas em modelos de utilidade (para que o produto está sendo usado e quando), em modelos de usabilidade (como o produto está sendo usado), e em mo-

> **TECH TALK**
>
> Modelo de utilidade é uma simulação de como alguma coisa funciona e se comporta. Ver Capítulo 11.

delos de desempenho (quão eficiente é o produto). Com esse tesouro de informações, é possível passar mais tempo analisando dados do que coletando dados. Isso não elimina a necessidade de visitar os clientes, porque, durante as visitas, as análises são mais profundas e abrangentes.

De casual a íntimo

No passado, boa parte do tempo de qualidade passado com o cliente era na fase de namoro, de pré-vendas. Os contatos pós-vendas eram esporádicos, apenas encontros fortuitos, nas contratações de serviços. Com o produto IoT, o relacionamento é menos superficial, porque o suporte é contínuo, e, para as empresas inteligentes, também as vendas são ininterruptas.

Através da análise de dados, é possível interpretar dados primários sobre o negócio do cliente e como melhorá-lo, o que envolve aprender e compreender as dificuldades do cliente e desenvolver soluções para eliminá-las. Por meio de interações pessoais com vendas e serviços e através de interações mais automatizadas com marketing, o relacionamento se transforma em criação de valor conjunta. Depois da quantificação dos dados sobre o produto, o relacionamento passa a basear-se na consecução, como equipe, dos resultados almejados.

Cada passo que damos no Continuum do Modelo de Negócios (ver Capítulo 3) aproxima os nossos negócios. Quando o nosso sucesso depende do sucesso do nosso cliente, nós cuidamos do cliente com mais intensidade, com mais continuidade. Passamos a agir mais como consultores, formulando estratégias sobre como melhorar o nosso produto e o negócio do cliente – nunca vendendo, mas vendendo o tempo todo.

Aumentar o valor vitalício do cliente (LTV - *Lifetime Value*)

Na medida em que o fornecedor de IoT continua a entregar valor, alinhando a utilidade, a usabilidade e a eficiência do produto às necessidades do cliente, o valor vitalício do relacionamento com o cliente, o chamado LTV, aumenta como consequência natural. Com a capacidade de monitorar cada cliente, todos os dias, o fabricante desenvolve *insights* profundos tanto no âmbito agregado quanto no nível individual dos clientes, e torna-se capaz de personalizar sua proposta de valor. Um produto melhor, com uma proposta de valor melhor, é, evidentemente, importante, mas, no final das contas, o relacionamento de negócios do tipo consultoria é que aumentará o valor vitalício do cliente, aumentando a lealdade e reforçando o relacionamento, contra as investidas dos concorrentes, o que, no final das contas, reduz a evasão de clientes (*churn*).

O aumento do valor vitalício do cliente flexibiliza o desempenho financeiro. O aumento dos custos de aquisição desse tipo de cliente é compensado no tempo pelo aumento da receita total. Quando o valor vitalício de cada cliente aumenta, o desempenho financeiro se torna mais eficiente, gerando mais lucro e mais caixa para investir na abordagem centrada em dados.

Embora teoricamente correta, a execução prática das mudanças estruturais para realizar essa utopia do valor vitalício exige não só uma reformulação tecnológica, como veremos no Capítulo 8, mas também uma reformulação de toda a empresa.

Vantagem para todos

O aumento no valor vitalício do cliente é a maior vantagem para a empresa. Como vimos no Capítulo 2, porém, dados oriundos de modelos do produto também capacitam as empresas a construir produtos melhores e, mais importante, produtos que serão comprados. Dados sobre a priorização dos atributos dos produtos e a segmentação das linhas de produtos são como ouro para o marketing do produto. As empresas podem conectar-se melhor com seus *prospects* (clientes potenciais) através de marketing mais relevante, usando mensagens altamente segmentadas, que correspondam às necessidades observadas nos dados. Isso cria condições para que a marca descubra oportunidades de *upsell* e identifique novos segmentos de clientes para novos produtos totalmente inéditos. Dessa maneira, atrela-se o suporte diretamente ao produto, eliminando as adivinhações associadas a consertos e manutenção de produtos, reduzindo os custos de visitas técnicas e aumentando a eficiência no estoque de peças sobressalentes.

O cliente também ganha, ao receber um produto melhor, com mais funções úteis, mais fácil de usar, mais eficiente e, em última instância, mais confiável. E como a manutenção agora é proativa, preditiva, e até prescritiva, o cliente fica mais satisfeito.

Se isso parece mais uma parceria de negócios, é porque é mesmo. Qualquer pessoa que tenha trabalhado em desenvolvimento de negócios ou tenha sido responsável por manter um relacionamento proveitoso entre organizações sabe que isso é difícil. É mais fácil, porém, com dados não filtrados do que sem esses dados. As parcerias são fundamentais em IoT – tanto com os clientes quanto com outras empresas, para entregar os resultados que os clientes querem. A interface entre você, os clientes e os parceiros é representada pelos dados que a Internet das Coisas pode fornecer.

O novo relacionamento com os clientes é sedutor porque oferece vantagens para todos – a proverbial situação ganha-ganha. O ponto de vendas é agora apenas o começo. O cliente recebe um produto em evolução, capaz de atender continuamente às suas necessidades, e a empresa é motivada a melhorar seu negócio, para aumentar o valor vitalício do cliente. Essa abordagem centrada em dados transformará para sempre o relacionamento empresa-cliente, do superficial e casual para o profundo e duradouro.

★ ★ ★

Vamos avançar. Vamos pôr em ação a teoria da Parte Um, explorando na Parte Dois como planejar seu negócio e sua linha de produto de IoT e como partir para a execução.

PARTE DOIS

Análise do negócio sob as lentes da IoT

Este não é um livro de plano de negócios; tantos são esses recursos quantas são as filosofias de planejamento de negócios. Em vez disso, minha abordagem é desenvolver lentes de IoT através das quais examinar qualquer negócio ou qualquer plano de negócios. Atribuímos muita ênfase à estratégia, aos requisitos de produtos e às operações – as áreas dos planos de negócios tradicionais mais afetadas pela Internet das Coisas. Portanto, considere esta seção mais como um plano sobre como usar a Internet das Coisas em seu negócio do que como um gabarito de plano de negócios de IoT.

A maioria dos produtos IoT é desenvolvida sem o suporte de um plano. Isso tem que mudar para romper a mentalidade de *maker*. Para mim, essa situação é análoga à do rabo torcendo a porca, e é a principal razão de eu ter criado o site de mídia: http://www.iot-inc.com, e o meu negócio de consultoria: http://www.brucesinclair.net. Sem um plano passo a passo para orientar nossas ações, não estamos trabalhando com um produto; estamos trabalhando com um *hobby*, e os *hobbies* são para as horas vagas, não para as horas de trabalho. O plano de negócios é indispensável para chegar ao próximo nível.

Esta seção não é teórica. Ela se baseia diretamente em minha experiência de consultoria, ajudando as empresas a desenvolver seus planos de negócios de IoT e a definir os requisitos dos produtos.

Meus clientes se estendem desde startups disruptivas a conglomerados multibilionários, mas, em todos os casos, o contrato inicial é o mesmo: uma sessão de estratégia de dois dias, da qual resulta uma breve versão preliminar, ou versão 0,5, de um plano de negócios. Essas sessões sempre começam com uma revisão das noções básicas, abrangendo os conceitos apresentados na Parte Um e na Parte Três deste livro. Instruo-me, então, sobre o negócio do cliente: os clientes dele, o setor de atividade, os concorrentes e a estratégia em curso. Depois dessa parte introdutória do primeiro dia, estamos preparados para começar o segundo dia, que sempre percorre grande parte do material de que trata esta segunda parte do livro. As informações que você encontrará aqui foram testadas e melhoradas no mundo real, onde aprendi, ajudando as empresas a explorar os recursos da IoT de consumo, da IoT comercial, da IoT industrial, e da IoT de infraestrutura. Vamos começar!

‹ CAPÍTULO 5 ›

O seu setor de atividade e as mudanças em curso

A atual narrativa de vendas B2B mira em resolver os problemas dos clientes: encontrar pontos de dor e mitigá-los. No entanto, é inusitadamente raro um único produto ou fornecedor ser capaz de resolver todos os problemas do cliente. E, se você pensar um pouco, verá que o cliente, no final das contas, não está interessado em resolver problemas específicos. O cliente está interessado em alcançar resultados, e os produtos são simplesmente meios para esse fim.

No passado, trabalhei na Softimage, uma subsidiária da Microsoft, que desenvolvia e vendia software de animação em computador, para a criação de videogames e efeitos especiais para cinema, como os dinossauros de todos os filmes *Jurassic Park*. O resultado almejado por nosso cliente era um dinossauro realista, um dinossauro que parecesse tão real que se integraria sem emendas nas cenas de ação ao vivo. Para chegar a esse nível de realismo, a Industrial Light & Magic (ILM) precisou criar um *pipeline* customizado de efeitos especiais que integrasse produtos de vários fornecedores. Os modelos *wireframe* dos dinossauros, que definiam sua forma, foram criados por artistas com produtos de um de nossos concorrentes. E foram coloridos com um software de código aberto. A ILM, então, usou um quarto produto, um software de composição 2D, de outra empresa, para integrar a animação 3D no ambiente 2D do filme, contendo os atores e as cenas. O *pipeline* de animação, como ele é chamado na indústria de efeitos especiais, integra *point products*, que fornecem soluções individualizadas e códigos customizados, para alcançar o resultado almejado. Se você ler os créditos de qualquer filme de efeitos especiais, encontrará referências a esses integradores, sob o título de Diretor Técnico (TD).

Parece familiar? Todos os setores de atividade têm sua própria versão de Diretores Técnicos. Mesmo quando consideramos produtos físicos independentes, eles também são "integrados" em algum *"pipeline"* de melhor prática. Refletindo sobre nossos exemplos de criação de valor B2B do Capítulo 1, reconhecemos que o mandril acetabular é apenas uma das ferramentas cirúrgicas usadas no *pipeline* da prótese de quadril. A rede elétrica está no centro de um *pipeline* de eletricidade que conecta geração de energia com consumo de energia. A escavadeira sobre rodas, com caçamba, está no começo do *pipeline* de ativos de mineração, tudo integrado para produzir e fornecer carvão para as usinas geradoras.

As empresas hoje criam *pipelines ad hoc,* ou casuísticos, integrando *point products* de diferentes fornecedores, para entregar o resultado pretendido. Vamos começar aqui. Vamos começar com resultados.

Os seus clientes e seus resultados almejados

Sua análise estratégica começa com a compreensão clara do resultado desejado por seus clientes. Todos os clientes têm um resultado desejado – o que eles efetivamente querem –, que raramente, exceto nos casos mais simples, pode ser fornecido por um único produto. Como o esforço da ILM para criar dinossauros realistas para o *Jurassic Park*, os clientes geralmente atuam com seus próprios integradores de sistemas, costurando juntos todos os produtos de que precisam para alcançar o resultado almejado. A mesma situação ocorre com os modelos de negócios. Os clientes entrelaçam os modelos de negócios de vários produtos e os associam à receita que geram para definir o ROI e, assim esperam, produzir um desempenho financeiro lucrativo.

Ao virtualizar o produto físico em produto definido por software, podemos usar interfaces de programação de aplicativos (APIs) para o trabalho de costura que integra vários produtos e seus modelos de negócios. Essa é a maneira como é feito no mundo do software, e é ainda como a ILM faz até hoje: integrando software. Em IoT isso não acontecerá do dia para a noite; com o passar do tempo, porém, mais produtos físicos usarão seus softwares gêmeos para se conectar e se integrar, de modo a fornecer mais e melhor aquilo que o cliente realmente quer. Os clientes não querem *point products,* para resolver problemas isolados; eles querem resultados específicos. A tecnologia de IoT pode contribuir para a consecução desses resultados e, se a IoT puder ajudar, vai ajudar, pois os clientes estarão dispostos a pagar. Se assim for, a solução deve ser incorporada no seu planejamento estratégico e influenciar suas decisões diárias. Tudo isso não acontecerá no curto prazo, mas incluir esse futuro no seu pensamento corrente fornecerá à sua empresa uma vantagem estratégica em relação aos concorrentes. E, talvez, os seus verdadeiros concorrentes não sejam os que você imagina.

Exemplos

Vamos prosseguir com nossos quatro exemplos de produtos que criam valor, introduzidos no Capítulo 2. Ao iniciarmos a análise, consideramos suas propostas de valor. Agora, vamos examinar os resultados para os quais estão contribuindo, de modo a reforçar o conceito de resultados almejados (ver Figura 5.1).

Por mais impressionante que seja o mandril acetabular, nenhum hospital está interessado em adquiri-lo. Assim como os outros instrumentos cirúrgicos, ele é uma ferramenta a ser usada com outras ferramentas. Nesse caso, o resultado pretendido pelo hospital é *substituir o quadril com o máximo de rapidez e segurança possível*.

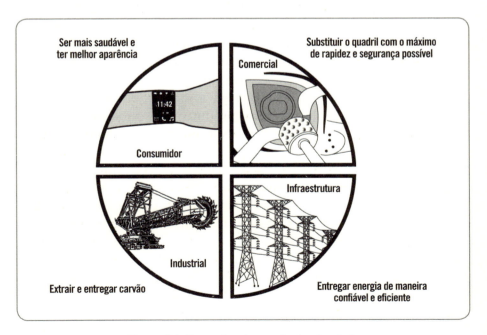

Figura 5.1: Exemplos de resultado almejado

A empresa de serviços de utilidade pública não tem interesse em financiar e adquirir infraestrutura. A rede elétrica é transmissão de eletricidade das usinas geradoras aos usuários finais. Como negócio, a empresa de serviços de utilidade pública quer mais confiabilidade e menos desperdício. Em outros termos, o resultado pretendido pela empresa é *entregar energia de maneira confiável e eficiente.*

Embora maior... muito maior, a escavadeira sobre rodas, com caçamba, também é apenas uma ferramenta, nesse caso, para retirar carvão do solo.

Mas o que a empresa de mineração quer – o resultado almejado – é *extrair e entregar carvão.* A última coisa que ela quer é ter no balanço patrimonial um equipamento de US$ 100 milhões, em processo de depreciação e gerando grandes despesas operacionais, com manutenção, e financeiras, com juros.

Se os consumidores realmente quisessem produtos vestíveis (*wearables*) de autoquantificação, 75% deles não ficariam no fundo da gaveta nove meses depois da compra. Embora sejam engenhocas divertidas, o resultado que os consumidores realmente querem é *ser mais saudável e ter melhor aparência.*

Portanto, para entregar os resultados que os consumidores desses quatro produtos realmente querem, precisamos vender cirurgias rápidas e seguras, extração eficaz de minério, entrega de eletricidade confiável e eficiente, e melhor saúde e aparência.

Pense no cliente e se pergunte: "Que resultados eles realmente querem?". E, então: "Onde se encaixa o meu produto ou linha de produto na obtenção desse resultado?", "Como é o *pipeline* deles?".

Em seguida, veremos de que maneira o foco em resultados, em vez de em produtos, reconfigurará os setores de atividade.

Consequências inesperadas

Vou usar um exemplo de meu cliente, ACME Pest, que já analisei umas duas vezes neste livro. Quando você pensa em controle de pragas, a primeira coisa que lhe ocorre é ratoeira. E isso é exatamente o que a ACME vende: ratoeiras. Ela vende o produto através de um canal de duas camadas – por meio de grandes distribuidores, que depois as vendem para as empresas de controle de pragas, as quais, no mundo comercial, as vendem como parte de seus serviços a hospitais, grandes edifícios e instalações de processamento de alimentos. Hospitais, grandes edifícios e empresas de processamento de alimentos podem usar ratoeiras, mas decerto não querem lidar com o que elas prendem no seu interior! O que realmente querem é um ambiente sem pragas. Esse é o resultado almejado pelo cliente. A ratoeira é um meio para alcançar esse fim, mas, como se sabe, não é o único.

O gerenciamento de pragas é mais amplo do que supõe a maioria das pessoas. Na verdade, três são os componentes da entrega de um ambiente livre de pragas: limpeza, integridade, e o que denomino segurança, ou seja, pegar o camundongo. Se o seu ambiente for limpo, os ratos não se interessarão por ele. Se a integridade do seu ambiente for boa, isto é, se o perímetro do prédio for íntegro, os camundongos não poderão entrar. A ratoeira entra em cena *se* e *só se* o camundongo transpuser o perímetro, porque cheirou alguma coisa apetitosa no ambiente interno sujo. Portanto, mais uma vez, o resultado almejado não é pegar (e descartar) o camundongo; é não ter camundongo absolutamente algum.

Entregar os resultados pretendidos deve ser considerado sob duas perspectivas: criação de valor e monetização do valor. A criação de valor fornecerá o máximo possível do resultado almejado, e a monetização do valor fornecerá um modelo de negócios que se aproxima tanto quanto possível do modelo de negócios do cliente. Entregar o resultado almejado pelo cliente exige que sua empresa trabalhe com outras empresas – empresas que talvez acabem como parceiras, concorrentes ou incorporadoras.

O Continuum da Tecnologia de IoT

Pense na evolução dos produtos (ver Figura 5.2). Começando com produtos "burros", eles evoluem para incorporar alguma forma de inteligência local (*chipset*, ou circuito integrado, embarcado), para torná-los inteligentes. Os produtos inteligentes são, então, atrelados a um dispositivo móvel, para comando e controle, que os converte em produtos conectados. Além dos produtos conectados, estamos testemunhando, agora, o surgimento de produtos IoT. É aqui que as coisas ficam mais interessantes e, mais importante, este é o ponto em que o valor começa a pipocar.

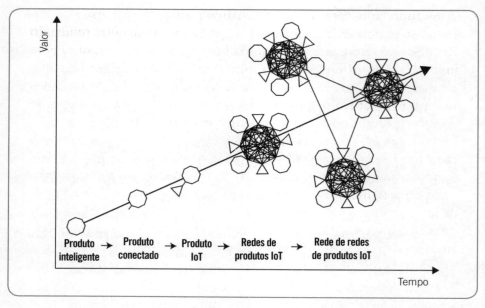

Figura 5.2: Evolução dos produtos

Quando os produtos IoT se conectam uns aos outros, temos uma rede de produtos IoT trabalhando juntos, geralmente como uma linha de produtos de um único fornecedor. E, finalmente, os produtos evoluem para redes dessas redes de produtos IoT – linhas de produtos de diferentes fornecedores, trabalhando juntos para entregar o resultado almejado pelo cliente. Eles se aglutinam tecnicamente em plataformas de IoT e se monetizam como ecossistemas.

Mais do que apenas ratoeiras

Vamos ver como esse processo ocorre no gerenciamento de pragas, que abrange saneamento, construção e extermínio. Em cada uma dessas indústrias, as empresas primeiro desenvolverão seus produtos inteligentes, com alguma inteligência local. Partirão, então, para a criação de produtos conectados, que oferecem funções sob controle remoto, assim como, talvez, visualização remota. Até agora, nada muito empolgante. Depois de constatarem que os produtos conectados não oferecem valor suficiente para justificar seus preços, elas criarão produtos IoT que se conectam com sistemas externos. Plataformas de IoT surgirão em cada setor de atividade, na medida em que as empresas compuserem seus portfólios de produtos IoT, integrados em linhas de produtos IoT.

Tudo bem, vamos fazer uma pausa para ver o que temos.

No mercado de saneamento, os produtos inteligentes resultarão em pisos conectados e em esgotos limpos, os quais evoluirão para incluir conjuntos de sensores capazes de medir e analisar bactérias e outros patógenos. O passo seguinte será um portfólio de produtos IoT para saneamento, que incluirá sistemas de limpeza, sistemas de descarte e produtos de gerenciamento químico.

Do mesmo modo, em construção, ferramentas inteligentes levarão a ferramentas conectadas, que levarão a ferramentas IoT, capazes de identificar problemas estruturais (como falhas) em pisos, paredes e tetos, mediante o uso de tecnologia de sensoriamento e análise de dados. Na medida em que a indústria de construção expande sua oferta de produtos para incluir tecnologia de edifícios inteligentes, ela também será capaz de explorar serviços capazes de notificar os donos ou usuários de que portas e janelas foram deixadas abertas para evitar a entrada de pragas.

Em extermínio, ratoeiras inteligentes levarão a ratoeiras conectadas, com notificação e visualização remotas, que levarão a ratoeiras IoT, que falarão umas com as outras e usarão análise de dados para melhorar sua eficácia. Daí resultará um portfólio de armadilhas para roedores e insetos, rasteiros ou voadores.

Até aqui, muitas inovações, mas o melhor ainda está por vir. Teremos, então, linhas de produtos IoT para saneamento, construção e extermínio, cada um consistindo em *point products*, para finalidades específicas, altamente integrados.

O passo seguinte é o grande avanço. É a convergência de cada uma dessas linhas de produtos independentes em um conjunto de linhas de produtos integradas. A base tecnológica desse ecossistema é uma plataforma de IoT comum. É, porém, a monetização dessas diferentes linhas de produtos por um ecossistema que impulsiona o resultado para o cliente.

Parcerias, parcerias, parcerias

O Continuum de Tecnologia de IoT integrará saneamento, construção e extermínio, além de novos tipos de parcerias, para entregar o que os clientes realmente querem. Tudo isso está relacionado com parcerias: constituí-las, dar-lhes suporte técnico e ganhar dinheiro com elas.

Para a ACME Pest, é vantagem competitiva saber, antes dos concorrentes, que o seu setor de atividade está avançando rumo à estreita colaboração com saneamento e manutenção predial. Ter a antevisão de trabalhar com empresas de saneamento e de manutenção predial, antes de qualquer concorrente, é uma vantagem competitiva. Isso não significa que os produtos de extermínio terão de começar a falar com os produtos dos dois outros setores no dia um, mas sim que as parcerias de negócios devem ser iniciadas como um primeiro passo. Talvez seja simplesmente um relacionamento de marketing ou um acordo de distribuição, ou até qualquer outro tipo de entendimento que aproxime um pouco mais os dois modelos de negócios. Parcerias também implicam o uso de uma plataforma de IoT comum para os futuros produtos, e que uma ou mais empresas desses três setores constituirão essa plataforma e o ecossistema correspondente. Os maiores ganhos irão para a empresa do ecossistema, e essa empresa geralmente será a que agir primeiro.

Mais exemplos

Vamos ver mais uma vez nossos quatro exemplos de produtos, a fim de especular sobre a evolução deles de produtos IoT individuais para linhas de produtos IoT e, depois, para plataformas de linhas de produtos capazes de entregar um resultado (ver Figura 5.3).

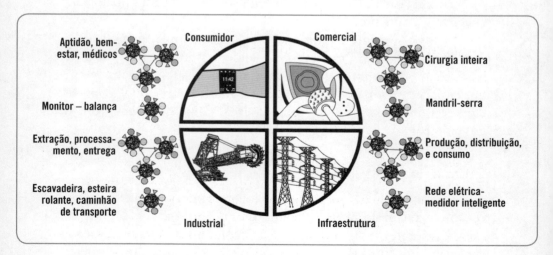

Figura 5.3: Exemplos de plataforma/ecossistema

IoT comercial

Resultado almejado: Substituir o quadril com o máximo de rapidez e segurança possível.

Produto: Mandril acetabular IoT.

Linha de produto: As duas principais atividades ortopédicas durante a cirurgia de prótese de quadril são furar e serrar; portanto, faria sentido integrar o mandril acetabular e a serra oscilatória em uma linha de produto para coordenar suas atividades.

Plataforma: Expandida ainda mais, todos os instrumentos e máquinas usados durante a cirurgia – e a sala de operações em si – seriam conectadas por uma plataforma de IoT.

IoT de infraestrutura

Resultado almejado: Ter entrega de energia confiável e eficiente.

Produto: Rede elétrica IoT.

Linha de produto: Comprar apenas a quantidade certa de eletricidade de atacadistas de energia exerce grande impacto sobre a lucratividade da empresa de serviços de utilidade pública; portanto, a estimativa exata do consumo de energia é fundamental. No passado, os medidores domésticos eram lidos pelo pessoal das empresas, digamos, uma vez por mês. Os dados eram consolidados manualmente, para produzir um histórico mensal, bloco a bloco, e estimar as necessidades. Em contraste, os medidores inteligentes fornecem históricos a cada hora, por casa, gerando muito mais dados, que possibilitam decisões de compra mais exatas. A grade conecta as fontes de energia aos usuários de energia (ralos), sugerindo que uma linha de produtos natural seria a rede elétrica IoT e o medidor inteligente.

Plataforma: A plataforma de energia conjugará usinas geradoras, redes, microrredes e medidores inteligentes para ajudar as empresas de serviços de utilidade pública a tomar decisões de compra, venda e utilização, com base em dados de consumo, de precificação e ambientais.

IoT industrial

Resultado almejado: Extrair e entregar carvão.

Produto: Escavadeira sobre rodas, com caçamba, IoT.

Linha de produto: A mineração a céu aberto, a forma de mineração de carvão executada pela escavadeira sobre rodas, com caçamba, consiste em extrair um veio de carvão e, então, dependendo da qualidade do minério, transportar o carvão e sua sobrecarga para uma instalação de processamento para remover as impurezas ou prepará-lo para o transporte. Uma linha de produto lógica é a escavadeira IoT, a esteira rolante e o caminhão de transporte.

Plataforma: Uma plataforma de mineração também incluiria máquinas de processamento e cadeia de transporte completa, que consistiria não só de esteiras rolantes e caminhões de transporte local, mas também de caminhões para longa distância, ferrovias e hidrovias para transportar o carvão para as usinas geradoras, onde será queimado para produzir eletricidade.

IoT de consumo

Resultado almejado: Ser mais saudável e ter melhor aparência.
Produto: Relógio IoT.
Linha de produto: Se o relógio, com seu treinador virtual, for vendido com uma balança de banheiro, a análise de dados poderia correlacionar nível de atividade com mudança de peso e modificar o programa de treinamento.
Plataforma: Orientada pelo objetivo maior de melhorar a saúde, a plataforma conectaria a linha de produto a um aplicativo de consumo de alimentos, a equipamentos de ginástica, a registros médicos, a estoques de produtos de mercearia, etc., e assim por diante.

Reconfigurando setores de atividade

As mudanças na tecnologia de IoT e nos modelos de negócios que reconfigurarão o setor de atividade terão implicações a serem consideradas no desenvolvimento da estratégia de IoT.

Mudanças das fronteiras da competição

Como vimos no exemplo do gerenciamento de pragas, a competição mudará. Hoje, uma empresa de extermínio não considera concorrente um conglomerado de saneamento de âmbito nacional; mas talvez deva. Com efeito, não seria absurdo o argumento de que saneamento, construção e extermínio são igualmente qualificados para ampliar seus negócios de maneira a abranger o gerenciamento integrado de pragas, fornecendo a plataforma (tecnologia) e o ecossistema (negócios), a fim de atrair empresas dos outros dois setores, para fornecer aos seus clientes comuns o resultado almejado.

Passando para a IoT de consumo, o mercado de casas inteligentes também oferece, para reflexão, alguns exemplos não intuitivos. Você esperaria que o Google, a empresa de termostatos Nest e a empresa de segurança ADT fossem concorrentes? Bem, isso é exatamente o que está acontecendo, situação que envolve praticamente todas as outras empresas que oferecem produtos para casas inteligentes, como Philips (lâmpadas), Amazon Echo (autofalantes), Petzila (comedouros remotos para animais domésticos). A grande jogada na vertical da casa inteligente é a mesma grande jogada em todos os setores de atividade: controlar o ecossistema.

Toda empresa que fornece parte do resultado almejado pelo cliente pode expandir sua solução com uma plataforma de IoT, de modo a atrair as partes faltantes do resultado total e, no processo, controlar o ecossistema – que gerencia o modelo de negócios, a distribuição e, em última instância, o cliente.

Geralmente, ao cruzar o abismo, vemos startups cuidando das necessidades dos *early adopters* (adotantes iniciais), e só depois de o mercado amadurecer é que vemos grandes empresas tradicionais entrar na briga. Mas não na *Outcome Economy*. O desejo de estabelecer *o* ecossistema explica por que tantos grandes atores hoje estão interessados na casa inteligente – Amazon, Google, Philips, ADT, Apple, Samsung, Walmart, GE, e outros –, mesmo sendo o mercado ainda tão pequeno. Todas essas empresas não estão se aquecendo para correr atrás das receitas de hoje; o que elas querem é demarcar o campo para o grande jogo, tentando se lançar ou se destacar em um dos ecossistemas que emergirão no espaço das casas inteligentes. Tudo se resume em competir na camada do ecossistema, aqui e em todas as outras verticais.

Desintermediando o vulnerável

O novo relacionamento estreito com o cliente, propiciado pela IoT, também oferece novas oportunidades de negócios. A distribuição multicamada corre riscos se o canal de distribuição for somente um intermediário, extraindo o seu naco de carne. A Tesla desintermediou o revendedor. A Tesla vende diretamente ao cliente, e o relacionamento começa nesse ponto. Lembra do "cheiro de carro novo" resultante das atualizações OTA, da Tesla? Nesse cenário, não há necessidade de revendedor (intermediário). Não é preciso atuar através de uma camada indireta de distribuição para acessar o cliente. A Tesla e os clientes mantêm um relacionamento direto, que não fica só na distribuição.

E se a Tesla vendesse seguro de carro para os clientes; você o compraria? E se fosse 40% mais barato do que em qualquer outra seguradora? Por desfrutar dessa visão dos hábitos do condutor, 24 horas por dia, 7 dias por semana, a Tesla pode oferecer, seletivamente, prêmios de seguro mais baixos, mas ainda altamente lucrativos, aos condutores que, de acordo com sua análise de dados preditiva, forem muito menos propensos a enfrentar problemas no futuro. Esse relacionamento direto e íntimo com o cliente expande o negócio de maneira imprevisível, podendo eliminar os intermediários com participação menos significativa.

Ao olhar para o seu setor de atividade com lentes da IoT, será que sua empresa pode eliminar camadas de distribuição? A sua empresa teria condições para explorar o relacionamento estreito com o cliente para vender melhor produtos auxiliares, geralmente fornecidos por outras empresas? Essa desintermediação, evidentemente, é uma faca de dois gumes. Será que existe alguma empresa por aí, fora da tela do seu radar competitivo, que poderia eliminá-lo ou superá-lo se tivesse esse relacionamento estreito com o cliente?

Absorvendo categorias de produtos convencionais

Fui triatleta amador de um grupo da mesma faixa etária durante 15 anos. Quando comecei a praticar o esporte, fiquei obcecado pela quantificação das minhas atividades e pelo site de análise de dados que veio com meu relógio esportivo Garmin, correlacionando minha pulsação com o ritmo da corrida e a intensidade das pedaladas com a velocidade da bicicleta. Antes de meu primeiro Ironman, contratei um coach que se debruçou sobre meus dados para determinar quando eu estava fatigado e quando eu podia me esforçar um pouco mais. Infelizmente, o relógio era volumoso e desajeitado, e era preciso usar uma faixa com sensor de batimentos desconfortável e dispendiosa ao redor do peito. Essa categoria de produto, o monitor esportivo, está sendo incorporada pelo *Quantified Self*, ou monitor inteligente de autoquantificação. Mais elegantes, mais fáceis de usar e mais avançados, esses monitores são produtos superiores, desenvolvidos para o mercado mais amplo e mais casual, mas também atraentes para o mercado esportivo. Na próxima vez em que eu fizer um *upgrade*, escolherei um relógio inteligente que inclua funções esportivas com preço mais baixo, que não exija faixa em torno do peito, e que inclua melhor análise de dados, eliminando a necessidade de um coach. A tecnologia de IoT pode comoditizar o que antes era produto especial. Será que algum de seus produtos pode tornar-se subconjunto de um produto mais amplo ou componente de outra linha de produto?

Mudando o modelo de negócios

As indústrias também podem ser reconfiguradas por modelos de negócios inovadores que permitam aos clientes formas de pagamento mais compatíveis com seu modelo de negócios e, portanto, com suas preferências. A tecnologia da Internet das Coisas nos permite medir, além de outros fatores, KPIs dos modelos de negócios de nossos clientes. Os modelos de negócios foram analisados à exaustão no Capítulo 3.

O modelo de negócios de serviços possibilita a economia do compartilhamento, mas, até hoje, a economia do compartilhamento se baseia em itens de alto preço, como casas e automóveis. Em parte, isso se explica pela infraestrutura de TI necessária para o desenvolvimento comercial do modelo de negócios do produto como serviço (*product-as-a-service* – PaaS). Com a IoT, grande parte dessa infraestrutura já está embutida, de modo que, na prática, qualquer produto físico pode adotar esse modelo de negócios de serviços. O importante é não tentar imitar necessariamente os modelos de negócios do Zipcar ou Airbnb, mas reconhecer que o seu modelo de negócios será um atributo cada vez mais importante – atributo que pode mudar drasticamente o seu setor de atividade. Pense na disrupção que está acontecendo na indústria automotiva provocada pelos carros IoT (veículos autônomos) e pelo modelo de negócios propício à IoT, a ser adotado nesse caso. Se isso é possível com o modelo de negócios de serviços, imagine a capacidade de transformação do modelo de negócios de resultados.

IoT é tecnologia da informação e, como tal, suportará o "modelo de negócios como atributo". O poder do SaaS (*Software as a Service*), que redefiniu a indústria de software, agora pode ser aplicado aos produtos físicos. Fora do setor de software, que está se afastando das licenças de software, outro bom exemplo são as *fintechs* (bancos e financeiras de base tecnológica), como o aplicativo CashMe. Usado por minha família, permite que minha esposa e eu, de maneira fácil e instantânea, efetuemos depósitos nas contas bancárias dos nossos filhos adolescentes. Também uso esse recurso para receber pagamentos referentes a alguns de meus negócios. Esse aplicativo elimina os bancos e cartões de crédito como intermediários financeiros, por meio de serviços bancários entre pares, conquistando participação no mercado com um modelo de negócios que não inclui cobrança de tarifas.

Maturação setorial acelerada

A dinâmica da reconfiguração vai acelerar a maturação setorial, forçando titulares convencionais a manejar estrategicamente as forças de consolidação e comoditização de seus negócios, mais cedo do que esperavam.

Consolidação

Com o passar do tempo, a consolidação do seu setor de atividade ocorrerá nos níveis de produto e depois de ecossistemas; a questão é "quando?". No nível do produto, a vantagem do pioneiro e as barreiras de entrada (analisadas no Capítulo 6) de que desfrutavam as primeiras empresas de IoT limitavam a quantidade de produtos IoT em cada categoria. E as vantagens competitivas esmagadoras de um produto IoT em relação aos produtos tradicionais são tão grandes que um novo produto IoT limita o número de produtos tradicionais em seu segmento, se não os eliminar completamente.

Digamos que haja dois mandris acetabulares à venda. Um é o mandril tradicional, o mesmo projeto usado há décadas; e o segundo, o mandril IoT, oferece a garantia de não queimar e não matar as células ósseas, dando à prótese de quadril muito mais chances de sucesso. Além disso, o mandril IoT gerará dados a serem analisados para tornar as próteses de quadril mais eficazes sob outros aspectos. Ademais, o mandril acetabular IoT será vendido por um modelo de negócios mais amigável para os hospitais. Dos dois produtos, qual você supõe que o hospital comprará?

Como estamos vendo hoje, nos primeiros dias dos ecossistemas, todas as empresas de IoT sonham em estabelecer seu ecossistema setorial. Isso, porém, não pode demorar muito. As forças de mercado darwinianas prevalecerão, deixando cada indústria com apenas uns poucos ecossistemas. Duas são as implicações. Primeiro, se sua empresa quiser estabelecer um ecossistema, saiba que o processo será longo e que a concorrência será proporcional ao tamanho do mercado. Para tanto, serão necessários grandes investimentos. Segundo, mesmo que sua empresa não estabeleça um ecossistema, você ainda precisará ser parte de um ecossistema. Como os ecossistemas no nível macro, cada ecossistema de negócios suportará somente umas poucas empresas para cada categoria de produto. Haverá escassez em ambos os níveis; portanto, planeje agora, mesmo que seja apenas parte da estratégia a longo prazo da sua empresa.

Comoditização

Semelhante à consolidação, mas em linha de tempo diferente, os produtos que não se adaptarem para se tornar produtos IoT como parte de um ecossistema formal ou informal serão comoditizados. Como ocorre hoje, integrar esses produtos independentes, como lobos solitários, em soluções completas e abrangentes exigirá *hard coding* por um integrador de sistemas ou um escritório de design, montando um ecossistema customizado para o cliente. Ao fazê-lo, o montador assume o relacionamento com o cliente e controla o fabricante do produto independente, relegando-o ao papel menos valorizado de fornecedor OEM (*Original Equipment Manufacturer*), empresa que fabrica produtos para outras empresas, a serem comercializados com o nome destas últimas. Por definição, essa perda de controle e de competitividade leva à comoditização.

★ ★ ★

As implicações setoriais a serem consideradas em sua estratégia de IoT são amplas e profundas, mas não podem ser encaradas isoladamente. O próximo componente da sua estratégia de IoT é a competição, analisada no próximo capítulo.

‹ CAPÍTULO 6 ›

A competição em IoT e as vantagens competitivas da IoT

Para mim, avaliar a competição na Internet das Coisas lembra a infame citação de Donald Rumsfeld, ex-secretário de defesa dos Estados Unidos. Durante uma coletiva de imprensa no Departamento de Defesa, em 2002, ele afirmou: "Os relatórios que dizem que algo não aconteceu são sempre interessantes para mim, porque, como sabemos, há conhecidos conhecidos; há coisas que sabemos que conhecemos. Também sabemos que há conhecidos desconhecidos; o que significa dizer que sabemos que não conhecemos algumas coisas. Mas também há desconhecidos desconhecidos – as coisas que não sabemos que não conhecemos".

Embora ele não tenha sido o primeiro a aplicar a janela de Johari a questões de inteligência, e a citação haja recebido críticas como uma deflexão opaca de uma pergunta difícil, eu gosto dela. E, decerto, como um haiku, você pode lê-la como quiser, mas eu a aprecio porque ela enquadra muito bem o panorama competitivo para qualquer empresa que esteja considerando o lançamento de um produto IoT.

Grosso modo, três são as classes de concorrentes a serem enfrentados por empresas que estão entrando no mercado com um produto de Internet das Coisas: concorrentes nativos, concorrentes exóticos e novos entrantes. Este capítulo examina essas três classes de competição e as razões específicas pelas quais o momento de entrada no mercado é crítico para cada uma delas. Em seguida, as vantagens competitivas comuns de entrar cedo no mercado são analisadas sob as lentes da IoT.

Concorrentes nativos – Os conhecidos conhecidos

Você sabe quais são os conhecidos conhecidos porque você já está competindo com eles. E, se sobreviverem, continuarão competindo com você, usando IoT. Primeiro serão produtos IoT contra produtos tradicionais e, depois, produtos IoT contra produtos IoT e, finalmente, produtos IoT contra produtos IoT no ecossistema.

Eles são os concorrentes mais parecidos com você hoje, significando que, para começar, eles não têm, em si, vantagens competitivas de IoT intrínsecas. Assumindo um campo de jogo nivelado, as vantagens de vencer esses concorrentes se associam a oportunidade. Que concorrente tende a lançar um produto IoT primeiro, e a sua empresa deve evitar ou seguir esse primeiro ataque previsto? E, então, que concorrente tende a criar um ecossistema ou a entrar num ecossistema preexistente primeiro? Como vimos no capítulo anterior, o número de ecossistemas disponíveis no setor é limitado, razão pela qual o conceito de escassez também pode ser usado a seu favor se você se movimentar primeiro.

> **TECH TALK**
>
> Examine o ecossistema – todos os concorrentes serão parte de um ecossistema. Ver Capítulo 7.

Concorrentes exóticos – Os conhecidos desconhecidos

Os conhecidos desconhecidos são futuros ecossistemas concorrentes. Se sua empresa estiver planejando estabelecer um ecossistema ou mesmo somente pensando em constituir um ecossistema, você precisa considerar essa classe de concorrentes. Não porque eles competirão com o seu produto, mas sim porque eles competirão com o seu ecossistema. Embora sejam aparentemente alienígenas, se você fizer a engenharia reversa do resultado almejado pelo seu cliente, você poderá identificar essa categoria de concorrentes. Se sua empresa pretende estabelecer um ecossistema, ela concorrerá com as outras empresas que contribuem para o resultado do cliente, as quais também querem constituir um ecossistema.

Empresas de outros setores que você nunca considerou competitivas antes são os conhecidos desconhecidos. Por exemplo, quem esperaria que um termostato fosse competir com trancas para portas, com luzes, com segurança? Nós imaginamos. Esses produtos são concorrentes porque cada uma das empresas que fabricam esses produtos quer estabelecer e controlar o ecossistema da casa IoT. O momento de investir recursos para lançar e cultivar um ecossistema é decisão estratégica.

Novos entrantes – Os desconhecidos desconhecidos

Os desconhecidos desconhecidos são, por definição, os concorrentes mais difíceis de prever. Os concorrentes dessa categoria nem sempre terão experiência de domínio, mas terão software e ciência de dados, além de uma grande ideia de um produto que concorra com o seu. Um exemplo disso são as *fintechs*. Startups de alta tecnologia, com pouca experiência financeira, estão exercendo funções tradicionais de bancos, de seguradoras e de empresas de investimentos. Esses tipos de concorrentes não se limitam a startups; também podem ser grandes – por exemplo, o Google agora faz dispositivos físicos para casas.

> **TECH TALK**
>
> Competindo dentro e fora do ecossistema. Para mais informações sobre ecossistemas, ver Capítulo 7.

Lembre-se que um produto IoT existe sob duas formas: o produto tecnológico definido por software e o produto físico tradicional. A questão é, para qualquer cliente ou mercado, em especial, qual das duas formas fornece a maior vantagem competitiva.

O titular convencional tem muitas vantagens. Tem a marca, conhece o mercado, tem a distribuição e, mais importante, tem clientes. Ele depende da excelência do seu design físico e do seu conjunto de atributos, assim como da qualidade com que é fabricado o produto tradicional. A desvantagem do titular convencional é ter menos capacidade técnica, especificamente nas disciplinas de desenvolvimento de software e de ciência de dados, ambas fundamentais para o desenvolvimento de produtos IoT.

O concorrente desconhecido desconhecido não se sobrecarrega com o legado de produtos e políticas e traz consigo uma história fecunda do mundo da internet e de competências centrais no desenvolvimento de aplicativos, no desenvolvimento de modelos e na construção de estruturas de análise de dados para análises. O concorrente desconhecido desconhecido conhece a tecnologia, mas é novo na cadeia vertical do setor de atividade

Que empresa é mais competitiva? O titular convencional, jogando na defesa, com um negócio nativo que é forte em fabricação, mas relativamente fraco em software e em ciência de dados, ou o novo entrante desconhecido desconhecido, jogando no ataque, com experiência no desenvolvimento de produtos definidos por software, mas, relativamente, com menos experiência em fabricação e, praticamente, sem atuação no setor (ver Tabela 6.1).

Dependendo da magnitude do valor incremental criado pelo produto IoT do novo entrante, a resposta será diferente e mudará com o passar do tempo. Ao longo do tempo, o novo entrante se familiarizará com o setor e se tornará mais enraizado. Com o passar do tempo, o titular convencional desenvolverá as funções de IoT. Independentemente de a sua empresa ser o titular convencional ou o novo entrante, estime quando essas duas curvas tenderão a se cruzar e, a partir desse ponto, trabalhe de trás para frente, para determinar a hora de entrar no mercado (ver Figura 6.1).

Tabela 6.1: Vantagens competitivas

Novos entrantes	Titulares convencionais
Know-how de software	Consciência da marca
Know-how de ciência de dados	Distribuição
Know-how de internet	Clientes
Sem a bagagem de legados	Design físico
	Fabricação

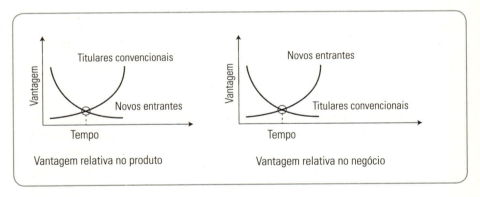

Figura 6.1: Vantagens competitivas relativas

As vantagens de adotar logo a IoT

A Internet das Coisas não é questão de *se*; é questão de *quando*: em que momento a minha empresa deve começar com IoT? A resposta é agora, na fase de planejamento, que é tratada neste livro. A pergunta mais onerosa é: quando a minha empresa deve comprometer recursos humanos e recursos financeiros para passar do plano e dos requisitos de negócios para a prova do conceito, para o protótipo e para o MVP (*Minimum Viable Product*), ou "Produto Mínimo Viável"? Como acabamos de analisar, decidir quando entrar no mercado com ofertas de IoT é fundamental para competir com as três classes de concorrentes – cada uma com suas razões singulares. Lance cedo demais e talvez o cliente não esteja preparado. Lance tarde demais e sua empresa pode estar em desvantagem em relação a uma pioneira, ou talvez precise enfrentar barreiras à entrada intransponíveis, ou ter que competir com uma empresa de IoT que tenha desenvolvido outras vantagens competitivas iníquas em relação à sua empresa. Vamos examinar esses desafios, um a um.

Vantagens do pioneiro (*First-mouse*)

Muitas são as vantagens decorrentes de ser o primeiro a entrar no mercado com um produto IoT.

Os anos em IoT são como anos de cachorro, pelo menos quando se trata do desenvolvimento de produtos. O gerente de produtos IoT recebe diariamente uma montanha de dados de clientes. Interpretados pela análise de dados, esses dados são uma fonte nova e profusa de *input* para a melhoria dos produtos. Se a área de engenharia da empresa tiver sido orientada para atuar em relação a essas informações com métodos ágeis, cada ano de refinamento do produto IoT, com dados de IoT, equivale a sete anos de refinamento do produto convencional, sem dados de IoT. Esse é o raciocínio por trás de minha estimativa.

Ao trabalhar na área de produtos físicos, os ciclos de desenvolvimento são longos – 12 meses no mínimo para entregar uma nova versão. Em minha primeira carreira como desenvolvedor de software, tínhamos grandes lançamentos a intervalos de seis a nove meses, e, se tivéssemos sorte, tínhamos pequenos lançamentos a cada trimestre. Assim, se implementado de maneira adequada, o software de IoT pode ser combinado com atualizações OTA automáticas, para eliminar totalmente a sucessão de lançamentos distintos. Assim como no caso da computação na nuvem, as mudanças no software de produtos IoT agora podem ser diárias ou, talvez, até mais frequentes. A empresa de IoT pode atuar em seus produtos com mais agilidade, o que, por seu turno, desenvolve rapidamente um valor diferenciado. E essa evolução muito mais acelerada abrangerá não só o produto IoT, mas também o modelo de negócios e a estrutura organizacional, tornando a empresa de IoT muito mais competitiva, em consequência do pioneirismo contínuo.

A segunda vantagem competitiva a considerar é a mudança no relacionamento com o cliente. Como analisamos no Capítulo 4, esse relacionamento estreito ganha–ganha forja vínculos fortes. O "descolamento" dos clientes essenciais será difícil, depois que se reforçam e se estreitam o relacionamento e o vínculo. Chegar atrasado a essa festa pode ser ameaça existencial.

Em prazos mais longos, as empresas competirão dentro do sistema ou como parte dele. Na *Outcome Economy*, três serão os tipos de empresas. Lobos solitários, empresas que só oferecem produtos IoT isolados; lobos de matilha, empresas cujos produtos IoT são parte de um ecossistema; e lobos alfa, empresas que comercializam seus próprios ecossistemas e convidam outras para entrar em seus ecossistemas.

Todas as empresas de IoT competitivas já estão num ecossistema ou entrarão num ecossistema. Como cada setor de atividade será capaz de suportar apenas um número limitado de ecossistemas, e como dentro de cada um desses ecossistemas haverá lugar para somente um número limitado de atores em cada categoria de produto, o espaço é restrito, tornando estratégico o pioneirismo ou, pelo menos, a agilidade na entrada.

Os primeiros entrantes terão uma vantagem competitiva em relação aos concorrentes retardatários, ao preencher as poucas vagas nos poucos ecossistemas. Desenvolver um ecossistema será ainda mais competitivo. É um grande empreendimento, que exige recursos consideráveis, mas os lobos alfa desfrutarão de vantagem sustentável iníqua em relação aos concorrentes, tornando o senso de oportunidade para esse tipo de empresa ainda mais competitivo.

Barreiras à entrada

Relacionadas com as vantagens do pioneiro, estão as barreiras competitivas à entrada estabelecidas pelos pioneiros. Embora as patentes de software puro tenham perdido a força nos anos recentes, as patentes de métodos estão florescendo. O que é uma patente de método senão uma receita para aglutinar sistemas diferentes em um produto IoT? Ainda estamos nos primeiros dias, mas esse tipo de propriedade intelectual está maduro para cultivo, colheita e armazenamento no portfólio de patentes das empresas, para futuros propósitos ofensivos e defensivos. As patentes, sobretudo em novos espaços, como a IoT, são uma formidável barreira à entrada de retardatários, grandes e pequenos. Não proteger publicamente, desde o início, os seus segredos comerciais de IoT pode acarretar sérios problemas no futuro.

Dificuldade correlata é a escassez de talentos para desenvolver essa propriedade intelectual. O *pool* de talentos já é muito pequeno, mas talentos com experiência de domínio são ainda mais raros. Esse manancial de talentos disponíveis só diminuirá nos primórdios da IoT. Encontrar e manter esses talentos ergue poderosa barreira à entrada.

Outras vantagens competitivas

Uma das implicações operacionais mais profundas, que será discutida mais tarde, no Capítulo 8, é a mudança necessária no DNA dos recursos humanos da empresa. Todas as empresas terão lacunas de talentos, principalmente nas áreas de desenvolvimento de software e ciência de dados. Embora escassos e muito disputados, é possível encontrar desenvolvedores de software com as competências necessárias nas áreas críticas. Muito mais raros, porém, são os cientistas de dados, que desenvolvem e implantam os sistemas de análise de dados capazes de converter montanhas de dados em pepitas de informações úteis. Quanto mais tarde a empresa entrar no mercado de IoT, mais escassos serão esses dois tipos de recursos, sobretudo com experiência especializada. As mudanças no DNA não se limitam à engenharia. Também devem ocorrer em todas as outras áreas da empresa.

Finalmente, entramos na seara da oferta e demanda. Os primeiros produtos de Internet das Coisas vencerão a competição com seus congêneres tradicionais, menos valiosos, ampliando, assim, a participação no mercado. Como no caso de seus antepassados, os produtos tradicionais, cada mercado terá espaço apenas para certa oferta de produtos IoT por categoria, sobretudo quando são parte de um ecossistema.

★ ★ ★

Essas vantagens competitivas são formidáveis. O senso de oportunidade é tudo. As ramificações de ser pioneiro ou retardatário devem ser consideradas nas avaliações de qualquer empresa, referentes ao momento oportuno para entrar no mercado.

No próximo capítulo analisaremos o panorama geral: a *Outcome Economy*. Hoje, a IoT torna a empresa mais competitiva; no futuro, porém, mais do que vantagem competitiva, a IoT será requisito competitivo.

‹ CAPÍTULO 7 ›

A *Outcome Economy*

Eric Soderlund tinha a compostura fleumática e confiante que se espera de um general e, sob certos aspectos, acho que ele era como um general, um militar de alta patente, incumbido da missão de guardar uma fortaleza de biscoitos.

Eric era o *prospect* número oito dos nove que compunham a primeira rodada de nossa viagem de validação de produtos, expedição em que a ACME Pest e eu saímos a campo para vender a nossa recém-concebida ratoeira IoT, e, no processo, para estimular *insights* valiosos sobre como melhorar o produto. Essa visita, porém, era um pouco diferente. Em vez de nós irmos ao cliente, Eric saiu da Carolina do Norte para nos visitar, porque queríamos *projetar-vender-produzir* (o processo de validação que uso, explicado no Capítulo 10) com um grande cliente da indústria de alimentos processados, representando um dos mais importantes segmentos de mercado atendidos pela ACME Pest. Assim, em vez de nos encontrarmos na fábrica dele, Eric veio para a cidade de Nova York, numa rápida viagem de um dia e uma noite, com todas as despesas pagas, para nos encontrarmos numa sala de reuniões emprestada no centro do Distrito Financeiro, a apenas alguns blocos de nossa reunião anterior, no dia da Confident Surroundings Pest Management.

Ao contrário dos *prospects* Paul Brass e Pat Dronski, que trabalhavam em empresas de controle de pragas, Eric supervisionava a garantia de qualidade da maior fábrica de um dos maiores produtores de biscoitos do país. Ele comandava a missão de gerenciamento de pragas, entre outras, com precisão militar. Eric só tinha um medo, na realidade um grande pavor, algo que podia despontar a qualquer instante, vindo não se sabe de onde: a auditoria. Se, a qualquer momento, inspetores de saúde encontrassem *qualquer* sinal de camundongos, eles podiam fechar toda a fábrica. Imediatamente. Empregos estavam na linha de fogo, assim como os resultados financeiros da empresa. A missão era clara: manter o inimigo (os camundongos) distância, a qualquer custo. Embora ele tivesse construído suas defesas de fronteira, e também as houvesse reforçado com câmeras infravermelho, ele precisava de outros recursos.

Partes de qualquer auditoria, sobretudo as da BRC, eram subjetivas. Não havia ratos *na casa*; portanto, se as coisas não corressem bem, Eric precisaria de capacidade de contestação plausível e de trilhas de auditoria convincentes, com dados para respaldá-lo. Ele considerou o nosso produto, com suas pilhas de dados sobre camundongos, como algo capaz de sustentar seus argumentos.

O resultado almejado por Eric era um ambiente limpo e salubre que passasse na auditoria.

Bilhões e trilhões

Um dos fatores que mais contribui para a divulgação e o conceito da IoT é o *hype*. Analistas e fornecedores marcham *pari passu* e em uníssono, como que numa corrida armamentista, para apresentar as previsões mais ambiciosas e abrangentes sobre o mercado potencial da IoT e de seu impacto sobre os negócios. Os números são grandiosos: bilhões de coisas e trilhões de dólares.

São números do tamanho da economia. Com efeito, como veremos no fim deste capítulo, números dessa magnitude só podem ser gerados pela *Outcome Economy*, e a IoT é o capacitador técnico do comércio que viabilizará esses números.

Nossa economia está mudando. Hoje ela depende da oferta e demanda de produtos, mas a popularidade da compra e venda de XaaS, (ou "qualquer coisa como serviço" – não confundir com o setor de serviços) está em ascensão, e não fica só nisso. Vê-se ao longe, no horizonte, a *Outcome Economy*, ou Economia de Resultados. Baseada na oferta e demanda de resultados, a *Outcome Economy* está impregnada de tecnologia de IoT. Não mais haverá setores de tecnologia e de não tecnologia. Como a internet hoje, a Internet das Coisas se tornará parte de todos os setores de atividade, recuando da frente do palco para os bastidores, estando em todos os lugares, mas, ao mesmo tempo, em nenhum lugar.

Uau! Isso ainda está muito longe, certo? Sim, essa transformação não ocorrerá da noite para o dia, mas saber como será o grande jogo o ajudará a planejar seu pequeno jogo das manobras ou jogadas. Como sou canadense, recorrerei ao clichê do grande jogador de hóquei Wayne Gretzky, que disse: "Patine para onde o *puck* está indo, não para onde ele estava".

Os alicerces da *Outcome Economy*

Eric Soderland não quer ser dono de nenhuma ratoeira e, acima de tudo, ele não quer ratos dentro dela; ele só quer que as ratoeiras façam sua mágica na fábrica de biscoitos: mantê-la na condição de ambiente limpo e salubre, que passe na inspeção.

Para fornecer esse resultado, três setores devem interagir. Você precisa de saneamento para manter o ambiente limpo, de modo a não atrair camundongos. Você precisa de construção para manter a integridade dos prédios e impedir a entrada dos camundongos. E, só depois de os camundongos sentirem algum cheiro irresistível e de encontrarem alguma entrada para o prédio, você precisará caçá-los.

Portanto, para fornecer o que Eric realmente quer, precisamos reunir a tecnologia e os negócios de saneamento, construção e extermínio. Felizmente, duas tendências estão possibilitando essa união. Já as descrevi como Continuum da Tecnologia de IoT (Capítulo 5) e Continuum do Modelo de Negócios de IoT (Capítulo 3), ambas capacitadas pela Internet das Coisas.

A plataforma de IoT

A plataforma de IoT reúne tudo, tecnicamente (ver Figura 7.1). Ela coordena os produtos necessários para alcançar o resultado almejado pelo cliente.

A plataforma de IoT desempenha um papel fundamental no Continuum da Tecnologia de IoT, aglutinando os quatro componentes do produto IoT (produto definido por software, produto definido por hardware, sistemas externos e estrutura da rede), agregando os produtos IoT de um fornecedor para criar linhas de produtos, e finalmente entrelaçando as linhas de produtos de diferentes fornecedores para suportar o ecossistema de IoT.

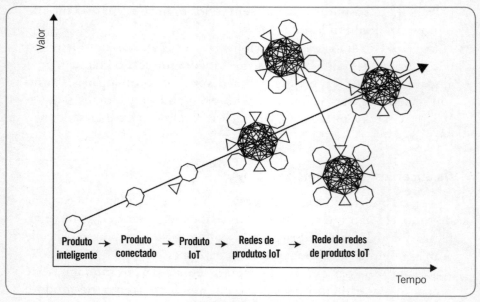

Figura 7.1: Agregando produtos

Neste exemplo, a mesma evolução tecnológica está acontecendo em paralelo nos setores de saneamento, construção e extermínio. No fim do contínuo, temos uma rede dessas três linhas de produtos IoT, todas trabalhando juntas numa plataforma de IoT comum.

Este é o fundamento tecnológico do ecossistema e da *Outcome Economy*.

O modelo de negócios de IoT

O modelo de negócios de IoT descreve como a empresa monetiza o valor criado pela IoT.

À medida que o modelo de negócios evolui de produto para serviço e daí para resultado (ver Figura 7.2), a IoT nos capacita para medir tanto as principais variáveis de desempenho no modelo de negócios do fabricante de biscoitos quanto as contribuições relativas dos setores de saneamento, construção e extermínio, para alcançar o resultado almejado, estruturando o modelo de negócios do ecossistema.

Esse é o fundamento comercial do ecossistema (ver Figura 7.3) e da *Outcome Economy*. A IoT capacita a plataforma e o modelo de negócios necessários para criar um ecossistema capaz de entregar um resultado específico.

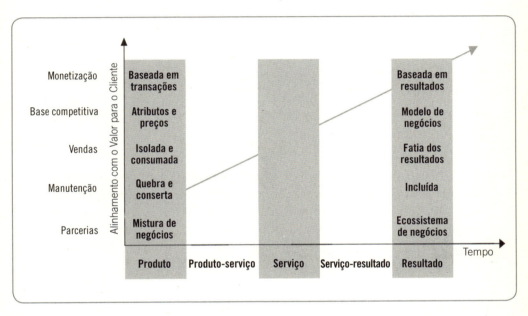

Figura 7.2: O Continuum do Modelo de Negócios de IoT

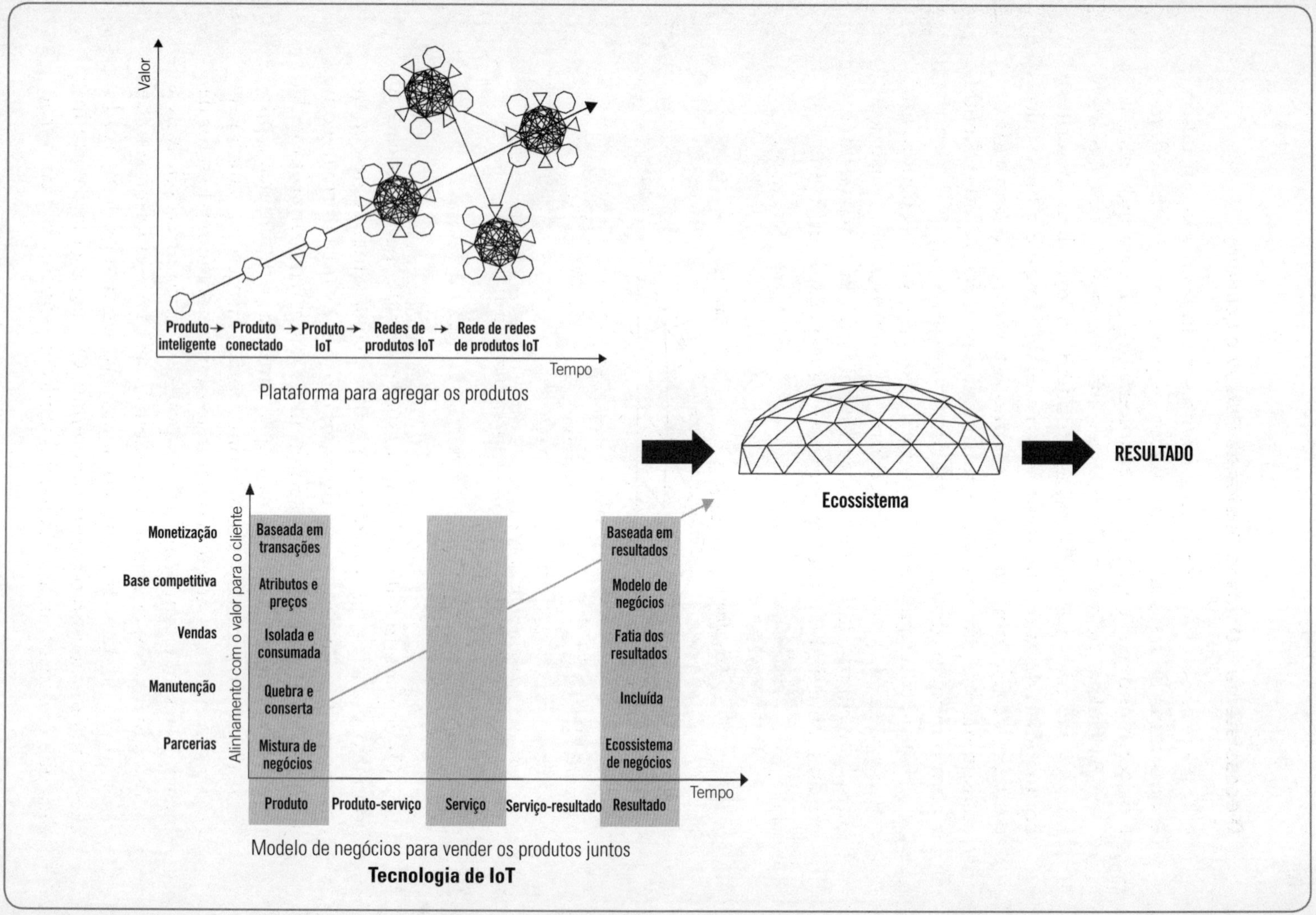

Plataforma para agregar os produtos

Valor

Produto inteligente conectado → Produto conectado → Redes de produtos IoT → Rede de redes de produtos IoT

Tempo

Ecossistema

RESULTADO

Tecnologia de IoT

Alinhamento com o valor para o cliente

	Produto	Produto-serviço	Serviço	Serviço-resultado	Resultado
Monetização	Baseada em transações				Baseada em resultados
Base competitiva	Atributos e preços				Modelo de negócios
Vendas	Isolada e consumada				Fatia dos resultados
Manutenção	Quebra e conserta				Incluída
Parcerias	Mistura de negócios				Ecossistema de negócios

Tempo

Modelo de negócios para vender os produtos juntos

Figura 7.2 Tecnologia para capacitar o ecossistema

O ecossistema – Unidade básica da *Outcome Economy*

O propósito do ecossistema é entregar um resultado específico. É uma usina de resultados, que agrega os produtores (fornecedores) e os consumidores (clientes) da tecnologia de IoT para monetizá-la.

As cadeias de valor são lineares, mas os ecossistemas são não lineares, são mais interconectados e podem ser mais bem descritos como mescla de valor, que segue à risca a lei de Metcalfe sobre o valor das redes de telecomunicações. Portanto, é bom ser um provedor de ecossistema que gerencia os relacionamentos primários com o cliente e com o modelo de negócios geral do ecossistema.

Cada ecossistema terá vários fornecedores e vários clientes. Em nosso caso, a ACME e os fornecedores de saneamento e construção trabalham juntos com a fábrica de biscoitos de Eric, para entregar um ambiente limpo e salubre que passe na inspeção (ver Figura 7.4).

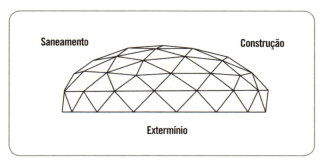

Figura 7.4: Ecossistema de gerenciamento de pragas

Informação

Os ecossistemas de IoT ainda estão reunindo massa crítica. Ao contrário do setor de smartphones, cujos ecossistemas coalesceram em torno de sistemas operacionais, como o iOS (plataforma), com a App Store (ecossistema); e o Android (plataforma), com o Google Play (ecossistema); a IoT é mais ampla. Embora pareça lógica a previsão de que os ecossistemas se constituirão da mesma maneira, as evidências em curso sugerem o contrário. Diferentemente do setor de smartphones, que tem somente uns poucos ecossistemas aplicáveis a todos os mercados, os ecossistemas de IoT serão mais numerosos e se constituirão de outra maneira, com base nos segmentos de mercado. Eles também assumirão formas diferentes. O atual estado da arte indica que os ecossistemas estão coalescendo principalmente em torno de dispositivos, na IoT de consumo; com base em plataformas de IoT independentes (comerciais, *in-house*, e de código aberto), na IoT comercial; no contexto de consórcios, na IoT industrial; e ao redor de fornecedores dominantes, na IoT de infraestrutura. Essa tendência, contudo, provavelmente mudará com a maturação.

A falta de padrões por certo está retardando o progresso. Embora todas as organizações e consórcios de padronização, e até entidades do governo, estejam fazendo o melhor possível para ratificar alguma coisa que satisfaça a todos os *stakeholders*, é possível que, no fim das contas, surjam espontaneamente padrões de fato, resultantes do dinheiro gasto pelos clientes, não das escolhas feitas pelas indústrias. Partes das plataformas se padronizarão ao longo de todos os setores de atividade, mas as extremidades, avançando para o centro, não seguirão essa tendência; as extremidades – sendo os sensores e a análise de dados – continuarão a ser um domínio específico.

Não permita, porém, que a falta de padronização o desacelere. Como já recomendamos neste livro, comece a formar parcerias com organizações cujos produtos possam ser oferecidos juntamente com os seus, para formar uma linha de produtos heterogênea. Esse é o início de um ecossistema, e lançará a sua empresa na trajetória para a entrega de resultados aos clientes.

Evolução do ecossistema

As empresas participarão de diferentes ecossistemas, cada um para oferecer diferentes resultados aos clientes. Da mesma maneira, também os fornecedores se juntarão a um ou mais ecossistemas. Com o passar do tempo, os ecossistemas se fundirão ou crescerão para entregar resultados mais amplos, de nível mais elevado, abrangendo cada vez mais resultados, dentro dos respectivos setores de atividade (ver Figura 7.5).

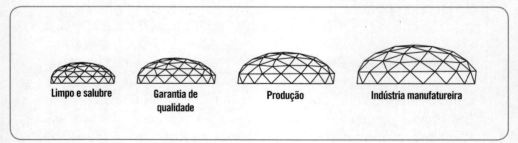

Figura 7.5: Ecossistemas em crescimento constante

O resultado maior para Eric vai além da limpeza e da salubridade. O departamento dele é responsável pela garantia de qualidade total da fábrica de biscoitos (*Quality Assurance* – QA), que também inclui preparação da matéria-prima, calibragem de equipamentos e embalagem de produtos. A evolução natural de um ecossistema limpo e salubre para um ecossistema de QA incluiria instrumentação da segurança dos alimentos, da qualidade dos alimentos e do teste dos alimentos. É possível prever aonde tudo isso levará. O ecossistema de QA se expande em ecossistema de produção (fabricação de biscoitos) e, finalmente, quando se considera todo o negócio de fabricação de biscoitos, esse ecossistema de produção será ladeado por um ecossistema de cadeia de suprimentos, na ponta inicial, e por um ecossistema de distribuição, na ponta final, fundindo-se num ecossistema de fabricação mais amplo, que abrangeria essas três partes – fornecimento, produção, distribuição – toda a mescla de valor da fabricação de alimentos.

Como na fabricação de alimentos, os ecossistemas de cada setor de atividade crescerão para resolver cada vez mais problemas dos clientes, até que haja somente uns poucos ecossistemas por setor de atividade.

É essa aglutinação de diferentes ecossistemas que compõe a *Outcome Economy*.

A nova nova economia

A *Outcome Economy* é a soma das atividades de negócios de todos os ecossistemas numa área geográfica (ver Tabela 7.1).

Tabela 7.1: Vários ecossistemas surgirão em cada
um desses setores de atividade

		Negócios	
IoT de consumo	**IoT comercial**	**IoT industrial**	**IoT de infraestrutura**
• Vestíveis	• Transportes	• Fabricação	• Rede elétrica inteligente
• Bens de consumo	• Assistência médica	• Mineração	• Empresas de serviços de utilidade pública
• Casas inteligentes	• Edifícios inteligentes	• Petróleo e gás	• Cidades inteligentes
	• Defesa e governo	• Agricultura	
	• Seguros		
	• Finanças		

Um exemplo de *Outcome Economy*, composto de alguns dos principais exemplos deste livro, inclui:

- ⇢ A compra e a venda de resultados na indústria de mineração
- ⇢ A compra e a venda de resultados cirúrgicos (como a prótese de quadril), que, quando combinadas com resultados de autoquantificação, poderiam ser ampliadas para a compra e venda de resultados de saúde e bem-estar em próteses de articulações.
- ⇢ A compra e a venda de resultados de energia – começando na mineração de carvão e terminando no hospital.

Usando esse exemplo para qualquer região geográfica, essa *Outcome Economy* seria a soma do ecossistema de mineração, do ecossistema de saúde e bem-estar, e do ecossistema de energia (ver Figura 7.6).

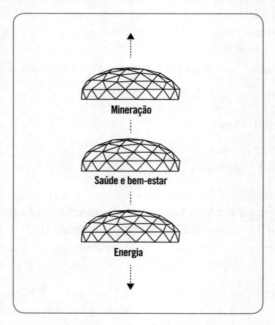

Figura 7.6: Ecossistemas numa região

O efeito de rede rendendo bilhões e trilhões

As mudanças econômicas são impulsionadas basicamente por nova criação de valor. O surgimento da Economia de Serviços pode ser atribuído a nova criação de valor, mas esse valor na Economia de Serviços (XaaS – qualquer coisa como serviço) resulta basicamente de novos métodos de consumo, não de mudanças fundamentais no produto (X). A *Outcome Economy* (ver Figura 7.7), ou seja, a oferta e demanda de resultados, é diferente – e maior. A *Outcome Economy* está sendo impulsionada pela criação de valor incremental e pelo consumo de valor incremental, ambos capacitados pela Internet das Coisas.

Figura 7.7: *Outcome Economy*

Lembre-se, todo o valor incremental criado por um produto IoT decorre da transformação de dados em informação útil. Quanto mais dados, mais informações (exatas) e mais valor. Isso é essencial para explicar os meganúmeros que estão sendo atribuídos à Internet das Coisas.

Por definição, a Internet das Coisas se beneficia do efeito de rede, popularizado por Robert Metcalfe, mas introduzido em economia e negócios por Theodore Vail, presidente da Bell Telephone. Em 1908, Vail convenceu os acionistas da Bell a aprovar o plano de consolidação de milhares de centrais telefônicas locais e regionais, argumentando que o acréscimo de mais conexões, e pessoas, à rede acarretaria aumento exponencial no valor da rede. E ele cumpriu o prometido.

A origem do economista técnico *nerd*

Outra maneira de ver um produto IoT é como uma intrarrede de sensores e uma inter-rede de sistemas externos conectados, para fornecer dados ao produto definido por software e à análise de dados. O custo dessas conexões aumenta linearmente, mas o valor resultante dos dados coletados sobe exponencialmente – encaixando-se muito bem na lei de Metcalfe:

$$V \propto n^2$$

ou

Valor $\propto$ (número de conexões)^2

Aplicando essa observação ao longo do Continuum da Tecnologia de IoT, cuja rede se entrelaça cada vez mais, origina-se uma maneira diferente de explicar por que a *Outcome Economy* será tão vultosa.

O valor de um produto IoT é proporcional ao quadrado do número de fontes de dados no sistema:

$$V \text{ (produto IoT)} \propto \text{(fontes de dados)}^2$$

O valor de uma linha de produtos IoT é proporcional ao quadrado do número de produtos IoT no sistema:

$$V \text{ (linha de produtos IoT)} \propto \text{(produtos IoT)}^2$$

O valor de um ecossistema de IoT é proporcional ao quadrado do número de linhas de produtos IoT no sistema:

$$V \text{ (ecossistema de IoT)} \propto \text{(linhas de produtos IoT)}^2$$

E, finalmente, o valor da *Outcome Economy* é proporcional ao quadrado do número de ecossistemas de IoT no sistema:

$$V \text{ (Outcome Economy)} \propto \text{(ecossistemas de IoT)}^2$$

Substituindo, temos:

$$V \text{ (Outcome Economy)} \propto \text{(fontes de dados)}^2$$

Ou, em outros termos, o valor de uma *Outcome Economy* é *altamente* proporcional, exponencialmente, ao número de fontes de dados nela existentes.

As economias serão combinações de economia de produtos, economia de serviços e economia de resultados. As economias mais movidas a resultados superarão em desempenho as economias mais baseadas em produtos e em serviços. No entanto, a maior implicação em nível macro é que a nova nova economia tem tudo a ver com dados – dados que são transformados em informações valiosas pela Internet das Coisas (Figura 7.8).

O grande jogo

Este capítulo não teve a pretensão de ser um exercício acadêmico, mas de oferecer uma visão do grande jogo, para ajudá-lo a decidir para onde patinar. Da mesma maneira como a IoT transforma produtos e empresas, os efeitos daí decorrentes serão do mesmo modo transformadores para a economia. Olhe para o seu setor de atividade através das lentes da IoT, aglutinando tecnologia e negócios, para entregar os resultados almejados pelo cliente. Considerando que esse processo se estenderá ao longo do tempo, assuma essa perspectiva para examinar a sua linha do tempo estratégica. Uma vez definido, o vetor direcional do resultado para o cliente o orientará nas decisões de negócios de curto prazo e de longo prazo que compõem sua estratégia de entrada, sua estratégia de posicionamento e sua estratégia competitiva.

★ ★ ★

Em seguida, examinaremos os aspectos operacionais de fazer acontecer a IoT na sua organização, envolvendo mudanças que são mais táticas do que estratégicas. O próximo capítulo repassará a empresa de IoT, departamento por departamento.

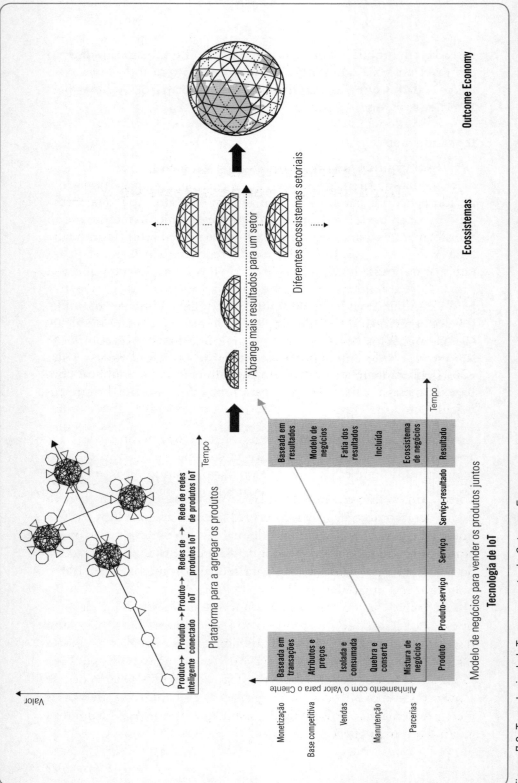

Figura 7.8: Tecnologia de IoT com suporte da *Outcome Economy*

‹ CAPÍTULO 8 ›

Sua nova empresa de IoT –
Departamento por departamento

O nome técnico de lombada ou quebra-molas é *traffic calming device*, ou dispositivo de moderação do tráfego. A ideia de usar algum tipo rudimentar desse recurso surgiu na cidade holandesa de Delft, em fins da década de 1960. Receando pela segurança dos filhos, os cidadãos, deliberadamente, obstruíram parcialmente as vias públicas com bancos, mesas e caixas de areia, para forçar as pessoas a dirigir seus veículos com mais responsabilidade e menos velocidade. Essa e outras técnicas se tornaram populares, reforçando a ideia de que os veículos automotores não têm prioridade em relação aos pedestres.

Christian Shaffer, ouvinte tradicional do meu podcast, me procurou para falar sobre a sua empresa (All Traffic Solutions), que desenvolveu uma versão em IoT do radar de velocidade, como dispositivo de moderação do tráfego. Você decerto já viu esses aparelhos nas vias públicas; eles mostram a velocidade real do veículo em comparação com a velocidade máxima permitida no local. Embora esses radares de velocidade já sejam eficazes para reduzir os abusos, a All Traffic Solutions teve uma ideia melhor.

O seu radar de velocidade, componente de sua linha de produtos TrafficCloud, é um produto IoT que não só funciona como dispositivo de moderação do tráfego, como também oferece às cidades informações úteis sobre o que está acontecendo em suas vias públicas. Uma amostra dos dados sobre o tráfego fornecidos pelas redes de sensores produz *heat maps* (mapas de calor) que ajudam a identificar áreas problemáticas, possibilitando, assim, que os órgãos de segurança atuem com mais eficácia.

A história contada por Christian foi sobre como a tecnologia avançada e o novo modelo de negócios da sua empresa impuseram uma reorganização completa do negócio, que ele registrou muito bem em seu livro *Customer Success Is Key: How a Small Manufacturer Transformed into an Internet of Things Solution Provider and Unlocked $ 2 Million in SaaS Revenue*. Uau! O título do livro quase já diz tudo.

A transformação

Para *efetivamente* desenvolver e vender IoT, a empresa deve transformar quase todas as maneiras de fazer negócios. As empresas de IoT, como a All Traffic Solutions, vendem de maneira diferente, comercializam de maneira diferente e dão suporte aos clientes de maneira diferente.

Quando se considera onde o valor é gerado em IoT, tudo envolve software. Marc Andreessen, renomado capitalista de risco e inventor do browser Netscape, afirmou: "O software está devorando o mundo", e não é diferente em IoT. Neste caso, a solução da TrafficCloud transforma dados brutos sobre tráfego de veículos em valor incremental até então não disponível. Portanto, é lógico que, para ser bem-sucedida, uma empresa de IoT deve se tornar uma empresa de software e uma empresa de ciência de dados; e se transformar em empresa de consultoria, porque o seu relacionamento com os clientes muda; além de atuar como parceira de outros fornecedores, para oferecer aos clientes comuns os resultados por eles almejados.

Em alto nível, todas as empresas pertencerão ao setor de computação; o Vale do Silício está avançando nessa direção. Operacionalmente, essas mudanças afetam todos os departamentos: engenharia, dados, fabricação, marketing, vendas, suporte e manutenção, desenvolvimento de negócios, RH e jurídico. A empresa de IoT está se atualizando e se reorganizando para explorar as duas grandes tendências galvanizadas pela Internet das Coisas: o Continuum da Tecnologia de IoT (Capítulo 5) e o Continuum do Modelo de Negócios de IoT (Capítulo 3). Neste capítulo, discutiremos as mudanças operacionais necessárias, departamento por departamento, para efetivamente desenvolver e vender um produto IoT.

Engenharia

Uma nova propriedade intelectual (*know-how*) deve ser desenvolvida para criar um novo produto IoT. Desenvolvimento de software e ciência de dados serão competências centrais de toda empresa de

IoT. Essas atividades não devem ser terceirizadas, mas, se for necessário avançar no curto prazo, certifique-se de ter definido de antemão como trazer de volta para a empresa (*in-house*) a propriedade intelectual.

Alguns de meus clientes não têm desenvolvedores de software, enquanto outros têm mais de 10.000. Contratando gente de fora ou aproveitando o próprio pessoal, o essencial é encontrar o *talento certo*. Em qualquer dos casos, precisamos de desenvolvedores de software com experiência na exploração de produtos e serviços de internet por meio de APIs.

Também há a questão de trabalhar em ambientes em rápida transformação. Nas organizações que fazem produtos físicos, provavelmente haverá talentos de programação internos; muitas vezes, porém, o ritmo desses talentos acompanhará o de seus colegas de hardware, e essa cadência é muito lenta. O software embutido nos produtos IoT será reformulado muitas vezes, durante cada ciclo de desenvolvimento do hardware. Além de competências de programação do software embutido, as empresas de IoT também precisam participar do desenvolvimento de dispositivos móveis, do desenvolvimento de servidores *back-end* e do desenvolvimento de nuvem.

Em vez de adotar modelos tradicionais de cachoeiras em cascata, as equipes de engenharia de IoT devem praticar a filosofia do desenvolvimento ágil. O gerente de produtos IoT conta com enxurradas torrenciais diárias de dados de clientes, nova fonte profusa e indispensável de *input* para a melhoria de produtos. Para capitalizar esse recurso valioso, é necessário ser capaz de iterar e atualizar rapidamente o software dos produtos IoT.

TI/TO

Discutir os tecnicismos das redes de TI (tecnologia da informação) e de TO (tecnologia de operações) (ver Capítulo 13) é mais fácil do que definir para onde vão os recursos na organização. Esse grupo agregado poderia ser parte da organização de TI existente, mas a coesão talvez não fosse das melhores, considerando as prioridades do grupo em manter sistemas de computação, recepcionar dispositivos móveis, constituir VPNs (*Virtual Private Networks*), etc.

Ou pode ser que TI, ou pelo menos a parte relevante de TI, já esteja incluída na área organizacional do grupo de operações. Algumas organizações têm um grupo de operações já constituído para garantir que seus produtos (como a escavadeira sobre rodas, com caçamba, e a rede elétrica inteligente, de IoT) estejam sempre em condições operacionais adequadas. Mas tenho dúvidas sobre a eficácia até dessa hipótese, uma vez que estamos lidando principalmente com tecnologia de redes, enquanto o domínio tradicional do grupo de operações são as operações de negócios.

A agregação desses grupos também envolve outras dificuldades. Além das implicações políticas óbvias, há questões de contabilidade e finanças. TI é um centro de custos, enquanto operações é parte de um centro de receita. É um pouco como misturar óleo e água.

É preciso avaliar separadamente cada situação, mas a melhor estrutura organizacional é reunir as partes relevantes da organização de TI e da organização de operações, e incluí-las na organização de engenharia. Uma vez que parcela considerável desse tipo de trabalho é engenharia de sistemas, que é componente do "produto", faz sentido reunir os recursos de engenharia de TI e TO. Talvez também faça sentido acrescentar um pouco de ciência de dados, embora, como veremos, também haja argumentos fortes para criar um departamento de dados separado, que desenvolva e mantenha esse novo ativo organizacional; e, a propósito, esse é um ativo que começará a aparecer nos balanços patrimoniais com mais frequência.

Fabricação

Em termos de IoT, pode-se argumentar que fabricação, feita na própria empresa (*in-house*) ou por terceiros, deve ser parte de engenharia. Software não é feito com átomos e, portanto, pode ser iterado com muito mais rapidez do que produtos físicos e hardware. Alinhar os diferentes ritmos do desenvolvimento de software e do desenvolvimento de hardware é um desafio para a empresa de IoT, assim como a necessidade de que a fabricação seja orientada pelos dados do cliente. Nada impede que continue sendo uma organização à parte, mas, do ponto de vista operacional, seria melhor enquadrar fabricação dentro de engenharia.

Marketing

Sou fã do marketing movido a dados, tanto para o *inbound* marketing, ou marketing de atração, quanto para o *outbound* marketing, ou marketing de prospecção ativa. Quando eu era VP de marketing, medíamos o custo e o retorno dos investimentos em todos os nossos instrumentos de geração de demanda. Mesmo antes de termos *web analytics*, minha equipe media o custo por *lead* e, quando podíamos, nós o atribuíamos ao custo por venda. Hoje, fazer o Teste A/B para SEO e quantificar as mídias sociais é mais comum, e essa mentalidade movida a dados ou orientada por dados é que precisa ser imprimida no DNA da organização de marketing da empresa de IoT.

A IoT melhora o marketing, enriquecendo-o com dados, muitos dados. O marketing movido a dados de IoT começa com a construção e análise da utilidade e usabilidade do seu produto. Caso você se lembre do Capítulo 2, o modelo de utilidade captura *para que* o produto é usado e o modelo de usabilidade *de que maneira* o produto é usado. Os recursos de marketing são necessários para visualizar e interpretar os dados, tanto para o *inbound* marketing quanto para o *outbound* marketing.

Inbound Marketing (marketing de atração)

Os modelos de usabilidade de software estão aí há anos; eles começaram com a velha escola de código de aplicativo. Antes de tudo se converter em rede, era difícil conseguir esse tipo de dados, a não ser os gerados em grupos de foco, nos quais os usuários eram observados por trás de espelhos unidirecionais e os dados eram extraídos do computador, depois do fato, para análise. Avance rápido umas duas décadas, e a elaboração de modelos de usabilidade de software realmente progrediu nos campos de alto cacife dos sites de comércio eletrônico. Saber como os visitantes navegam no site é de extrema importância quando se trata de conversão – ou seja, quantas pessoas em determinada página da web, com determinado layout, fazem uma compra ou alcançam diferentes objetivos. Tornar a página mais fácil de usar leva a mais vendas.

Outras ferramentas semelhantes de análise e visualização de dados agora podem ser aplicadas a produtos físicos por meio de modelos de usabilidade e de modelos de utilidade mais sofisticados. No marketing de produtos, esses modelos são usados para melhorar os produtos existentes e para criar novos produtos, com base nas ideias encontradas nesses modelos. Os dados desses modelos também podem ser usados para priorizar atributos e atualizações de produtos, e para adotar segmentações e posicionamentos de mercado mais complexos. Se o gestor sabe como o cliente está usando o produto e como o cliente monetiza o produto, essa amarração propicia mais exatidão na precificação do produto e no cálculo do ROI. Pense um pouco. Isso exige um tipo específico de organização de *inbound* marketing, capaz de sujar as mãos com os bits.

Outbound Marketing (prospecção ativa)

Mesmo que os dados do cliente estejam quantificados para o *inbound* marketing, eles também podem ser qualificados para o *outbound* marketing. Os mesmos modelos de utilidade e de usabilidade podem ser usados pelo *outbound* marketing para elaborar mensagens altamente segmentadas. Os programas de *outbound* marketing de IoT movido a dados podem produzir mensagens contextualizadas superpersonalizadas, baseadas em casos de uso do cliente, e sugerir quando enviar a mensagem para vender, por exemplo, um item descartável necessário.

Lembra do exemplo do pneu do modelo de negócios produto-serviço, no Capítulo 3? Não importa que os dados sobre o pneu sejam ou não vendidos como produto de informação – eles podem ser usados por marketing e vendas. Nesse caso, o pneu é um item renovável e, uma vez que sabemos quando os frisos ficam baixos, podemos enviar uma mensagem ao gerente de frota para que ele saiba que os pneus do caminhão X se tornarão inseguros em dois meses e que, se a empresa comprar os pneus para reposição agora, receberá um desconto de 20%.

Vendas

A evolução do modelo de negócios ao longo de seu contínuo (ver Capítulo 3) mudará completamente as vendas. Mudará o que é vendido, como é vendido e a quem é vendido (Quadro 8.1).

Quadro 8.1: A mudança do papel de vendas

	Produto	Produto IoT
O que é vendido	Ferramenta com atributos que resolvem problemas pontuais	Resultado de que o cliente precisa
Como é vendido	Venda de solução	Venda de resultado
A quem é vendido	Usuário/departamento	Usuário/negócio
Valor entregue	Indireto – meio para um resultado final	Direto – o resultado final

No cerne dessas mudanças, encontra-se a capacidade do produto IoT de quantificar o que é importante para o cliente. Com a capacidade de medir o sucesso do cliente, vem a capacidade de ser remunerado com base nesse sucesso. Os vendedores, porém, são "operados por moedas". Depois que se fecha uma venda, parte-se para a seguinte. E tudo bem quanto a isso; é assim que se estrutura a remuneração dos vendedores hoje. Se, porém, essa mentalidade e essa estrutura de remuneração não mudarem no mundo de IoT, estamos desperdiçando uma ótima oportunidade, ou, talvez fosse melhor dizer, uma oportunidade mais lucrativa, que também, por acaso, é a mais valiosa para o cliente. É esse pensamento que muda tudo. Vou explicar.

Em vez de olhar para os pontos de dor, os problemas a resolver, o foco deve mudar para a entrega de resultados, os resultados almejados pelo cliente. Em última instância, o cliente quer mais lucratividade: reduzir os custos, melhorando a eficiência operacional, ou aumentar a receita, melhorando o desempenho operacional, ou ambos. Como isso é feito depende do resultado desejado, mas sempre começa com o alinhamento dos interesses da sua empresa com os interesses do seu cliente.

Alinhando os interesses

Caso isso pareça mais um relacionamento de consultoria do que um relacionamento de transação, é porque é. É um jogo de duradouro que continuará a render dividendos. A conclusão lógica desse tipo de relacionamento é alinhar os modelos de negócios de ambas as partes. Dessa maneira, alinham-se explicitamente os interesses em ambos os lados do relacionamento, no da compra e no da venda, removendo todas as dispersões e futilidades. Essa abordagem desloca a transação, da competição pelo preço para a competição pelo valor e lucro.

Quando um vendedor vende um *gadget*, ele está vendendo alguma coisa com valor indireto, algo que que funciona com outros *gadgets*, para produzir um resultado. É vendido, portanto, ao operador ou usuário do *gadget*, e provavelmente ao chefe da pessoa. Quando um vendedor vende um resultado, trata-se de algo com valor direto, valor que pode ser medido e relacionado com a maneira como afeta o lucro. Essa venda não só inclui o usuário ou operador, mas também é do interesse da pessoa responsável pelo negócio – do dono do desempenho financeiro.

Composição da força de vendas

Esse deslocamento para resultados impõe uma transformação igualmente profunda na composição da força de vendas. Daí a necessidade de um tipo de vendedor diferente, com um conjunto diferente de competências. Lembra mais os serviços para negócios, oferecidos por empresas como a IBM, que evoluiu da venda de produtos para a venda de serviços. A organização de vendas para a empresa de IoT será mais como uma organização de serviços: consultores de negócios trabalhando com os clientes para melhorar o negócio e ser remunerado com base nos resultados. E, em consequência desse foco intenso no negócio do cliente, vendas descobrirá novas oportunidades para fornecer valor, a serem monetizadas como produto, serviço ou resultado.

Customer Success

A mudança de foco no produto para foco no resultado geralmente faz uma pausa no percurso, ao chegar ao modelo de negócios de serviços. Para suportar o modelo de negócios de serviços, deve-se promover o relacionamento contínuo com o cliente de modo a garantir o sucesso do cliente. Uma vez que o modelo de negócios de serviços está sujeito a renovações constantes, deve-se vender reiteradamente ao cliente, para também garantir a renovação do cliente. Não mais feita e consumada, como evento único, a venda precisa ser intencional e proativa. O departamento de *Customer Success* em vendas é responsável por garantir que o cliente extrai o máximo do produto e que o cliente está sempre satisfeito. Dispõe-se de ferramentas para monitorar o uso e o desempenho do produto, mas esse relacionamento deve ser promovido e fomentado pela adição de valor consultivo.

Em termos organizacionais, esse grupo pode ser estruturado de diferentes maneiras. O cargo de Christian Shaffer é diretor de *Customer Success*, chefiando um departamento separado para a já mencionada All Traffic Solutions. Outros considerarão esse departamento parte da organização de vendas existente, separando as duas funções de vendas (captação e manutenção), e ainda outros mudarão a descrição de cargos de todos os vendedores, para nela incluir essas atribuições. Qualquer que seja a estrutura, o retorno é maximizar o valor vitalício do cliente e minimizar a evasão (*churn*).

É importante lembrar que essa função suporta o modelo de negócios de serviços, mesclando vendas tradicionais e consultoria.

Quando se adota o modelo de negócios de resultados, essa organização e toda a função de vendas se converterá quase completamente em consultoria de negócios.

Suporte e manutenção

Ao contrário do que ocorre com os produtos tradicionais, o relacionamento com o cliente não termina abruptamente, quando o produto IoT é vendido. O produto IoT, com a ajuda de seu mecanismo de atualização OTA (*over-the-air*), continua a encantar os clientes, com novas atualizações de produtos, com novos serviços e com *patches* (remendos) de segurança.

Usando a tecnologia de IoT e os dados por ela fornecidos, suporte e manutenção estão se transformando, de reativos e preventivos em proativos, preditivos e, finalmente, prescritivos. Chegar nessa terra prometida envolve a transição do suporte físico para o cibersuporte. O cibersuporte aciona o produto à distância para reparar mecanicamente o problema ou para entregar atualizações ou *patches* de software. Essa mudança exige um tipo diferente de pessoal de suporte, que, como todos os outros empregados, serão movidos a dados e serão usuários da análise de dados.

Embora o suporte seja cada vez mais virtual, a necessidade de mandar pessoal para o campo com ferramentas não desaparecerá de todo. Com a análise de dados, esse processo se tornará mais eficiente, com o envio do pessoal certo, que já conhece o problema e que leva para a visita as ferramentas e os componentes necessários para o conserto.

Desenvolvimento de negócios

Em IoT, nenhuma empresa pode fazer tudo. Seja GM, GE ou Intel, toda empresa precisa formar parcerias com outras, a fim de cumprir a promessa da IoT. Nenhuma empresa tem a amplitude horizontal da tecnologia para abranger sensores e análise de dados, e nenhuma empresa tem conhecimento especializado suficiente, em todas as cadeias verticais, necessário para fornecer uma solução com profundidade suficiente.

A tecnologia de IoT possibilita que produtos físicos de diferentes fornecedores trabalhem juntos, em benefício do cliente, mas serão os negócios que impulsionarão os relacionamentos empresariais necessários para promover e remunerar as conexões. O objetivo final é um ecossistema, mas as parcerias podem começar de maneira menos formal, por meio do desenvolvimento de negócios. Com a abordagem de resultados, determine quais seriam os participantes ideais do seu ecossistema e recorra a *biz dev* (ou *business development*) para promover os relacionamentos iniciais de vendas e marketing, e, depois, de desenvolvimento.

Os ecossistemas se tornarão cada vez mais importantes, não só para preencher lacunas tecnológicas, mas também para posicionar estrategicamente a sua empresa no setor de atividade. A consolidação não consistirá apenas em que empresas ofereçem a melhor solução técnica, mas abrangerá também que empresas ofereçem a melhor solução de negócios. Consórcios como Open Connectivity Foundation, Industrial Internet Consortium, e outros, são de importância estratégica não por causa de sua estrutura técnica, mas em razão de sua estrutura de negócios. Isso começa com a eliminação das barreiras entre empresas participantes e a adoção dos modelos de negócios compartilhados para comercializar o ecossistema.

Os ecossistemas se constituem e se mantêm em operação por meio dos esforços de desenvolvimento de negócios.

Departamento de dados

O departamento de dados tem duas funções – ciência e análise. Os cientistas de dados precisam ser proficientes em estatística e programação. Os analistas de dados devem ser proficientes em estatística e ser capazes de interpretar os números e contar as histórias que os compõem – histórias relacionadas com valor. As competências necessárias podem ser agrupadas em dois conjuntos. As competências do primeiro conjunto são técnicas e poderiam confortavelmente se acomodar em engenharia. As competências do segundo conjunto são focadas em negócios e poderiam facilmente se instalar na linha de negócios da organização do CIO (Chief Information Officer).

Em médio e longo prazo, no entanto, acredito que todas as organizações estarão em melhores condições se cindirem o departamento de dados, como unidade organizacional à parte. Esse departamento de dados estará alinhado com a criação de valor e, nessas condições, deve ser liderado por um executivo-chefe de dados, o CDO (Chief Data Officer) para consolidar a estratégia de coleta, agregação e análise de dados.

Qualquer que seja a estrutura hierárquica, esse departamento é fundamental em todas as empresas, razão por que a culinária do "molho especial" (receitas de dados) não deve ser terceirizada. Essa arte deve ser cultivada *in-house*, junto com o resto da PI (propriedade intelectual) da organização. A ciência e a análise de dados devem se tornar competência central de toda empresa de IoT. Acredito com tanta convicção na necessidade e no valor dessa vocação que estou encorajando meu filho, Chase, a considerar a análise de dados como carreira profissional. Ele está na escola de ensino médio e, como eu na mesma idade, ainda não tem um rumo certo. A ciência e a análise de dados serão fundamentais em todos os setores de atividade, oferecendo muitas opões e flexibilidade.

Recursos humanos

As empresas movidas a dados não só terão de recrutar novos tipos de talentos, como desenvolvedores de software e cientistas de dados, mas também precisarão instilar em todos os empregados a mentalidade movida a dados, treinando-os nas novas competências associadas a dados (ver Quadro 8.2). Como vimos, a maneira de coletar e consumir dados numa organização de IoT é a principal fonte de vantagem competitiva. Quando IoT cria novas funções, ela também torna obsoletas e redundantes outras posições. Essa tendência salienta a importância de um programa de treinamento do pessoal para valorizar certos cargos e reciclar os empregados para outros.

À medida que novos profissionais de desenvolvimento de software e de ciência de dados são admitidos na organização, competirá a RH promover e gerenciar as mudanças culturais daí decorrentes. Não é realístico, nem autêntico para uma empresa manufatureira tradicional se transformar numa Twitter ou Google, mas ela terá de se inspirar nos exemplos de empresas de alta tecnologia sobre como deverá transformar sua cultura para acomodar esses novos tipos de profissionais. Como a demanda por esse pessoal será muito grande, a nova empresa de IoT deve criar um ambiente que seja competitivo e familiar para profissionais de alta tecnologia. Essas mudanças podem ser opressoras, mas elas começarão de maneira lenta e incremental, aglutinando-se em torno das novas competências de desenvolvimento de software e de ciência de dados.

> ### Quadro 8.2: Necessidade de novo conjunto de competências
>
> **1.** Desenvolvedores de aplicativos: desenvolver aplicativos de produtos definidos por software.
>
> **2.** Engenheiros e programadores: gerenciar redes, nuvem, bancos de dados, sensores.
>
> **3.** Profissionais de segurança: zelar pela segurança da web, da nuvem, das redes e dos sistemas.
>
> **4.** Cientistas/analistas de dados: criar e interpretar a análise de dados.
>
> **5.** Arquitetos de soluções: desenvolver modelos com conhecimentos especializados e competências avançadas em análise de dados.
>
> **6.** Designers de UX (experiência do usuário): incorporar a informação no design e na experiência.
>
> **7.** Profissionais de marketing de *big data*: sintetizar a análise de dados e empacotá-la para programas *inbound/outbound*.
>
> **8.** Consultores de negócios: trabalhar em todos os níveis da organização do cliente, para agregar valor ao negócio.

Jurídico

Embora os dados sejam um ativo, eles também são contingências legais a serem gerenciadas. A responsabilidade por dados em termos de privacidade, segurança física, acordos contratuais, perdas financeiras e reputação da marca exige um conjunto diferente de competências jurídicas, que podem ser desenvolvidas *in-house* ou encontradas fora.

★ ★ ★

Agora que percorremos todos os departamentos da empresa de IoT, vamos passar para os requisitos. Uma vez que os requisitos dos produtos IoT envolvem mais que somente o produto, o próximo capítulo adota uma abordagem de 360°, para considerar todos os aspectos de negócios da empresa de IoT ao definir os requisitos de seus produtos.

‹ CAPÍTULO 9 ›

Definição dos requisitos do seu produto IoT

Fazer a bisteca certa é tanto ciência quanto arte culinária. Nessas condições, a frigideira é um exemplo divertido de um produto IoT. Este capítulo lhe mostrará, passo a passo, como desenvolver os requisitos do seu produto IoT. O exemplo de IoT comercial deste capítulo foi escolhido por ser aplicável também à IoT de consumo. Este capítulo também atende ao propósito secundário de rever boa parte do material deste livro, acionando-o e colocando-o em prática.

Cozinhar a bisteca perfeita com IoT

As três características que definem a bisteca perfeita são sabor, textura e suculência. Se compreendermos a ciência da culinária de carne, poderemos quantificar cada característica em uma receita matemática.

Crestar a bisteca serve a dois propósitos: matar os patógenos na superfície e desenvolver a textura. A textura dourada decorre da reação de Maillard, em que os açúcares e aminoácidos se combinam numa reação química para criar novos compostos flavorizantes, semelhante ao que acontece quando se tosta o pão. Para provocar a reação de Maillard, a superfície externa da carne deve alcançar a temperatura de 180° C.

A estrutura e a textura interna da carne se alteram quando as proteínas que compõem as fibras do músculo mudam de forma à medida que são aquecidas. Essa temperatura de "desnaturação" é diferente para cada proteína. Em geral, considera-se que a temperatura que dá à bisteca melhor sabor e textura é bastante alta para desnaturar as proteínas do tipo miosina, mas não demasiado alta para desnaturar as proteínas do tipo actina. Essas especificações demarcam a temperatura na faixa específica de 50° C - 65° C (ver Tabela 9.1).

Tabela 9.1: Cozimento da carne por temperatura

Malpassada	55° C
Meio malpassada	57° C
No ponto	63° C
Meio bem-passada	71ª C
Bem-passada	77° C

Para produzir uma bisteca macia e suculenta, o chef deve romper o colágeno, ou seja, as fibras e os ligamentos que compõem o tecido conjuntivo da vaca. Esse processo se estende de 60° C a 90° C; no entanto, há um equilíbrio sutil. O processo de derretimento do colágeno em gelatina confere à carne uma textura cremosa e mais saborosa, mas também espreme líquidos, tornando-a menos úmida e mastigável. Para manter a suculência, a temperatura interna não pode subir muito rapidamente.

Exatidão nos queimadores do fogão

O alimento é cozinhado pela temperatura; porém, ao contrário do forno, os queimadores do fogão geralmente não medem a temperatura. Assim sendo, a fritura de alimentos exige experiência e sensibilidade. As receitas de forno são quantitativas: "Cozinhe a 180° C por 20 minutos". Já as receitas para o topo de fogão são qualitativas: "Cozinhe à temperatura média por 20 minutos". A frigideira IoT muda essa situação.

A frigideira IoT, composta de uma superfície de fritura e de um aplicativo, mede a temperatura interior e exterior da carne por meio de sensores e de análise de dados, e o aplicativo de software orienta a execução da receita, passo a passo, fornecendo instruções sobre como ajustar a temperatura, em sincronia com os momentos de adicionar diferentes ingredientes.

Visão 360°

A descrição dos requisitos de IoT define as funções de IoT do produto. Tradicionalmente, os requisitos do produto equivalem às necessidades do cliente. No caso dos produtos IoT, porém, a situação é diferente. Em razão de sua natureza e de suas capacidades, adotamos uma visão 360° dos requisitos, considerando não só o cliente, mas também outros aspectos fundamentais do negócio. Essa é uma abordagem de cima para baixo, que começa com o valor e, em seguida, identifica os requisitos do modelo, os requisitos do aplicativo e os requisitos da análise de dados necessários para cumprir a proposta de valor e outros objetivos de negócios.

Já estive aqui nos dois lados da mesa. Quando eu era desenvolvedor, ficava louco ao partir de requisitos confusos para depois ter de reformulá-los durante a programação. Quando eu era CEO, impus a disciplina de um processo de especificação rigoroso, e todos se beneficiaram com a mudança. Isso dito, é importante reconhecer que há sempre espaço para pesquisa em tecnologia, o que o impede de trancar demais as coisas, a ponto de não dar margem para inovações, além das que estão sendo pedidas pelo cliente. Dependendo, porém, do estágio da empresa, confiar nos clientes mais do que nos palpites é uma orientação sensata. Uma lista clara e concisa baseada nas sugestões dos *prospects* vale ouro.

Como o plano de negócios, a primeira versão da descrição dos requisitos é redigida com base nas ideias do pessoal interno, depois da ideação e antes de qualquer tipo de desenvolvimento (ver Figura 9.1). Até pode haver um laboratório de IoT para experimentação, mas o software, o firmware e o hardware do produto IoT não devem ser iniciados de maneira séria até a conclusão dessa primeira versão da descrição dos requisitos (ver Capítulo 10).

Uma vez redigida, a descrição dos requisitos de IoT não fica talhada em pedra. Muito ao contrário. Como parte do processo de desenvolvimento enxuto, ela será avaliada e alterada a cada marco significativo, mediante interação com os clientes potenciais, parceiros e *stakeholders* internos. Pense nesse documento vivo como uma bússola, apontando para a direção certa, mas não impondo o caminho exato. Quanto mais você avançar no ciclo de desenvolvimento, mais claro será o caminho, refinado ao longo do percurso por diferentes interações com os *stakeholders*. Evidentemente, o processo de descrição dos requisitos de IoT se destina a ampliar as especificações já definidas, não a substituí-las.

Não vamos elaborar aqui uma lista exaustiva dos requisitos da frigideira IoT – não seria prático, nem útil. Em vez disso, focaremos em como identificar os diferentes tipos de requisitos.

Tabela 9.2: Requisitos durante a pré-produção

Requisitos	1.0		2.0	3.0	4.0	5.0	
Pré-produção							Produção
Conceito	Ideação	POC (*)		Protótipo/ Piloto	MVP (*)		

(*) *Proof of Concept* (prova do conceito)
(*) *Minimum Viable Product* (Produto Viável Mínimo) - MVP

Principais requisitos a considerar

A definição de nossos requisitos de IoT desencadeou um processo (apresentado na Tabela 9.2) em que examinamos os principais aspectos do negócio, fazendo três perguntas a cada passo:

→ Que dados precisamos para o modelo?
→ Que tarefas o aplicativo deve executar?
→ Que resultados esperamos da análise de dados?

Quadro 9.1: Processo de 360° para identificação de requisitos

Examine os cinco principais aspectos do negócio:

- Passo 1: Valor
- Passo 2: Monetização
- Passo 3: Resultado
- Passo 4: Setor
- Passo 5: Operações

Para cada passo, determine:

- Requisitos do modelo
- Requisitos do aplicativo
- Requisitos da análise de dados

Requisitos do modelo

Começamos perguntando: "Que informações precisamos para suportar o nosso modelo?" (ver Capítulo 11). Sabendo que se cria informação com a transformação dos dados de um produto IoT, a pergunta logo se torna: "Que dados precisamos para produzir essa informação?". Esses são os dados que precisamos coletar, influenciando os sensores que compraremos e os sistemas externos a que nos conectaremos pela internet. Esses dados são transformados pelo aplicativo e pela análise de dados.

Requisitos do aplicativo

O aplicativo (ver Capítulo 11) é a lógica do produto, a funcionalidade do produto. É a interface humana com o cliente e com o usuário final, e também é a ciberinterface com os sensores e com os sistemas externos, coordenando em última instância o tráfego de dados do e para o modelo e a análise de dados. Esses requisitos definem que software precisa ser desenvolvido, não como o software é desenvolvido, nem onde na trama da computação (embutida, névoa, móvel ou nuvem) ele reside.

Requisitos de análise de dados

Para desenvolver nossa análise de dados (ver Capítulo 15), percorremos os principais aspectos do negócio e perguntamos: "O que precisamos fazer com os dados para torná-los valiosos?" Consideramos três classes de análise de dados: análise de dados para extrair *insights* do passado, a análise de dados para tomar decisões no presente e a análise de dados para fazer previsões sobre o futuro. Quando interpretado tecnicamente, esse processo influenciará a arquitetura do aplicativo, o ambiente de desenvolvimento, o banco de dados usado e, evidentemente, os pacotes de análise de dados com que precisamos interfacear.

Principais aspectos do negócio a considerar

Para definir nossos requisitos, percorremos cinco áreas essenciais do negócio, uma de cada vez:

- → **PASSO 1: Valor.** De que precisamos para fazer melhor o nosso produto, operar melhor o nosso produto, suportar melhor o nosso produto, e fazer novos produtos? Esse passo começa com a modelagem do valor.
- → **PASSO 2: Monetização.** De que precisamos para suportar o nosso modelo de negócios e para interpretar o modelo de negócios dos nossos clientes? E há alguma coisa que devemos planejar hoje para atender às necessidades futuras do modelo de negócios, à medida que evoluem ao longo do Continuum do Modelo de Negócios de IoT?
- → **PASSO 3: Resultado.** De que precisamos para descobrir o resultado almejado pelo cliente? Isso significa explorar atores externos, porque não podemos fazê-lo sozinhos.

···→ **PASSO 4: Setor.** De que precisamos para suportar nossa estratégia? O que é necessário para posicionar a nossa empresa na direção certa e nos dar vantagem competitiva?

···→ **PASSO 5: Operações.** De que informações precisamos para melhorar as operações da nossa empresa? Um produto IoT bem-sucedido leva em conta as necessidades internas de todos os departamentos da nossa empresa e, no processo, ajuda a criar uma empresa de IoT bem-sucedida.

Segurança

Os requisitos de segurança devem ser considerados horizontalmente. Não se trata de um passo separado; em vez disso, os requisitos de segurança são definidos dentro de cada um dos cinco principais aspectos do negócio. Além de ser parte do projeto original (segurança no projeto), também consideramos a segurança em cada marco do processo de desenvolvimento. A segurança é analisada com mais detalhes no Capítulo 16 e no contexto do gerenciamento de riscos.

Requisitos da frigideira IoT

Cozinharemos a bisteca perfeita para definir os requisitos da frigideira IoT, percorrendo os cinco aspectos do negócio, para definir os requisitos do modelo, do aplicativo e da análise de dados. Terminamos consolidando os requisitos na primeira versão da descrição dos requisitos de IoT, que, com a primeira versão do plano de negócios, é apresentado aos *prospects*.

Para fins ilustrativos, os requisitos da frigideira IoT considerarão os aplicativos comerciais e de consumo. Essa abordagem provavelmente gerará um produto Frankenstein, com muitos atributos comerciais para o cozinheiro e muitos atributos de consumo para o chef profissional (que passaremos a chamar também de cozinheiro no restante deste capítulo); mas, tudo bem – neste capítulo, ele terá exatamente o número certo de atributos.

Passo 1: Valor

O primeiro passo na definição dos requisitos da frigideira IoT (ver Figura 9.1) é considerar o valor incremental por ela gerado. Analisamos amplamente a modelagem do valor neste livro, com exemplos que, deliberadamente, focaram em apenas um dos quatro métodos de geração de valor. No método de 360°, consideraremos a geração do valor sob todas as perspectivas: fazer melhor a frigideira, operar melhor a frigideira, suportar melhor a frigideira e criar novos produtos de informação relacionados com a frigideira.

Começamos qualificando a proposta de valor da frigideira IoT: *Sempre fritar com perfeição a comida.*

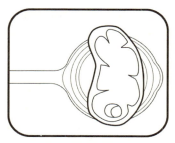

Figura 9.1: A frigideira IoT

Requisitos do modelo

Quantificamos, então, a proposta de valor para criar o cibermodelo com a modelagem do valor. Fritar cada tipo de comida é função da temperatura e do tempo de cozimento, assim como do peso e do volume da comida. A função matemática exata do modelo não é nossa atribuição, mas, idealmente, devemos ser capazes de identificar cada dado necessário a ser coletado. O modelo de alto nível para a fritura de comida é:

Fritura = f(tipo de comida, temperatura, tempo, peso, volume).

Essas cinco variáveis devem ser coletadas diretamente como dados ou calculadas com base em dados de cada receita que oferecemos. Também precisamos de um modelo de utilidade e usabilidade para a nossa frigideira IoT.

Requisitos do aplicativo

A receita para cozinhar a bisteca perfeita, aliás, qualquer outra comida, é controlar as variáveis controláveis e medir as variáveis incontroláveis. Na frigideira IoT, teremos um aplicativo diferente para cada receita de bisteca. O aplicativo deve guiar o cozinheiro na execução da receita, para controlar o tempo e a temperatura de cozimento, assim como gerenciar os ingredientes e a frigideira. Também deve haver uma oportunidade de suporte ao cliente. O aplicativo efetivamente acompanha o cozinheiro no percurso da receita, mas talvez valha a pena pagar pelo suporte de um chef pessoal para conduzir o cozinheiro nas partes mais traiçoeiras do processo.

Requisitos da análise de dados

Os requisitos da análise de dados abrangem análises sobre futuro, presente e passado. Na análise do futuro precisamos correlacionar receitas com resultados para fazer previsões. Nesse caso, devemos correlacionar cada receita com a qualidade da refeição produzida. Como essa avaliação é subjetiva, temos de acrescentar outro requisito ao aplicativo: uma enquete inquirindo o cozinheiro sobre o resultado da receita. Os requisitos da análise de dados devem correlacionar as variáveis controláveis em nosso modelo do valor com cada enquete diferente; ou seja, como ficaram as bistecas grelhadas teriyaki quando as variáveis por tipo de comida, temperatura, tempo, peso e volume tinham esses valores? Os resultados nos capacitarão a melhorar as receitas e prever como ficará a comida sob diferentes condições (diferentes condições de variáveis).

Atualmente, precisamos analisar, em tempo real, a temperatura interna da comida. Como no caso da bisteca, esse aspecto é fundamental em qualquer receita. É importante considerar nessa análise o tipo de comida, a temperatura na superfície, o volume e o peso.

Para analisar o passado, combinamos nosso conhecimento sobre o uso da frigideira e as receitas para classificar nossas receitas, além da simples consideração dos ingredientes. Por exemplo, as receitas devem ser classificadas por popularidade, por demografia (geografia, idade do cozinheiro, etc.), rapidez do preparo, custo de execução, e outros. Essas mesmas informações podem ser usadas como base para um mecanismo de recomendações.

Os requisitos do Passo 1 estão resumidos na Tabela 9.3.

Tabela 9.3: Resumo dos requisitos do Passo 1

	Modelos e dados a coletar	Aplicativo	Análise de dados
Passo 1	Para cada receita: Fritura = f (tipo de comida, temperatura, tempo, peso, volume). Modelo de utilidade. Modelo de usabilidade.	Desenvolver diferentes aplicativos para cada receita. Acompanhar o cozinheiro no percurso de cada receita em dispositivo móvel. Inquirir o cozinheiro sobre o resultado da receita. Usar recursos de chat, áudio ou vídeo, para suporte.	Construir modelos de "resultados", associando variáveis a resultados de enquetes. Estimar a temperatura interna da comida. A análise descritiva opera em modelos de uso. Hiperclassificação da receita (para mecanismo de recomendações).

Passo 2: Monetização

O segundo passo na definição dos requisitos é identificar as informações necessárias para suportar o modelo de negócios, não só no dia do lançamento, mas também à medida que ele evolui com o tempo, no Continuum do Modelo de Negócios de IoT. Nesse contexto, outra consideração correlata é o modelo de negócios do cliente. Como seus clientes são remunerados? Você tem como medir os componentes do modelo de negócios deles para ajudá-los a ser remunerados? Você pode medir ou calcular alguns dos KPIs (indicadores-chave de performance) dos clientes? Há alguma outra coisa que você possa medir para economizar o dinheiro do cliente ou levá-lo a ganhar mais dinheiro? E, finalmente, qual é o modelo de negócios dos seus concorrentes? Será que o seu produto poderia gerar alguma informação que lhe proporcionasse alguma vantagem competitiva nessa dimensão?

Para começar, devemos indagar como venderemos a frigideira, hoje e no futuro. Vamos percorrer cada um dos cinco estágios do Continuum do Modelo de Negócios de IoT para ver o que faz sentido no nosso negócio e no negócio do cliente.

Modelo de negócios de produtos

No modelo de negócios de produtos, estamos vendendo apenas a frigideira e incluindo receitas, mas, como no exemplo da Tesla, no Capítulo 2, forneceremos periodicamente novos *upgrades* (receitas) para dar-lhe aquele cheiro de carro (frigideira) novo (nova).

Modelo de negócios de produtos-serviços

O modelo de negócios de produtos-serviços é semelhante, exceto quanto ao ponto de que vendemos a frigideira mais serviços opcionais, ou produtos de informação. Já analisamos um serviço de informação, o das receitas. E, se vendemos receitas, quais devemos vender? As melhores, evidentemente. Talvez seja o caso de fornecer uma lista das receitas mais populares e deixar que nossos cozinheiros decidam quais baixar. Também poderíamos analisar o estoque de ingredientes na cozinha, para definir que receitas poderiam ser executadas sem ter de ir à loja. Ou poderíamos vender receitas especializadas, para diabetes ou para atletas, por exemplo. E ainda poderíamos produzir todas essas receitas nós mesmos ou recorrer a receitas populares da web.

Quais são os nossos requisitos até agora? Nos primeiros dois modelos de negócios, precisamos de uma maneira de carregar novas receitas no aplicativo, adotando um mecanismo de atualização *over-the-air* (OTA). Também precisamos de uma maneira de nos comunicar com o cozinheiro; portanto, outro requisito é captar o e-mail e as preferências dele ou dela e desenvolver um método de enviar-lhes e-mails. Precisamos de análise de dados para definir quais são as melhores receitas e rever nosso estoque de ingredientes, para verificar quais são as nossas disponibilidades. E também precisamos nos conectar com certos sites para baixar receitas.

Modelo de negócios de serviços

Vamos dar uma olhada agora no modelo de negócios da frigideira como serviço. Aqui, não estamos vendendo o hardware; estamos vendendo, isso sim, o ato de cozinhar – o serviço prestado pela frigideira. Esse modelo de negócios poderia ser monetizado por KPIs de interesse da cozinha comercial, como o número de vezes em que a frigideira é usada ou o tempo total de uso da frigideira. Nossos requisitos serão medir os dois.

Modelo de negócios de serviços-resultados

Vamos considerar agora o modelo de negócios de serviços-resultados. Qual é o resultado, nesse caso, e será que podemos cobrar por esse resultado? Em contraste com o uso da frigideira, que é medido para o modelo de negócios de serviços, o resultado almejado é uma refeição completa, razão pela qual precisamos acompanhar o número de refeições completas. Em geral, nesse modelo de negócios, o dinheiro flui, em parte, como pagamento por serviços e, em parte, como porcentagem da redução de despesas ou do aumento de receitas.

Começando com a eficiência, as variáveis envolvidas são economias nos ingredientes, na energia e no tempo do cozinheiro. Não sei ao certo se a economia de ingredientes é relevante para o modelo de negócios, mas, em geral, ela será útil para atribuir custos aos ingredientes usados, o que tem implicações para o modelo, para o aplicativo e para a análise de dados. Medir o consumo de energia envolve medir o tempo de uso da frigideira e os custos de energia. E o tempo do cozinheiro é um pouco mais amplo do que apenas o tempo de uso da frigideira, motivo pelo qual também pode ser requisito do aplicativo.

Olhando para a primeira linha do resultado financeiro para o chef profissional, reconhecemos que gerar mais receita significa preparar mais refeições no mesmo tempo ou cobrar mais por cada refeição. Já estamos medindo o tempo de uso; logo, também devemos considerar o número de refeições preparadas.

Modelo de negócios de resultados

Os requisitos para o resultado de preparar uma refeição completa foram analisados no modelo de negócios anterior, mas o próximo passo, o Passo 3, vai muito mais longe na entrega do resultado no sentido mais amplo; portanto, vamos esperar até lá.

Os requisitos do Passo 2 estão resumidos na Tabela 9.4.

Passo 3: Resultado

O terceiro passo na definição dos requisitos do produto o obriga a olhar além do produto e a ampliar seu raciocínio para incluir todos os aspectos envolvidos em ajudar os clientes a alcançar os resultados almejados. O que os clientes fazem com o seu produto e que outros produtos os clientes compram, relacionados ou não com os seus, para alcançar os objetivos deles? Defina os dados que você pode captar, os atributos que você deve adicionar e a análise de dados a ser executada, para interfacear com outros produtos e serviços que ajudariam os clientes a alcançar os resultados pretendidos.

As pessoas não querem frigideiras; estas são meios para um fim. Elas querem o que a frigideira faz. Nesse caso, o que os clientes almejam são refeições, de preferência, refeições saudáveis e deliciosas, e também digamos que desejam refeições que possam ser preparadas com rapidez. O que mais, além da frigideira em si, contribui para esse resultado de refeições saudáveis e rápidas... no presente e no futuro?

Tabela 9.4: Resumo dos requisitos do Passo 2

	Modelos e dados a coletar	Aplicativo	Análise de dados
Passo 2	Popularidade da receita. Tempo de uso da frigideira. Número de refeições completas. Modelo da receita de ingredientes. Modelo de inventário dos ingredientes do cliente.	Criar receitas especializadas. Captar endereços de e-mails e informações sobre os clientes. Enviar e-mails para os clientes. Conectar-se com sites de receitas ou com serviços de dados de receitas on-line para obter receitas externas. Usar mecanismos de atualização OTA. Monitorar o número de vezes em que a frigideira é usada e a duração de cada uso. Conectar-se com o estoque interno de ingredientes, se houver. Conectar-se com o serviço de dados da mercearia para obter o preço e o estoque de cada ingrediente. Conectar-se com o serviço de dados da empresa de serviços de utilidade pública para obter custos da energia. Rastrear o tempo durante o qual o cozinheiro interage com a receita (tempo total gasto pelo cozinheiro).	Identificar as receitas mais populares do passado. Calcular o custo de cada ingrediente usado em cada receita. Analisar o estoque da cozinha. Calcular o custo de cada receita.

Vamos recuar e analisar a sequência de eventos que devem ocorrer para alcançar esse resultado. Seja para o profissional no restaurante ou para o amador na cozinha, o *pipeline* total para esse resultado é:

Compra > Preparação > Culinária > Refeição > Limpeza

Para fazer essa bisteca deliciosa, todos os ingredientes devem estar disponíveis. A bisteca deve estar preparada, juntamente com os pratos paralelos. O passo seguinte é onde entram a frigideira e outros utensílios – para cozinhar a refeição. A refeição é comida e, então, tudo deve ser lavado, guardado, pronto para uso em outra oportunidade.

Ao observar os requisitos sob a perspectiva de resultado, precisamos examinar todos os produtos e serviços que são parte do *pipeline*. Para alcançar o resultado, será fonte de valor conectar a frigideira com outros produtos e serviços do *pipeline*. Evidentemente, este exemplo se destina apenas a propósitos ilustrativos. Reflita sobre o seu produto, sobre o *pipeline* total de que ele é parte e sobre os outros produtos com que o seu produto deve conectar-se para entregar o resultado almejado.

Quanto mais você puder fazer para integrar o seu produto, nesse caso, a frigideira IoT, no *pipeline* total, maior será o valor fornecido pela frigideira. Vamos examinar cada sequência no *pipeline*, na nossa busca de requisitos.

Compras

A nossa frigideira IoT poderia elaborar uma lista dos ingredientes necessários para fazer todas as receitas planejadas na semana. Para tanto, é preciso que o nosso aplicativo se engate num aplicativo de compras ou se conecte diretamente com uma mercearia para comprar os ingredientes on-line e providenciar a entrega.

Preparação

Durante o estágio de preparação, o chef talvez queira que a balança fique conectada com uma balança de cozinha ou com outros aparelhos de cozinha para aprimorar o processo de culinária.

Culinária

Na fase de culinária, a frigideira não será o único utensílio usado. Para promover a sincronização ou o intercâmbio de informações, precisaremos nos conectar com outros utensílios inteligentes, que sejam parte da nossa linha de produtos ou, depois, da linha de produtos dos parceiros.

Refeição

Não seria de esperar que a IoT se envolvesse na refeição em si, mas o engraçado é que isso é possível. Já estamos falando de um avanço, mas se a nossa descrição de valor incluísse perda de peso, a nossa frigideira poderia conectar-se com talheres inteligentes para monitorar e, se for o caso, corrigir o ritmo de degustação e controlar os bocados e a ingestão. Sim, já se encontram à venda talheres inteligentes... pelo menos por enquanto.

Limpeza

A limpeza é a última fase. A conexão com uma lavadora de louça e talheres poderia ser um benefício, assim como a conexão com um serviço de lavagem, que recolhe pratos, travessas e utensílios sujos e o substitui por outros limpos. Logística à parte, quem não gosta de serviço de quarto?

Alguns desses exemplos de resultados são um pouco ambiciosos... ou não são? Em todo caso, esse não é o ponto. O ponto principal é a metodologia – o raciocínio. O olhar sobre os resultados descortina o panorama geral e ajuda a identificar as conexões possíveis entre o seu produto IoT e outros produtos IoT, aplicativos e serviços de dados.

Os requisitos do Passo 3 estão resumidos na Tabela 9.5.

Tabela 9.5: Resumo dos requisitos do Passo 3

	Modelos e dados a coletar	Aplicativo	Análise de dados
Passo 3		Conectar-se com um ou mais aplicativos de compras on-line para adquirir ingredientes.	
		Conectar-se com serviço de mercearia para adquirir ingredientes.	
		Conectar-se com balanças de cozinha on-line e outros aparelhos de cozinha conectados.	
		Conectar-se com outros utensílios de cozinha de internet.	
		Conectar-se com gadgets de internet.	
		Conectar-se com serviços de limpeza.	

Passo 4: Setor de atividade

O quarto passo da identificação de requisitos refere-se ao setor de atividade e como ele mudará ao longo do tempo. Nos passos anteriores, olhamos para outros produtos; neste passo, olharemos para outras organizações. Essas são as organizações com que (e contra as quais) trabalharemos, a fim de aumentar o valor total para nossos clientes. Que empresas são ou podem ser parte da sua cadeia de suprimentos? Que empresas são ou podem ser parte do seu processo de distribuição? Com que empresas você deve trabalhar para entregar o resultado almejado pelo cliente?

Para começar, use o raciocínio esboçado no Capítulo 5 para identificar os possíveis parceiros, concorrentes e consolidadores da sua empresa e, então, defina os requisitos do seu produto para desenvolver relacionamentos com os principais parceiros e consolidadores e rechaçar os concorrentes. Sem dúvida, plataformas e ecossistemas também entrarão em ação. O objetivo com esse conjunto de requisitos é prever o que pode ser feito agora para posicionar sua empresa rumo a um lugar mais competitivo no futuro.

Parceiros

Com que empresas devemos interfacear para tornar nossa frigideira IoT um sucesso hoje e amanhã? Juntos, talvez não sejamos capazes de entregar todo o resultado, mas as parcerias são o passo certo para os ecossistemas, que entregam resultados. Os atores dominantes que oferecem aparelhos de cozinha ou até gadgets, usados antes, durante, ou depois da fase de culinária são nossos alvos de parcerias. O que seria necessário para interfacear com os produtos, ou serviços, ou plataformas deles?

Concorrentes

Será que há requisitos a serem incluídos que nos dariam uma vantagem competitiva em relação aos concorrentes – atuais ou futuros? No caso da frigideira IoT, um concorrente direto é o termômetro de comida conectado, que, de muitas maneiras, simplifica o ato de medir a temperatura interna da nossa bisteca. Basta espetá-lo e medir. Portanto, talvez seja bom fornecer um grande número de receitas em que o termômetro de comida seja difícil de usar. O foco em receitas para pratos confeccionados em uma única panela, como massa, estrogonofe de carne ou cozidos seria uma maneira de posicionar positivamente a frigideira com base na definição de requisitos.

Consolidadores

Agora, vamos pensar no longo prazo, descortinando o panorama geral. Que organizações poderiam acabar sendo os consolidadores? Ou seja, que empresas ou grupos têm o tamanho e o foco capazes de oferecer uma plataforma e um ecossistema para a cadeia vertical de seu setor de atividade? Nesse caso, uma vez que a cozinha é um subconjunto da casa, grandes atores do setor de casas inteligentes seriam ótimos pontos de partida. A esta altura, Amazon, Google, Apple e Samsung estão lutando para controlar o ecossistema de casas inteligentes, além de dezenas de outras empresas que oferecem produtos pontuais para a casa inteligente.

Os consórcios são outro lugar onde procurar consolidadores e fornecedores de ecossistemas. Às vezes, apoiados por grandes empresas e às vezes não, organizações como a Open Connectivity Foundation estão tentando estabelecer a própria plataforma de casa conectada, através de suas bibliotecas associadas e ambientes de desenvolvimento.

Sejam empresas ou não, o que é necessário para "trabalhar" com esses consolidadores? Em todos os casos, trabalhar com esses consolidadores significa suportar suas plataformas de IoT, APIs e ambientes de desenvolvimento.

Esse é um jogo fechado. As parcerias levam a ecossistemas, que entregam resultados. Os ecossistemas têm espaço finito. E organizações que não são seus concorrentes hoje podem se tornar seus maiores concorrentes. Em todos os casos, aproximando-se de parceiros e consolidadores ou afastando-se dos concorrentes, o exercício é o mesmo: quais são os requisitos dos modelos, dos aplicativos e da análise de dados para suportar a estratégia?

Os requisitos do Passo 4 estão resumidos na Tabela 9.6.

Tabela 9.6: Resumo dos requisitos do Passo 4

	Modelos e dados a coletar	Aplicativo	Análise de dados
Passo 4	Integrar com a plataforma escolhida.	Interfacear com a plataforma (geral, casa inteligente ou cozinha inteligente) preferida. Conectar-se com outros aparelhos e gadgets conectados. Focar em receitas de pratos incompatíveis com termômetros.	Interfacear com a plataforma escolhida.

Passo 5: Operações

Vamos considerar agora os requisitos de um ponto de vista interno. O quinto e último passo da definição dos requisitos do seu produto IoT é relativo a melhorar a sua organização. Neste passo, perguntamos: "Que informações o nosso produto IoT pode fornecer que sejam capazes de melhorar as operações da nossa organização?" – as quais, a propósito, têm o efeito virtuoso de melhorar o produto? Para definir esses requisitos, examinamos cada departamento, de olho na melhoria da eficiência operacional e no acréscimo de valor ao produto.

Para que nossa frigideira IoT seja bem-sucedida, nossa empresa deve ser bem-sucedida em como fazemos a frigideira, vendemos a frigideira e suportamos a frigideira. Com que informações o nosso produto IoT pode realimentar a nossa empresa para melhorar as operações? Vamos percorrer o ciclo e ver.

Engenharia

Além de estar acostumada a fornecer novas receitas aos clientes (Passo 2), a engenharia exige um mecanismo OTA para atualizar a frigideira com novas atualizações de software e *patches* de segurança. Além disso, constrói e recorre a modelos de utilidade e usabilidade para inovar o produto e, possivelmente, para inventar outros produtos.

Fabricação

Nosso modelo de utilidade (para que a frigideira é utilizada) e usabilidade (como a frigideira está sendo usada), em conjunto com os dados de suporte, pode influenciar a qualidade e os custos de fabricação. Por exemplo, se o produto estiver apresentando problemas frequentes por estar sendo usado para um propósito popular, mas não previsto, a parte frágil pode ser fabricada de maneira diferente para ficar mais resistente.

Marketing

O *inbound marketing* é bastante aperfeiçoado pelo conhecimento dos atributos de alta prioridade e daqueles que podem ser desenvolvidos depois. A gestão de produtos usará a análise de dados descritiva, juntamente com o modelo de utilidade e o modelo de usabilidade, para analisar como melhorar o produto e como estendê-lo para uma linha de produtos com novos produtos de fritura, outros utensílios de cozinha completamente novos, ou produtos de informações.

Quanto ao *outbound marketing*, incluindo marcas e geração de demanda, seria muito útil conhecer os dados demográficos de nossos clientes para identificar nosso público-alvo. Seria muito bom conhecer a frequência com que os indivícuos do nosso público usam nossos produtos e que receitas escolhem. Precisamos dessas informações tanto de forma agregada, para comunicações amplas, quanto de forma individual, para interações diretas com cada cliente.

Vendas

Vendas poderia beneficiar-se com a identificação dos tipos de receitas que estão sendo usados por cada cliente, com o objetivo de lhes vender, adicionalmente, produtos consumíveis ou descartáveis, que, no caso, são os ingredientes usados para fazer as receitas. Os grandes usuários, que podemos identificar, podem comprar como complemento serviços mais avançados, como produtos educacionais e receitas semanais especializadas, com peculiaridades regionais ou dietéticas.

Suporte e manutenção

Para sermos mestres em suporte, precisamos saber como os clientes usam e o que fazem com a frigideira (com base nos modelos de usabilidade e utilidade), além da capacidade de acessar a frigideira à distância e deixá-la em modo de diagnóstico, na hipótese de alguma falha.

Departamento de dados

Nenhum requisito específico é necessário, exceto para modelar e captar dados, de maneira a permitir o uso de pacotes de análise de prateleira ou de código aberto, com o mínimo de programação de integração.

Jurídico

Há alguma informação que devemos captar ou não captar, sobre o produto e seus usuários, para cumprir as leis, os regulamentos e as certificações? Que riscos podemos mitigar com os dados que captamos? No caso da frigideira IoT, talvez haja algumas restrições quanto a informações pessoais identificáveis (IPI), se forem vendidas em alguns países, razão pela qual precisamos que o nosso aplicativo obtenha de maneira inequívoca o consentimento dos cozinheiros para usar essa informação. Por questões de responsabilidade, talvez seja conveniente ficar atento a possíveis maneiras perigosas de usar o produto. Por exemplo, funções do tipo caixa preta poderiam ser usadas para detectar situações em que a frigideira ficou aquecida demais, por ter ficado ligada durante muito tempo.

Os requisitos do Passo 5 estão resumidos na Tabela 9.7.

Tabela 9.7: Resumo dos requisitos do Passo 5

	Modelos e dados a coletar	Aplicativo	Análise de dados
Passo 5	Modelo de utilidade. Modelo de usabilidade. Modelo de dados demográficos do cliente. Modelo de receita de ingredientes.	Usar mecanismos de atualização OTA. Coletar informações demográficas. Acesso remoto. Incluir modo de diagnóstico. Obter consentimento para usar dados do cliente. Funções do tipo caixa preta.	Usar modelos de utilidade e usabilidade para melhorar o projeto e identificar futuros produtos. Número de vezes em que a frigideira é usada e duração do uso. Popularidade da receita. Uso da receita.

Juntando tudo

O sumário de todos os requisitos dos modelos, dos aplicativos e da análise de dados das cinco diferentes "visões" do negócio (apresentado na Tabela 9.8) é a primeira versão da descrição dos requisitos de IoT. Como analisaremos no próximo capítulo, essa lista será alterada e repriorizada sempre que ela for apresentada a *prospects* durante a fase de pré-produção do desenvolvimento.

Decisões importantes sobre compra de tecnologia só devem ser tomadas depois da discriminação desse conjunto de requisitos de 360°. Na seção "Sequência e dependências do desenvolvimento", do próximo capítulo, discutimos como esses requisitos são priorizados, enquanto se tomam as decisões de compra de tecnologia.

Tabela 9.8: Sumário de todos os requisitos

Modelos e dados a coletar	Aplicativo	Análise de dados
Para cada receita: Fritura = f(tipo de comida, temperatura, tempo, peso, volume). Modelo de utilidade. Modelo de usabilidade. Popularidade da receita. Tempo de uso da frigideira. Número de refeições completas. Modelo da receita de ingredientes. Integrar com a plataforma escolhida. Modelo de inventário dos ingredientes do cliente. Modelo de dados demográficos do cliente.	Desenvolver diferentes aplicativos para cada receita. Acompanhar o cozinheiro no percurso de cada receita em dispositivo móvel. Inquirir o cozinheiro sobre o resultado da receita. Usar recursos de chat, áudio ou vídeo para suporte. Criar receitas especializadas. Captar endereços de e-mails e informações sobre os clientes. Enviar e-mails para os clientes. Conectar-se com sites de receitas ou com serviços de dados de receitas on-line. para obter receitas externas. Usar mecanismos de atualização OTA. Monitorar a duração de cada uso e número de vezes em que a frigideira é usada. Conectar-se com o estoque interno de ingredientes, se houver. Conectar-se com o serviço de dados da mercearia para obter o preço e o estoque de cada ingrediente. Conectar-se com o serviço de dados da empresa de serviços de utilidade pública para obter custos da energia. Rastrear o tempo durante o qual o cozinheiro interage com a receita (tempo total gasto pelo cozinheiro). Conectar-se com um ou mais aplicativos de compras on-line para adquirir ingredientes. Conectar-se com serviço de mercearia para adquirir ingredientes. Conectar-se com balanças de cozinha on-line e outros aparelhos de cozinha conectados. Conectar-se com outros utensílios de cozinha de internet. Conectar-se com gadgets de internet. Conectar-se com serviços de limpeza. Interfacear com a plataforma (geral, casa inteligente ou cozinha inteligente) preferida. Focar em receitas de pratos incompatíveis com termômetros. Coletar informações demográficas. Acesso remoto. Incluir modo de diagnóstico. Obter consentimento para usar dados do cliente. Funções do tipo caixa preta.	Construir modelos de "resultados", associando variáveis a resultados de enquetes. Estimar a temperatura interna da comida. A análise descritiva opera em modelos de uso. Hiperclassificação da receita (para mecanismo de recomendações). Identificar as receitas mais populares do passado. Uso da receita. Calcular o custo de cada ingrediente usado em cada receita. Analisar o estoque da cozinha. Calcular o custo de cada receita. Integrar com a plataforma escolhida. Usar modelos de utilidade e usabilidade para melhorar o projeto e identificar futuros produtos. Número de vezes em que a frigideira é usada e sua frequência de uso. Popularidade da receita. Uso da receita.

‹ CAPÍTULO 10 ›

Dando a partida

No começo, era só eu, mas, em 18 meses, GameWare cresceria, passando a representar 40% da receita da Wavefront, erguendo-nos acima da marca de US$ 20 milhões de receita anual, o limite a ser superado para abrir o capital na Nasdaq – o que conseguimos.

Eu nem mesmo era aficionado por jogos. Anos antes, eu gostava de jogar fliperama, como Defender e Frogger, com amigos. E, sem dúvida, fiquei viciado em Tron, a ponto de alcançar o mais alto escore em fliperama na universidade. Mas nunca vivi e respirei videogames, como algumas pessoas que conheço. Com esses antecedentes, quando a nossa força de vendas começou a relatar que um dos nossos principais concorrentes, Alias Research, estava tendo algum sucesso em um novo mercado, levantei a mão e pedi ao meu chefe algum tempo para dar uma olhada um pouco mais de perto nessa coisa de jogos eletrônicos.

Entra em cena Andy Smith, nosso administrador de sistemas. Ele era um jogador. Recitava de memória todas as jogadas de todos os jogos. Tinha um Sega Genesis em casa, e até usava uma camiseta Sonic the Hedgehog para trabalhar. Ele era da pesada. Eu? Eu estava fascinado com a oportunidade de aprender alguma coisa legal, de sacudir nosso negócio, e, sendo honesto, de comprovar minha capacidade como recém-ungido gerente de produtos. Posso não ter sido um jogador da pesada, mas eu sabia como começar. Com pesquisa – pesquisa persistente e obsessiva que me exauriria. Aí se incluía compreender o cliente (designer e produtor do jogo) e o mercado (o desenvolvimento e financiamento de jogos e os modelos de negócios envolvidos) e mudar nossa tecnologia e nosso modelo de negócios, de modo que se tornassem valiosos para o cliente. A partir daí, desenvolvi a estratégia de entrada no mercado e os requisitos do produto, que apresentei aos nossos *prospects* para *feedback*.

Não importa como você chegou aqui, você está no mesmo lugar em que eu estava naquela época: no modo de pesquisa. Neste caso, você está conjuminando as ideias sobre como abordar melhor essa tal de IoT. Esse é o propósito deste livro, e este capítulo vai descrever o método que adotei durante todos aqueles anos, e a mesma abordagem que uso hoje com meus clientes de IoT, que estão começando a desenvolver seus produtos.

Planejamento

Para quem levantou a mão para IoT, o passo seguinte à pesquisa é planejamento. Um plano de negócios bem escrito o obriga a considerar todos os aspectos ignorados e todos os casos atípicos do mercado. Ele define as suas prioridades e lhe permite avaliar o seu progresso. Também ajuda a identificar os parceiros estratégicos e a atrair pessoal – interno e externo. E ainda identifica as suas necessidades financeiras e o ajuda a levantar fundos, se necessário. Essa Parte Dois, e, na verdade, todo este livro, destina-se a ajudá-lo a refletir sobre todos os aspectos necessários à elaboração do plano de negócios de IoT e à descrição dos requisitos.

Entre nessa fase de pré-produção sabendo que as coisas mudarão. Cultive a mentalidade de que o plano de negócios de IoT e a descrição dos requisitos são documentos vivos que serão moldados depois de muitas interações com os clientes. Para que seu produto lhe ofereça aquela janela de 24 horas por dia, 7 dias por semana para o negócio do cliente, você precisa descartar a velha escola, pondo o pé na estrada e visitando os clientes em cada fase da pré-produção.

Projetar-vender-produzir

Para chegar à linha de partida, o seu plano de negócios e a sua descrição dos requisitos de IoT serão breves e, no total, não passarão de seis a dez páginas na primeira versão. O plano e a descrição incluirão o produto a ser vendido. Adoto a metodologia de validação de produtos de Frank Robinson. Com efeito, eu a tenho praticado desde o início da minha carreira, quando saí de desenvolvimento de software e entrei em gestão de produtos, para liderar o processo de validação de produtos da nova geração de software de design industrial, que, a propósito, nunca se tornou realidade. Com base no *feedback* dos clientes, matávamos o produto antes de consumir recursos materiais de engenharia. O conhecimento assim adquirido consolidou minha carreira como gerente de produtos, quando reuni o que aprendi e novamente pus o pé na estrada, usando a validação de produtos para definir a linha de produtos da GameWare. Desde então, continuei usando a validação de produtos, agora trabalhando com os clientes para repetir o mesmo processo com os negócios de IoT deles.

No caso do desenvolvimento de produtos IoT, em vez de projetar-produzir-vender, nós preferimos *projetar-vender-produzir*. Esse é o etos da metodologia de validação de produtos. A validação de produtos é importante porque somos tão precursores nessa evolução tecnológica que nem mesmo o comprador e o vendedor sabem exatamente o que realmente querem de IoT. Todos os projetos de IoT de que participei direta ou indiretamente mudaram depois da concepção. E não estamos falando de nuances. Cada projeto pivotou de 90° a 180°! Posso afirmar com certeza que, se o seu produto IoT não deu uma grande virada antes do lançamento em comparação com o projeto inicial, ele dará uma grande virada depois do lançamento; portanto, é melhor começar a vender o mais cedo possível.

As histórias deste livro sobre meus encontros com Pat Dronski no trailer de serviço dele, em Staten Island; com Paul Brass, em seu escritório elegante em um arranha-céu de Lower Manhattan; e com o general da fábrica de biscoitos, Eric Soderlund, numa sala de reuniões emprestada; todas elas ocorreram durante a fase de validação do produto. Esses encontros foram parte da primeira viagem de validação do produto que empreendemos durante o desenvolvimento da nova ratoeira IoT da ACME Pest. Depois de redigir seu plano de negócios e sua descrição dos requisitos de IoT, como nós, você precisa validar as ideias da equipe para o mercado-alvo. Isso deve ocorrer antes do desenvolvimento de qualquer software ou hardware. As informações coletadas nessas visitas aos clientes são usadas para atualizar o plano de negócios e a descrição dos requisitos, como documentos vivos. Esse é um ciclo interativo, a ser revisitado em cada marco de desenvolvimento, durante a pré-produção: conceito-ideação-prova do conceito-protótipo/piloto-produto viável mínimo (ver Tabela 10.1).

Este livro o ajuda a redigir a primeira versão do seu plano de IoT. O plano 1.0 capta a estratégia de negócios e os requisitos do produto, durante os estágios internos de conceito e ideação. Depois da ideação, o plano de negócios e a descrição dos requisitos são encadernados em uma pasta de validação e apresentados a todos os *stakeholders* importantes, principalmente a *prospects* e clientes. Daí resultarão mudanças, talvez até reviravoltas, resultando no Plano 2.0. Depois de desenvolver a prova do conceito com base no Plano 2.0, tudo é novamente encadernado e reapresentado ao mercado-alvo. Daí resulta o Plano 3.0, já impregnado das ideias dos clientes, enquanto você avança para a fase de protótipo (ou piloto). Quando você chega à fase do produto viável mínimo, o Plano 4.0 terá mudado radicalmente, em cotejo com a versão original, e continuará a mudar até entrar em produção. A versão 5.0 do seu plano de negócios e da sua descrição dos requisitos de IoT é o seu plano de entrada no mercado (ver Figura 10.1).

Tabela 10.1: Ciclo de desenvolvimento da pré-produção

Plano 1.0	2.0	3.0	4.0	5.0
Pré-produção				Produção
Conceito	Ideação	POC	Protótipo	MVP

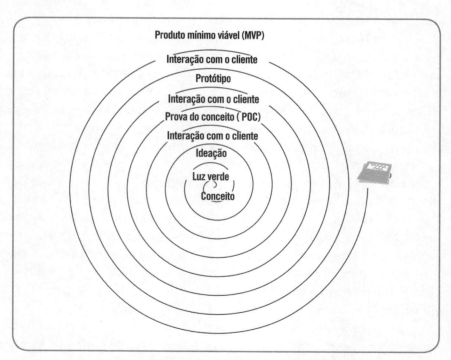

Figura 10.1: Ciclo de validação do produto

Começo do desenvolvimento

Ah, finalmente voltaremos a falar em tecnologia! Depois de termos completado o processo de cinco passos para criar a descrição dos requisitos inicial (ver Capítulo 9) e, então, submeter os requisitos a uns dois ciclos de validação do produto com os nossos *prospects*, podemos retornar à tecnologia e explorar quais são as opções para o protótipo.

In-house ou out-of-house

Depois de ordenar os requisitos por prioridade, precisamos decidir como vamos desenvolvê-los. Essa é a hora de fazer um levantamento honesto de nossos talentos internos para definir que requisitos podem ser desenvolvidos *in-house* e que requisitos precisamos desenvolver *out-of-house*. *Out-of-house* em IoT geralmente significa que você procurará um integrador de sistemas, não só para desenvolver o software de conexão, mas também, em alguns casos, para desenvolver algumas das funções. Ou, para um produto independente, você pode procurar um escritório de design especializado, que tenha a *expertise* que lhe falta. Quando conduzida de maneira adequada e pelas razões certas, a terceirização faz sentido, como meio de suprir as lacunas de competências em sua empresa.

No entanto, todo o trabalho de desenvolvimento deve ser executado *in-house*, se possível, com a empresa recorrendo a terceiros só se você precisar de recursos, antes de os adquirir em caráter duradouro. Mesmo assim, talvez seja melhor esperar. Se a sua invenção estiver além do atual estado da arte em tecnologia de IoT, buscar recursos *out-of-house* apenas compra corpos, não conhecimento. Nesse caso, novos conceitos e abordagens terão de ser aprendidos por quem quer que faça o desenvolvimento; logo, é melhor concentrar os investimentos indispensáveis em seu próprio pessoal, em vez de em terceiros.

Fazer ou comprar

Isso nos leva à decisão fazer ou comprar: que requisitos são desenvolvidos e que requisitos são comprados ou arrendados? A resposta de alto nível é que a empresa deve desenvolver os requisitos relacionados com as competências centrais do negócio. Quando se trata de IoT, essas competências centrais são função do:

> → **Modelo.** O modelo quantifica a proposta de valor de IoT e é usado pelo aplicativo e pela análise de dados.

⇢ **Aplicativo.** Esse é o software distribuído que compõe o *front-end* e o *back-end* do produto, que coordena o fluxo de dados, e, mais importante, que executa as funções exclusivas do produto.
⇢ **Análise de dados.** A análise de dados usa software de prateleira com receitas customizadas para criar, modificar e interrogar o modelo.

Em termos de IoT, o restante da tecnologia pode ser de fonte aberta, ou comprada, ou arrendada – não há razão para reinventar a roda, se fazer rodas não for competência central da empresa.

Estratégia de propriedade intelectual

As estratégias referentes a *in-house* ou *out-of-house* e a fazer ou comprar também dependem da estratégia de propriedade intelectual da empresa e, nesse caso, a propriedade intelectual a que me refiro é, em grande parte, o *know-how* de desenvolvimento de funções relacionadas com as competências centrais da empresa, na medida em que elas têm a ver com o seu produto IoT. Essa propriedade intelectual deve ser desenvolvida *in-house* ou desenvolvida de início *out-of-house*, com um caminho para incorporar o conhecimento *in-house*. Mais uma vez, essa propriedade intelectual se refere ao mesmo trio do valor que analisamos ao longo de todo o livro: todos os códigos, métodos e receitas que contribuem para o desenvolvimento dos modelos, dos aplicativos e da análise de dados do produto IoT.

> **TECH TALK**
>
> Para compreender a importância competitiva das patentes, ver o Capítulo 6.

Sequência e dependências do desenvolvimento

Depois de termos a descrição dos requisitos de IoT, versão 2.0, estamos prontos para começar a tomar decisões sobre desenvolvimento, mas a maneira como você analisa a lista dos requisitos, e em que ordem, é tão importante quanto a lista em si.

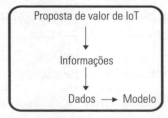

Figura 10.2: Abordagem de cima para baixo

O valor em IoT é criado de cima para baixo (ver Figura 10.2). No topo da lista de tecnologia, encontra-se a proposta de valor, que incorpora o valor e é quantificada durante a modelagem do valor. Isso define as informações necessárias, que identificam os dados do modelo a serem coletados e transformados. Com efeito, o propósito de toda a tecnologia de IoT é coletar dados ou transformá-los em informações úteis. Isso nos leva ao gráfico de dependências da tecnologia de IoT (ver Figura 10.3).

Quando se adota uma perspectiva de valor, o gráfico de dependências da tecnologia de IoT ilustra as dependências entre as tecnologias usadas em todos os produtos IoT. As formas geométricas representam classes de produtos tecnológicos, e as setas apontam na direção das dependências.

Por exemplo, o modelo não tem dependências; ele não depende de nenhuma tecnologia. O protocolo de mídia, contudo, depende do rádio que escolhemos, mas o rádio que escolhemos não depende de nenhuma tecnologia. Toda a tecnologia mencionada nesse gráfico é explicada em detalhes na Parte Três, e observe que não se destina a mostrar fluxos de dados.

Quanto ao diagrama, a informação de que precisamos empurra o modelo, que define os dados a serem coletados (assim como o aplicativo e pacote/s de análise de dados), e esses dados ativam os sensores e os sistemas externos com que temos de integrar. Do mesmo modo, o aplicativo determina nossas escolhas do ambiente de desenvolvimento e modelagem. E a análise de dados orienta as escolhas técnicas dos tipos de pacotes de análise de dados necessários, que, por sua vez, definem nossa escolha de bancos de dados.

No final das contas, a plataforma de IoT que escolhermos deve suportar quase tudo. Já vi empresas que tomam primeiro as decisões referentes a redes ou plataformas. Esse critério está errado. Ao adotar a abordagem de cima para baixo, essas são quase sempre as últimas escolhas técnicas a serem feitas.

Vamos considerar o sistema embarcado como outro exemplo. Ao escolher o sistema embarcado em IoT, o gráfico mostra que essa decisão de compra depende do rádio e dos sensores a serem suportados pelo sistema. E os sensores dependem dos dados a serem coletados, que são definidos pelo modelo. De outro ponto de vista, o protocolo de rede pode (linha pontilhada) depender do sistema embarcado escolhido. Antes de comprar o sistema embarcado, você precisa definir o modelo

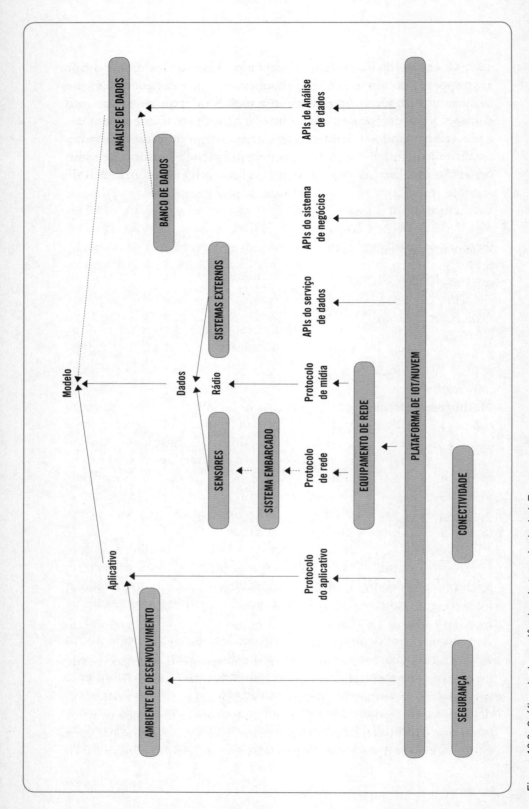

Figura 10.3: Gráfico de dependências de tecnologia de IoT

para saber que dados devem ser captados. Esses dados ditam o tipo de sensores a comprar e os sistema externos a que se conectar. O uso do produto impõe o tipo de rádio a usar. Só depois de tomar essas decisões você está pronto para começar a comprar o sistema embarcado, selecionando-o de uma rede estreita de produtos concorrentes qualificados, capazes de atender às necessidades do sensor e do rádio. Só então essa lista será ainda mais afunilada por outros atributos do sistema embarcado, como velocidade de processamento e quantidade de memória.

Comprar tecnologia de IoT

O gráfico de dependências é indutor de valor. É útil para os desenvolvedores, mas seu propósito é orientar os gestores quanto à ordem de suas compras de tecnologia. O nome das empresas reais e de seus produtos não são mencionados, porque estão sujeitos a mudanças. Para uma lista atualizada de produtos comerciais, busque o *IoT-Inc Buyer's Guide*, ou vá ao site: http://www.iot-inc.com/buyers-guide/.

Melhores práticas

Não há melhor maneira de começar o seu negócio de IoT. Diferentes situações imporão diferentes caminhos. As startups estarão sujeitas a restrições diferentes das de uma linha de negócios de grandes empresas; há, porém, melhores práticas para iniciar seu negócio de IoT, que foram aprendidas da maneira mais difícil pelos pioneiros da IoT.

Comece pequeno, mas pense grande

Começar pequeno é importante por muitas razões, algumas lógicas e outras humanas. Seja a sua organização uma startup ou não, o seu negócio de IoT deve começar como startup. A visão não pode ser consensual. Cozinheiros demais na cozinha só servirão sensaboria. A velocidade é de importância primordial, porque o negócio terá de pivotar – pelo menos uma vez, provavelmente outras vezes. As iniciativas de IoT representam mudanças. Em organizações maiores, e quando digo maior me refiro a mais de dez empregados, a mudança provoca ansiedade e resistência. Embora a transparência seja fundamental, uma equipe menor provoca menos paranoia que uma equipe grande.

Uma das mensagens mais importantes deste livro é pensar de cima para baixo ao planejar seu negócio de IoT. Essa abordagem esclarece e focaliza as muitas partes móveis. O raciocínio de cima para baixo é pensamento grande; é pensamento estratégico. Muitas vezes, as plumas e os paetês do laboratório é que dão a direção da IoT dentro da empresa. Essa é a abordagem errada. É o rabo torcendo a porca. Ponha a equipe na linha de frente para planejar seu negócio de IoT sob uma perspectiva de valor, antes de partir para a codificação. Você talvez não consiga implementar tudo de uma vez, e talvez nem seja prudente tentar, mas realmente considere como você criará valor desde o começo.

Por exemplo, você talvez não tenha talentos *in-house* em ciência de dados, nem seja capaz de convencer o chefe ou o cliente, de início, sobre o valor da análise de dados. Tudo bem. Na verdade, esse é o padrão. É difícil para os não iniciados compreender um programa de análise de dados, que irá começar a gastar dinheiro com ele. Mas é extremamente importante planejar a análise de dados antes de desenvolver o produto, em razão de suas implicações diretas para o valor. Ela dita as informações de que você precisa e os dados que você deve coletar, ou mais exatamente deve ser capaz de coletar no futuro. Isso tem consequências em termos dos sensores escolhidos, dos protocolos usados e do tipo de banco de dados necessário para suportar os demais elementos. Se a análise de dados não for considerada desde o início, será quase impossível reformar com eficácia o software, muito menos o hardware, ao longo do percurso.

Incubação

Isole a equipe de "startup" do resto da organização durante a fase de pré-produção do desenvolvimento do produto. Durante esse período, que tipicamente é inferior a 12 meses, é importante que a equipe não esteja sujeita às mesmas pressões de vendas trimestrais exercida sobre o restante da organização. Trata-se de um investimento estratégico que deve ser segregado. Ao mesmo tempo, os custos são gerenciados com base nas próprias dimensões reduzidas da equipe, que aumenta somente à medida das necessidades comprovadas do projeto. Só depois que o MVP foi desenvolvido e avaliado pelos clientes a startup pode, dentro de uma grande organização, se transformar em unidade de negócios, linha de negócios ou divisão, com sua própria demonstração do resultado, ou incluída numa estrutura organizacional existente. Se for uma organização menor, a startup é absorvida por operações e marca o início da transformação do negócio em empresa de IoT. Ou se for uma organização realmente pequena, a startup absorve a empresa. O ponto principal é que a nova organização de IoT deve ser segregada e ter a chance de respirar e caminhar por conta própria, antes de ser absorvida ou de ser transformada em outra coisa.

Enxuta (*Lean*)

Se você vai organizar uma startup, é importante que você a opere como uma startup enxuta. Isso significa ser rápido. Apresente o seu produto aos *prospects* assim que possível, sabendo desde o início que o produto será alterado. Você não quer investir demais no que está fazendo até comprová-lo. Seja movido a dados (data-driven). Você pode acreditar com toda a sinceridade que concebeu um produto perfeito, mas deixe o *prospect* chegar a essa conclusão. Teste-o, avalie-o e refine-o, usando a metodologia de validação *design-sell-build (projetar-vender-construir)*. Aprenda reiteradamente com os clientes, em cada passo do ciclo de desenvolvimento da pré-produção. Seja flexível, esteja disposto e seja capaz de pivotar, abandonando a visão original e reconhecendo uma nova realidade, algo que lhe renderá dinheiro.

Se você vai operar uma startup, é importante crescer como uma startup. Comece com um fundador, um líder de tecnologia e um líder de vendas e marketing, e expanda se a partir desse mínimo. Acrescente pessoal apenas na proporção das necessidades. Durante a pré-produção, a equipe técnica crescerá na medida em que o desenvolvimento acelerar e novos conjuntos de competências, como ciência de dados, forem adicionados à base inicial. Ao se aproximar do MVP, vendas, marketing, fabricação e suporte precisarão crescer na medida em que o negócio avançar da pré-produção para a produção e para a comercialização.

Sou testemunha dos ótimos resultados dessa estrutura de startup, mas também vi outras estruturas organizacionais funcionar em organizações maiores. Um centro de excelência composto de *experts* em IoT, internos e externos pode ser usado para orientar uma equipe maior, assim como um comitê diretivo, formado por empregados oriundos de vários negócios. Acredito, porém, que, para fomentar a responsividade necessária, as decisões devem ser mais locais, assim como a prestação de contas. Se houver talentos disponíveis, o centro de excelência ou o comitê diretivo será mais bem explorado como um conselho consultivo da pequena startup interna.

Orçamento

Financiar o desenvolvimento de um produto IoT é diferente de financiar o desenvolvimento de produtos tradicionais. E assim é, simplesmente por se tratar de algo novo. A tecnologia é nova e o negócio é novo; e, nessas condições, o lançamento de um produto será mais longo e precisará de mais recursos. Recomendo desdobrar o orçamento em pré-produção, produção e lançamento. Para empresas mais tradicionais, a pré-produção envolve mais riscos e dispõe de menos recursos, sobretudo por causa da falta de experiência. Portanto, é preciso desdobrar ainda mais a pré-produção em compartimentos orçamentários correspondentes aos marcos de desenvolvimento: conceito, ideação, prova do conceito, protótipo e MVP. Além disso, parte do orçamento da pré-produção deve ir para a validação do produto, já descrita, que consiste em *projetar-vender-construir*, para garantir que o produto seja comercialmente viável.

Educação

Embora você queira operar a startup separadamente do resto da organização, ela também precisa ser parte da organização mais ampla. A transparência é fundamental para amortecer quaisquer forças internas que possam obstruir o progresso. Uma das melhores maneiras de alcançar esse resultado é por meio da educação, ou, como há quem diga, da evangelização. Gerencie acima e gerencie abaixo, educando acima e abaixo. À medida que crescem o orçamento e os recursos, haverá mais escrutínio por parte da administração. Reforce a educação. Mantenha a liderança informada sobre o seu progresso e sobre as mudanças organizacionais necessárias para suportar o produto depois do lançamento. Este livro é um ótimo recurso para isso – catequize a empresa sobre os tópicos aqui analisados.

A transparência reduz a ansiedade e a sensação de ameaça. Sua startup interna precisará do suporte de toda a organização para alcançar o sucesso. As mudanças organizacionais iminentes não podem surpreender, sob pena de serem rejeitadas e sofrerem retrocessos. Recorra a todos os meios possíveis, até a embalagens de almoço, ou a qualquer outro veículo usado pela empresa para promover a educação informal.

Ao educar acima e abaixo, você deve educar-se a si próprio e aos demais membros da equipe da startup. Você e a equipe da startup devem ser *os* especialistas em IoT da empresa. Isso significa identificar lacunas de conhecimento e explorar recursos on-line, como em: http://www.iot-inc.com, além de participar de eventos sobre IoT e de treinamentos on-line, do tipo disponível em: http://www.brucesinclair.net/online-training/. Recomendo inscrever-se em reuniões de IoT, se houver em sua área, e associar-se a consórcios, alianças ou grupos adequados. Você também pode se engajar em organizações de padronização, com envolvimento proporcional aos recursos disponíveis (ver Tabela 10.2). Organizações muito grandes devem ter vários empregados com dedicação em tempo integral, enquanto outras menores talvez só sejam capazes de enviar um representante para assistir a reuniões trimestrais, manter-se informado e fazer contatos.

Tabela 10.2: Grupos setoriais de IoT

Consórcios	Organizações de padronização
• Industrial Internet Consortium	• IETF
• Open Connectivity Foundation	• IEEE
• Thread Group	
• LoRa Alliance	
• IPSO Alliance	
• OpenFog Consortium	

Este capítulo resume como comecei com meus clientes de IoT. As ideias aqui expostas foram aprendidas da maneira mais difícil, na condição de desbravador; portanto, pense em seguir esse caminho, em vez de abrir trilhas completamente inexploradas.

Em seguida, na Parte Três, mergulharemos de cabeça na tecnologia, explorando águas mais profundas; pelo menos com profundidade suficiente para que os gestores tenham conversas produtivas com o pessoal técnico.

PARTE TRÊS

Mergulho tecnológico profundo na IoT

Nesta seção, imergimos profundamente na tecnologia, e a desdobramos em quatro principais componentes: produto definido por software, produto definido por hardware, estrutura da rede e sistemas externos. Em seguida, detalhamos ainda mais a tecnologia, juntamente com a análise de dados e a cibersegurança, mergulhando em nível profundo o suficiente para compreender a tecnologia, embora ainda insuficiente para codificá-la. A Internet das Coisas, por natureza, é muito técnica; portanto, para usá-la com eficácia, é vital conhecê-la. Acho que você precisa compreender como ela funciona antes de trabalhar com ela.

    E antes de iniciar o mergulho, recomendo que você leia e releia o Capítulo 1, "A tecnologia de IoT sob a perspectiva de valor". O Capítulo 1 fornece uma visão geral da tecnologia e de como seus diferentes componentes trabalham juntos.

‹ CAPÍTULO 11 ›

O produto definido por software

Visão geral

Sob a perspectiva de negócios, não há tecnologia mais importante. O produto definido por software (PDS), às vezes denominado gêmeo digital, é o que capacita a criação de valor na Internet das Coisas. É a representação virtual da funcionalidade do produto em termos de IoT. É essa digitalização do físico que capacita o produto IoT a se integrar com a internet, como qualquer outro software de internet. Essa é a sua fonte de poder. O produto IoT é software (ver Figura 11.1).

O PDS se divide em duas partes: o cibermodelo e o aplicativo. O cibermodelo codifica o valor do produto e o aplicativo executa o modelo para criar valor. É importante distinguir os dois componentes, porque a análise de dados também usa o modelo. A análise de dados constrói o modelo e o interroga para criar valor. Esse é, de novo, o trio da criação de valor em IoT: modelo, aplicativo e análise de dados.

Pense na ratoeira IoT. O modelo não representa a sua aparência, nem a sua estrutura física; representa, isto sim, a maneira como funciona, o ambiente em que atua e os padrões de migração do camundongo. O modelo é uma simulação de como a ratoeira IoT pega camundongos. Sua análise de dados incorpora dados do mundo real para melhorar a simulação, e o aplicativo executa a simulação para lhe conferir funcionalidade, de modo a fazer melhor o produto físico... fazendo uma ratoeira melhor.

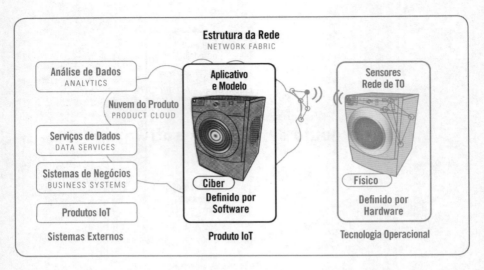

Figura 11.1: O produto definido por software dentro do produto IoT

Cibermodelo

A modelagem não é nova. Comecei minha carreira construindo modelos para descrever a forma dos objetos, como eles se movimentam e qual é a aparência deles. Em minha primeira função profissional, antes de modelar dinossauros, trabalhei no laboratório de pesquisa craniofacial, na universidade, usando MRI (imagem por ressonância magnética) para criar modelos 3D do crânio humano e de seus músculos. Desde então, tenho trabalhado em modelos para indústrias, que se estendem de videogames a simulações militares.

Voltemos umas duas décadas: pouco tempo atrás, eu estava prestando consultoria a um cliente de IoT, uma empresa aeroespacial, quando um dos engenheiros presentes na sala observou que ele e os colegas trabalhavam com modelos havia anos. O que é verdade. Da mesma maneira como eu havia feito em animação por computador, eles tinham modelado funções físicas. O CAD usa modelos funcionais, como os de análise finita, para descrever a transferência de energia. Tanto em animação por computador quanto em CAD, modelamos o mundo físico ou sua representação física – como é, como se movimenta, como funciona.

A diferença é que, em IoT, há um *loop* de *feedback* fechado que sente o mundo continuamente, produzindo dados para melhorar a simulação e a maneira como interagimos com ela.

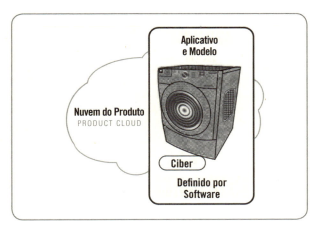

Figura 11.2: Produto definido por software

Tipos de cibermodelos

Em alto nível, dois são os tipos de modelos: o modelo paramétrico e o modelo estocástico. O modelo paramétrico é o seu modelo matemático ou físico mais clássico – uma equação de uma mola, por exemplo. Ocorre, porém, que representar uma mola por meio da representação matemática simples $F = kX$ nem se aproxima de descrever o que acontece no mundo real, porque não leva em conta variáveis suficientes do mundo real.

Os modelos estocásticos são diferentes; eles baseiam-se em estatística. Uma analogia que gosto de usar inspira-se em filmes de ação. O protagonista tem uma foto irreconhecível, muito granular, do vilão. Com o passar do tempo, e a ajuda de um poderoso supercomputador e uma equipe de analistas brilhantes, a imagem do rosto torna-se cada vez mais nítida e reconhecível. Ela começa abstrata, mas fica cada vez mais clara, até que o vilão finalmente é reconhecido e inicia-se a caçada humana com seriedade.

Gosto de imaginar os cibermodelos dessa maneira, porque é como funcionam – partem de uma representação geral e, então, refinam gradualmente o modelo, para torná-lo mais exato. Pense em como seria esse processo em duas dimensões: quando você tem somente três pontos, tudo parece um triângulo; com oito pontos, a fidelidade é maior; e depois de mil pontos a representação toma forma. Considere a matemática por trás dos cibermodelos da mesma maneira.

Exemplo

Vamos olhar de novo para aquela mola simples. Tradicionalmente, descrevemos a mola através da física (ver Figura 11.3). A fórmula $F=kX$ mapeia matematicamente a compressão e o alongamento. A mola é tanto apertada quanto esticada, dependendo do sentido da força — negativo ou positivo.

Essa equação é ótima para explicar o conceito em livros didáticos do ensino médio, mas, no mundo real, se você quiser saber até que ponto a mola será comprimida ou expandida sob a ação de uma força conhecida, a bem-amada equação da mola é simplista demais para transmitir uma relação causal exata entre força e mudança do comprimento. Muito mais variáveis devem ser consideradas. Aí se incluem o tipo de metal da mola, sua forma, sua temperatura, a viscosidade do ambiente, e assim por diante. Nesse exemplo, mesmo no caso da mais simples das partes, é mais exato empregar um modelo estatístico estocástico.

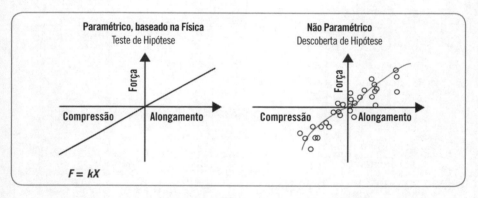

Figura 11.3: Diferentes modelos de representação de uma mola

Desenvolve-se o modelo estocástico medindo as causas e os efeitos das variáveis a serem consideradas no modelo. Nesse caso, aplicamos a força 1 e medimos a compressão 1; a força 2 e a compressão 2; e assim sucessivamente. A partir desses pontos de dados (unidades de observação), cria-se uma representação de ordem mais alta.

Quanto mais pontos de dados houver, maior será a exatidão do modelo. Quanto a essa mola, em especial, queremos chegar ao ponto de, ao aplicarmos uma força no mundo real, conseguirmos estimar sua compressão, executando o modelo no mundo virtual.

Como é usado em IoT

É importante observar que o produto IoT nunca é representado com apenas um único cibermodelo. Haverá diferentes modelos para cada uma das funções de IoT, cada um com suas próprias simulações a serem rodadas. Um único produto IoT pode ter dezenas, centenas e até milhares de diferentes modelos, cada um com um propósito. Esses modelos são moldados e usados off-line pela análise de dados e usados on-line pelo aplicativo, durante a operação do produto.

Depois de descrevermos matematicamente o modelo, o aplicativo pode considerá-lo de diferentes pontos de vista e resolvê-lo de diferentes maneiras, extraindo diferentes informações que contribuem para o seu valor. Mas ele sempre começa como uma amostra estatística de causa e efeito. Compreender o modelo estocástico é fundamental para compreender os modelos usados em análise de dados.

Aplicativos

O aplicativo define o que o produto faz – sua funcionalidade. É onde ocorre a maior parte do desenvolvimento do software. O aplicativo age sobre o modelo e executa o modelo para produzir o valor pretendido.

Ele coordena o fluxo de dados, extraindo dados dentro do ou no produto, assim como de sistemas externos na internet. Também se integra com a análise de dados, alimentando-a com dados e usando seus *insights* para melhorar a operação do produto. E ainda se integra com pessoas, tanto os usuários do produto quanto os clientes que trabalham em seu *back-end*.

O aplicativo, como o modelo e a análise de dados, pode ser distribuído por sobre todas as superfícies de computação: sistemas embarcados, roteadores e *switches* na rede de TI, *gateways* na rede de TO, servidores na nuvem, o computador desktop e o dispositivo móvel. Sua localidade e sua localização dependem da funcionalidade necessária e do caso de uso.

A secadora IoT

A minha secadora de roupas, em casa, é realmente simples. Ela tem um timer, um botão de início e umas duas maneiras de definir como quero as roupas secas. Às vezes, as roupas ficam secas demais e amarrotadas; outras vezes, elas não ficam bastante secas, mas, em geral, os

> **TECH TALK**
>
> Para mais informações sobre a modelagem do valor, veja Capítulo 2.

resultados são satisfatórios. Como usar a Internet das Coisas para agregar valor a essa tecnologia de 75 anos? A reação reflexa é conectá-la ao nosso smartphone, para comandá-la e controlá-la à distância. Como analisamos no Capítulo 2, porém, os produtos conectados geralmente não são bons o suficiente, ou, melhor dizendo, seu valor incremental não justifica o custo incremental. Em vez de criar uma secadora conectada, vamos criar uma secadora IoT.

O primeiro passo é definir o valor incremental da nossa secadora IoT. Nesse caso, nossa proposta de valor de IoT é *secar roupas o mais rápido possível, ao menor custo possível, ao mesmo tempo em que se mantém a integridade das roupas* – ou seja, elas não encolhem, não esticam, não formam vincos. Agora que qualificamos o valor da secadora, o passo seguinte é quantificá-lo com um modelo.

Para construir nosso cibermodelo, recorremos à ciência da evaporação, porque, efetivamente, o que estamos tentando fazer é mudar o estado da água nas roupas de líquido para gasoso.

A evaporação depende da temperatura e da ventilação. E ocorre que a ventilação – a varredura das moléculas de H_2O da camada superficial das roupas – é mais eficaz do que o calor, que excita as moléculas até o ponto em que atingem outro estado de energia e se desprendem das roupas. A secadora IoT equilibrará ventilação e temperatura, com base nas características da carga, para alcançar objetivos de velocidade ou custo.

Cibermodelo

O cibermodelo é função da ventilação, da temperatura, do peso das roupas e do preço da energia.

Tempo/energia = f(ventilação, temperatura, peso das roupas, preço da energia).

Essas são as quatro variáveis macro que precisamos para compreender e desdobrar ainda mais, para quantificar a proposta de valor.

A secadora é um dispositivo muito simples. Ela é ventilada pela ventoinha na parte posterior e pela agitação das roupas que são lançadas de um lado para o outro no tambor rotativo. A temperatura é controlada pelo elemento de aquecimento na parte dianteira da ventoinha. A melhor secagem, já se sabe, ocorre quando a temperatura das roupas é igual à temperatura do ar. Se a temperatura do ar for mais alta que a temperatura das roupas, o ar mais quente queima as roupas.

Se a temperatura do ar for mais baixa que a temperatura das roupas, o ar mais frio amarrota as roupas.

Para a ventilação, precisamos captar a velocidade da ventoinha e a velocidade angular do tambor rotativo, ambas relacionadas com o fluxo de ar. Isso resulta em:

Ventilação = f(velocidade da ventoinha, velocidade angular).

Para a temperatura, precisamos medir a temperatura do ar, derivada da temperatura do elemento de aquecimento, e também a temperatura das roupas. Isso leva a:

Temperatura = f(temperatura do elemento de aquecimento, temperatura das roupas).

E, finalmente, precisamos medir o peso das roupas e o custo da energia no momento da secagem. Expandindo nosso modelo de valor, obtemos:

Tempo/energia = f(velocidade da ventoinha, velocidade angular do tambor, temperatura do elemento de aquecimento, temperatura das roupas, peso da carga, preço da energia).

Essas variáveis são os dados de que precisamos para o nosso cibermodelo. Nossos engenheiros podem encontrar os sensores certos para captar os dados e os serviços de dados certos da empresa de serviços de utilidade pública para fornecer os preços de energia atualizados.

Nosso modelo é construído ao longo do tempo pelos dados oriundos dos sensores e da internet. Nosso trabalho como gestores não é desenvolver ainda mais o modelo; esse é o trabalho dos engenheiros. Nosso trabalho de modelagem, o trabalho de criação de valor, termina depois da definição das variáveis – nesse caso, a velocidade da ventoinha, a velocidade angular do tambor, a temperatura do elemento de aquecimento, a temperatura das roupas, o peso das roupas e o preço da energia (ver Quadro 11.1).

Aplicativo

O aplicativo interroga o modelo e aciona em tempo real o produto definido por hardware. Colhe amostras de dados dos sensores e dos serviços de dados, e executa o modelo de secagem local.

Como o modelo é uma equação, podemos manipulá-lo, rearranjá-lo e resolvê-lo para alcançar nossos diferentes objetivos finais (velocidade, custo). Usamos, então, as variáveis do modelo resolvido para acionar a temperatura do elemento de aquecimento, a velocidade angular do tambor e a velocidade da ventoinha. Com efeito, estamos mudando as microconfigurações da secadora de roupas, com a maior rapidez possível ou com o menor custo possível, por determinado custo de carga e de energia.

Quadro 11.1: Modelagem do valor para a secadora IoT

Secar roupas o mais rápido possível ou ao menor custo possível, e manter a integridade delas

Modelo
- Tempo/energia = f (ventilação, temperatura, preço).
- Tempo/energia = f (velocidade da ventoinha, velocidade angular, peso da carga, temperatura do aquecedor, temperatura do tambor, preço da energia).

Aplicativo
- Interroga o modelo e aciona o produto definido por hardware.

Análise de dados
- Constrói modelos ligando troca de variáveis a resultados.
- Usa análise de dados descritiva para relatar reduções de custos.
- Usa análise de dados preditiva para estimar quando as roupas estarão secas e quando os rolamentos estarão gastos.

Uma vez que isso é feito em tempo real, o software estará rodando no local, no sistema embarcado da secadora, acionando o hardware de acordo com os cibermodelos.

A computação também está acontecendo na nuvem; trata-se, afinal, de um produto IoT. Além do sistema de gerenciamento de *back-office* (retaguarda), a ser usado para manutenção e suporte, o gerenciamento do modelo também é tarefa do aplicativo – atualização do código no sistema embarcado, por meio de um mecanismo *over-the-air* (OTA), à medida que ele é aprimorado ao longo do tempo. Esse mesmo mecanismo OTA é usado pelo aplicativo para atualizar a segurança e para acrescentar novas funções à secadora IoT, à medida que é desenvolvido.

Portanto, a conexão com a internet é indispensável para receber atualizações sobre os preços da eletricidade; executar tarefas de manutenção, quando necessárias; atualizar o modelo, o aplicativo e a segurança; e ligar e desligar a secadora, à distância. O desenvolvimento e o refinamento do cibermodelo também são feitos na nuvem.

A análise de dados

A análise de dados consiste em criar um modelo ótimo e depois comparar esse modelo com os dados coletados para tomar decisões.

Como já mencionamos no exemplo anterior, da mola, a exatidão e, portanto, o valor do modelo estatístico aumenta com o número de pontos de dados usados em seu desenvolvimento. E os pontos de dados não serão gerados apenas por essa secadora IoT isolada, mas por todas as secadoras vendidas. O modelo da secadora IoT melhorará com o passar do tempo e será atualizado dentro do produto pelo software *back-end* de gerenciamento do modelo.

A análise de dados de *streaming* é usada para controlar a secadora no presente, em tempo real. A análise de dados descritiva é usada para compreender o que aconteceu no passado, gerando um relatório sobre como, por exemplo, você usou a secadora, e os custos incorridos. E a análise de dados preditiva é usada para prever o que acontecerá no futuro – por exemplo, para estimar quanto tempo demorará para secar a carga ou para estimar quando uma peça quebrará.

Mas, depois de tudo isso, será que a secadora IoT é mais valiosa que a secadora conectada? Com certeza. Será que o seu valor incremental justifica o custo incremental? Isso depende do cliente, mas esse foi, pelo menos, um bom exemplo de como o produto definido por software seria usado para melhorar um produto que usamos o tempo todo.

★ ★ ★

Esse conceito de virtualizar a essência do produto em software é fundamental para a criação de valor, mas, como ainda precisamos operar no mundo físico, o próximo capítulo trata do produto definido por hardware.

‹ CAPÍTULO 12 ›

O produto definido por hardware

Vamos falar agora sobre hardware. Para os nossos propósitos, o produto definido por hardware consiste em que o hardware necessário capte, processe e transmita dados *at the edge*, ou na margem, isto é, perto da fonte dos dados (ver Figura 12.1). Aí se incluem o sistema embarcado e os sensores e acionadores (ver Figura 12.2).

Sistemas embarcados

O sistema embarcado compõe-se de uma MPU (unidade de microprocessamento), um *front-end* I/O, energia, e, às vezes, sensores básicos e rádios (de bluetooth a LPWA). Uma MPU, ao contrário da CPU (unidade central de processamento) de um *gateway* em Linux, usa memória interna em vez de externa. Isso limita a disponibilidade de armazenamento.

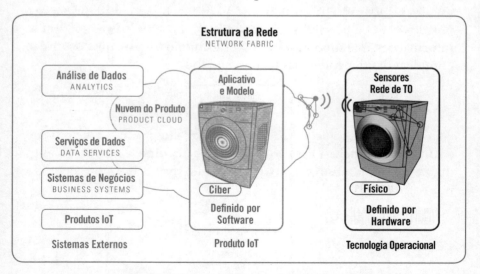

Figura 12.1: Produto definido por hardware dentro do produto IoT

A MPU roda um sistema operacional em tempo real (geralmente chamado RTOS), que armazena e executa aplicativos locais, gerencia as comunicações com sensores na rede TO (tecnologia operacional), e roda a segurança e a análise de dados local.

Cada sistema embarcado vem com um SDK (*Software Development Kit*) ou uma API (*Application Programming Interface*), ou ambos. Escolher um sistema embarcado significa escolher um ambiente de desenvolvimento. Esse ambiente de desenvolvimento suporta diferentes linguagens de programação e protocolos de rede, por meio de sua *network stack* (pilha de redes) ou *protocol stack* (pilha de protocolos). Portanto, você precisa garantir que o sistema embarcado seja compatível ou possa se tornar compatível tanto com o ambiente de desenvolvimento de aplicativos quanto com os protocolos a serem suportados. Em consequência, a escolha de um sistema embarcado é orientada pela descrição dos requisitos e pelo ambiente de desenvolvimento.

A sequência da tecnologia escolhida segue uma hierarquia de cima para baixo. Primeiro perguntamos que sensores são capazes de captar os dados de que precisamos; em seguida, que interfaces são usadas pelos sensores de que precisamos. E, finalmente, quando digo interfaces, refiro-me aos protocolos (mídia, *networking* e aplicativos) e APIs, ambos com implicações para o seu ambiente de desenvolvimento.

Portanto, para o produto definido por hardware e para a tecnologia de redes TO, o sistema embarcado é a última escolha. Por um lado, é escolhido para suportar o sensor, que suporta os dados, que suporta as informações, que suporta o valor. Por outro lado, deve suportar o protocolo de aplicativos, que suporta os aplicativos, que suporta as informações, que suporta o valor (ver Capítulo 10 para uma descrição completa das dependências técnicas da IoT).

Figura 12.2: O produto definido por hardware

Sensores e acionadores

O transdutor do sensor transforma uma forma de energia em outra (ver Figura 12.3), e a segunda forma de energia é geralmente corrente direta, entre 5 e -5 volts. Dentro dos sensores, essa corrente direta é convertida por um conversor A/D em valor digital – a carga útil a ser transportada para processamento. A mensagem do acionador flui na direção oposta – um sinal digital do aplicativo é convertido em sinal analógico que impulsiona algum efeito no mundo físico.

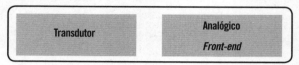

Figura 12.3: O sensor

A boa notícia é que sempre há um sensor que atende às suas necessidades. Os sensores fazem parte dos negócios há mais de 50 anos, razão por que há literalmente mais de um milhão de escolhas disponíveis (ver Figura 12.4). O desafio é encontrar o tipo certo. O tipo de sensor será definido pelos requisitos dos dados, mas outros tipos de função a serem considerados também são perfil de energia (como a eletricidade e quanta eletricidade está sendo usada), fidelidade (exatidão), ruído (erros aleatórios), e gerenciabilidade. Mesmo quando os sensores parecem bons no papel, eles devem ser testados, pois nem sempre funcionam como é anunciado. Às vezes, o comportamento deles é contraintuitivo. Por exemplo, o sensor de mais alta-fidelidade nem sempre é o melhor sensor, por causa dos falsos negativos que devem ser filtrados pelo aplicativo. Os sensores, portanto, devem corresponder às suas necessidades individuais.

- Aceleração/vibração
- Acústico/ultrassônico
- Químico/gases
- Elétrico/fluxo magnético
- Força/carga/torque/tensão
- Umidade/umectação
- Vazamento/nível
- Óptico
- Movimento/velocidade/deslocamento
- Posição/presença/velocidade
- Pressão
- Temperatura

Figura 12.4: Tipos de sensores

O sensor e o sensor conectado são duas coisas muito diferentes. Para facilitar a conexão, o sensor precisa de sistema embarcado, rádio e energia (ver Figura 12.5).

Dois são os tipos de sensores conectados: sensores embarcados e sensores independentes.

Sensores embarcados e independentes

As instalações em que o sensor consta do projeto original do produto são denominadas instalações *greenfield* (em campo virgem). Um exemplo são os sensores embarcados das secadoras de roupas IoT. Nessas instalações, um ou mais sensores são controlados por um único *chipset* embutido.

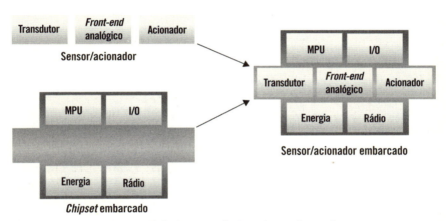

Figura 12.5: O sensor/acionador embarcado

Nas instalações *brownfield* (em campo usado), em que o sensor não consta do projeto original, os sistemas, ou ambientes, são reconfigurados ou modernizados (retroalimentados) com sensores conectados. Não é fácil substituir equipamentos caros, com ciclo de vida de 10, 15 ou até 25 anos; por isso, eles são instrumentados com um exoesqueleto formado por uma rede de sensores, que é fixado no equipamento, isolando-se a rede de comunicações existente (ver Figura 12.6).

Gerenciamento de dispositivos

O gerenciamento de dispositivos, ou, mais exatamente, gerenciamento de sensores conectados, será uma atividade contínua, a ser considerada antecipadamente em qualquer decisão de compra. O gerenciamento de dispositivos consiste em provisionamento, configuração e manutenção.

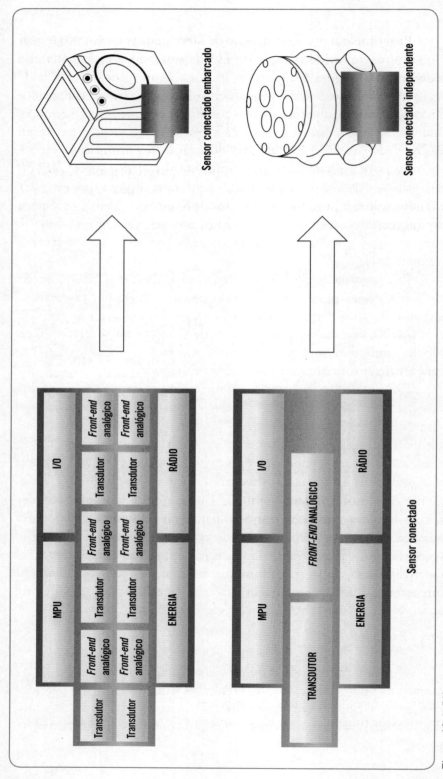

Figura 12.6: Diferentes tipos de sensores conectados

Provisionamento é o processo de fazer a conexão entre o sensor e o sistema embutido na rede de TO, de um lado, e o aplicativo na rede de TI, de outro. A autenticação dos sensores, como medida de segurança, é parte do provisionamento. Configuração é o processo de associar metadados aos sensores para fornecer informação contextual. Esses metadados se associam à carga útil de dados (p. ex., quais são os dados, unidades de dados, localização do dispositivo, etc.) e ao software e ao hardware que capturaram os dados (p. ex., ID do dispositivo, versão firmware, versão segurança, versão software, etc.). Manutenção é o processo de mudar o software do sistema embarcado que gerencia o sensor ou os vários sensores, para eliminar erros, para atualizar a segurança e, se necessário, para ampliar a estrutura de metadados.

Em instalações *greenfield*, o provisionamento e a configuração são feitos como parte do projeto do produto e, então, "fabricados" juntamente com o produto. E são testados como parte do teste do produto. O sistema de manutenção deve ser projetado dentro do produto, mas tem vida independente, na forma de subsistema OTA, para atualizar o firmware ou software embarcado.

Em instalações *brownfield*, há outras considerações. O provisionamento e a configuração são feitos "manualmente" para cada caso de produto. As perguntas a fazer são: Até que ponto o processo é manual? Há ferramentas, como aplicativos para dispositivos móveis, a serem usadas no campo, ou o processo é mais complicado? Como o teste é feito? E quais são os mecanismos usados para instalar fisicamente os sensores independentes? Não se apresse em compreender as suas escolhas, porque as respostas para essas perguntas têm grandes implicações em termos de custos de recursos humanos. Depois que o dispositivo é provisionado e configurado, a manutenção futura é feita da mesma maneira como nas instalações *greenfield*, por meio de um sistema OTA automatizado.

Preço do sensor

A boa notícia é que o preço dos sensores tem caído. Nos últimos 15 anos, os preços caíram, em média, de $ 22 para $ 1, em consequência da proliferação dos smartphones que carregamos no bolso. Os dispositivos móveis são grandes conjuntos de sensores, e a quantidade em si de smartphones empurra o preço cada vez mais para baixo. Evidentemente, essa tendência se aplica apenas a determinadas classes de sensores, mas os requisitos de eficiência na fabricação exerceram um efeito de halo sobre todos os sensores.

★ ★ ★

Este capítulo abrangeu o que ocorre na rede TO, mas não na rede em si. O próximo capítulo examina toda a estrutura da rede, inclusive a rede TO.

‹ CAPÍTULO 13 ›

A estrutura da rede

Visão geral da rede

Neste capítulo, vamos conversar sobre o que pode ser descrito, literalmente, como Internet das Coisas – a estrutura da rede que conecta as principais partes do produto IoT (ver Figura 13.1).

Seguindo os dados do sensor, começamos na rede da tecnologia operacional (TO), avançamos para a rede da tecnologia da informação (TI), geralmente com rádio, prosseguimos para uma nuvem local ou diretamente para o *backhaul* que conecta a rede local à internet e à rede de produto.

A plataforma de IoT é uma categoria de produto fundamental. Ela consiste em software que integra com a nuvem do produto e com partes variáveis da rede de TI e, talvez, da rede de TO. Importante benefício daí decorrente é que o empacotamento e a integração da plataforma, às vezes com um ambiente de desenvolvimento, resultando em menos tempo de desenvolvimento e em mais segurança.

Não quero minimizar a importância da estrutura da rede, mas, observada sob uma perspectiva de valor, ela é a tubulação que facilita a criação de valor. Embora haja exceções, não se trata de uma área de propriedade intelectual que a empresa precisa desenvolver *in-house*. É importante compreendê-la, mas não é importante controlá-la, nem construí-la a partir do zero, e a tecnologia de IoT será a primeira a ser comoditizada.

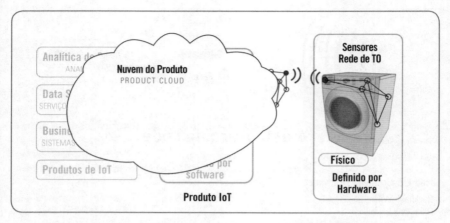

Figura 13.1: A estrutura da rede dentro do produto IoT

Padronização e protocolos de comunicação

Embora um pouco seco, *protocolos* (termo que usarei indiferentemente com *camadas* e *padrões*) são a base de uma rede de comunicação e padronização na Internet das Coisas. A falta de padronização, juntamente com a dificuldade de monetização e as preocupações com segurança, está retardando a adoção da IoT.

Até agora, a IoT cresceu na indústria na forma de unidades independentes – unidades independentes que careciam de padronização porque os protocolos não precisavam falar uns com os outros. Não era a Internet das Coisas; eram apenas coisas. Quando sofisticados, eram a rede local das coisas (*machine-to-machine* – M2M); o mais provável, porém, é que se conectassem apenas com telas (também uma forma de M2M), que, por seu turno, se conectavam com a "Sneakernet" das Coisas ("tênisnet" das Coisas – transferência de informações por meio físico – pen drives, CDs, discos rígidos, fitas magnéticas).

Camadas aninhadas

Em redes de computador, os protocolos são organizados como pilhas, de modo que a primeira coisa a compreender é que não há um único protocolo de rede na Internet das Coisas; há três protocolos de rede, e um quarto a caminho. Há protocolos referentes ao rádio, a como movimentamos pacotes pela rede e à maneira de contextualizamos os dados para torná-los consumíveis pelo aplicativo. Vamos examinar cada uma dessas camadas (ver Figura 13.2).

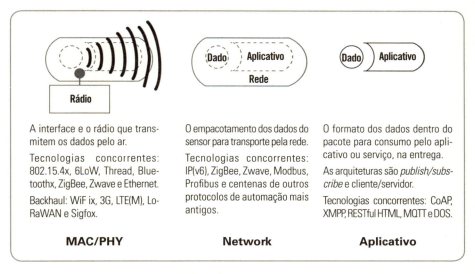

Figura 13.2: Carga útil e camadas

Camada de mídia

Vamos começar com a primeira camada, a camada de mídia, ou o que às vezes é chamado de camada MAC/PHY. Essa é a única camada que inclui hardware. Geralmente, em IoT, é um rádio, mas não precisa ser; também pode ser conectado com o protocolo Ethernet. Os rádios que geralmente empregamos em IoT são 802.15.4, usados pela velha escola ZigBee e Zwave, e pela nova escola 6LoPAN, que é parte de uma escola ainda mais nova, Thread. Em seguida, temos 802.11, que é Wi-Fi, e 802.15.1, que é Bluetooth. Há a tecnologia celular (1G até LTE e agora 5G), e, mais recentemente, o rádio de baixa energia e ampla área (LPWA), em que o protocolo de padronização ainda está em andamento. Os protocolos de rádio não se consolidarão, porque cada modalidade de rádio tem diferentes características. Retrocedendo à física do ensino médio, lembre-se de que essas diferentes características se resumem em mecânica de ondas.

Diferentes casos de uso demandam rádios diferentes – cujas principais variáveis são energia (quantidade consumida), frequência (fidelidade e largura de banda) e alcance (distância atingida). Dependendo dessas características do rádio, eles são usados em redes de área pessoal, redes de áreas locais e redes de áreas amplas. Além da física, a economia às vezes também afeta a escolha do rádio. Algumas tecnologias de rádio, como celular, usam um modelo de carregamento para fornecer infraestrutura, enquanto outras podem exigir que a empresa adote e mantenha a própria estrutura de *gateways* (pontes de ligação entre duas redes), antenas, etc.

As redes de área pessoal são perfeitamente compatíveis com Bluetooth, embora o SIG tenha turvado as águas com iniciativas de redes *mesh*. Bluetooth é, em geral, ondas de rádio de baixa energia, alta frequência e curto alcance, que, para muitos aplicativos próximos, faz muito sentido. Wi-Fi, por certo, tem largura de banda suficiente para qualquer aplicativo de IoT e alcance médio, mas consome muita energia. Enquanto o Bluetooth pode usar baterias, o Wi-Fi deve estar ligado na eletricidade da parede.

A 802.15.4 é geralmente considerada uma *lossy network*, ou uma *lossy network* de baixa energia. Esses rádios são organizados como redes *mesh*, usadas em casa, em *pipelines* e em outras infraestruturas de IoT. A rede *mesh* ou rede de malha é uma alternativa para o roteamento, com menos despesas gerais (memória, computação), ao mesmo tempo em que permite a descida dos nós, da mesma maneira como nas redes roteadas. Mas, como o nome sugere, ela geralmente perderá mais dados, se for contaminada, do que sua contraparte roteada.

Não recomendo ZigBee, nem Zwave para novas iniciativas. Apesar da propaganda em sentido contrário, elas são protótipos de sistemas fechados e proprietários. No lugar dos protocolos da velha escola destaca-se o Thread, que também se baseia no 802.15.4 e se destina a substituir o ZigBee e o Zwave, mas, ao contrário dos seus antecessores, ele se baseia no protocolo aberto IPv6 (Internet Protocol versão 6), via o seu alterego mais enxuto, 6LoPAN.

Se você tiver energia AC, Wi-Fi é a melhor escolha como protocolo para rede de área local. Tem largura de banda suficiente para quase todos os casos de uso de IoT, e sua ubiquidade a torna eficaz em relação ao custo. O Wi-Fi geralmente é adotado para espaços fechados, mas tem sido usado com eficácia, com repetidores, em áreas externas mais amplas. Uma desvantagem pode ser sua configuração inicial relativamente complexa.

O celular, nas versões 2G, 3G, 4G, e agora LTE-M e NB-IoT, faz sentido para coisas remotas e móveis, que exigem muita largura de banda. Essas redes de topologia estelar são muito confiáveis, mas têm seu preço. Embora tenham sido usadas em telemática (uma forma de M2M) durante anos, os modelos de negócios devem mudar. Os operadores de dispositivos móveis sabem disso e adaptarão sua estratégia de monetização ou serão marginalizados e relegados aos casos de uso cada vez mais raros que podem remunerá-los e não podem usar LPWA.

LPWA é a mais nova tecnologia de rádio no bloco de IoT. Como anunciado, exige muito pouca energia, mas tem longo alcance. A baixa carga útil e a pouca largura de banda, no entanto, limita seus casos de uso. Seu custo monetário relativamente baixo, porém, expande sua usabilidade. Como o celular, o LPWA assume a forma de uma topologia estelar (ver Figura 13.3), mais adequada para modelos de comunicação um-a-um, não apresentando as vantagens das redes *mesh*. A largura de banda é baixa e, quando digo baixa, refiro-me ao baixo nível de bytes por minuto, mas essa característica também tem suas vantagens. Substituir as baterias dos sensores é operação complexa e onerosa. O LPWA ainda exige troca de baterias, mas isso talvez ocorra por terem ido além da vida útil, não por terem esgotado a fonte de energia. O modelo de negócios das redes LPWA é amplo. Você pode comprar os componentes e construir sua própria rede, como nos casos de 15.4, Wi-Fi e Bluetooth; por outro lado, vários operadores de LPWA emergentes permitem que você assine suas redes, como no caso do celular.

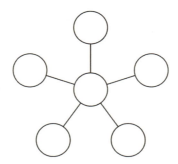

Figura 13.3: Topologia estelar

A padronização não reduzirá o número de protocolos de camada de rede. Por causa dos diferentes casos de uso que suportam, teremos pelo menos cinco classes de rádio no futuro da IoT. Sob a perspectiva de negócios, não somos a favor de nenhum tipo de rádio em relação a outro. A escolha do rádio é determinada pela descrição dos requisitos, que orienta a coleta de dados de que precisamos, de modo a gerar as informações necessárias para suportar nossa proposta de valor de IoT.

Camada de rede

Em seguida, passamos para a camada de rede. Ao contrário da camada de mídia e da camada de aplicativo, a camada de rede será padronizada. Hoje, a camada de rede abrange as redes de TI e TO nas configurações de IoT. É no lado da TO que você encontrará mais de cem protocolos de rede proprietários: Modbus, Profibus, TLS e outros. Todo setor de atividade desenvolve autonomamente seu próprio protocolo de rede, confeccionado sob medida para o domínio, seja para o carro (CAN bus), para a automação de edifícios (BACnet) ou para redes inteligentes (OSGP).

No lado da TI, padronizamos o IP (protocolo de internet). Atualmente, estamos usando IP versão 4 (IPv4) e transitando em todo o mundo para IPv6, cujo espaço para endereço é grande o suficiente para atribuir um único endereço a todos os sensores do planeta; na verdade, bastante grande para abranger todo grão de areia existente na Terra.

A extensão do IP da rede de TI para a rede de TO é inevitável. As vantagens de usar um único protocolo de rede, do sensor à nuvem pública, são importantes demais para que esse não seja o desfecho. Os benefícios imediatos incluem redução de custos, aumento da segurança, e não ficar preso a determinado fornecedor.

Outro nome de IP é protocolo de integração, porque todo mundo o conhece, o que torna o seu emprego relativamente simples. Com o IP, você obtém economia de escala, benefícios de segurança e flexibilidade, e, por fim, todo mundo o conhece.

Camada de aplicativo

O último protocolo de IoT é o protocolo de aplicativo. O protocolo de aplicativo inclui metadados para explorar a carga útil de dados brutos. A classe de protocolo de aplicativo depende da arquitetura do aplicativo. Os protocolos *publish-subscribe* que se comunicam com todos os nós incluem MQTT e XMPP. Os protocolos cliente-servidor que utilizam funções *gets and puts* incluem RESTful HTML, CoAP e DDS.

Os protocolos de aplicativo são importantes porque eles contextualizam a carga útil de dados, para que sejam usadas com eficiência pelo aplicativo. Retornando ao nosso exemplo da secadora de roupas IoT, digamos que os nossos sensores estejam puxando 36.2, 1.24,

1506.0, uma sequência de números transmitidos pela rede. Mas o que eles significam? O que eles representam?

Para responder a essas perguntas, precisamos compreender como esses dados foram salvos na memória do nosso banco de dados, para lermos os dados fora dessa memória de maneira sensata. Pedir um "mapa" de como os dados foram armazenados é muito ineficiente. Da mesma maneira como o *browser*, ou navegador, não tem ideia de como os dados foram armazenados, temos de adotar a mesma abordagem com os dados de IoT. Precisamos armazenar o significado dos dados, além de seus valores, em vez de recorrer a uma tabela ou algoritmo, *a posteriori,* para obter informações sobre os dados coletados. Isso é o que fazem os protocolos de aplicativo; eles acrescentam uma camada contextual em torno dos dados. Em vez de ler uma sequência de números cuja compreensão exige algum tipo de algoritmo, lemos 97.16: temperatura em graus Fahrenheit, do sensor B, na secadora com número de série X, à hora Y; 1.24: velocidade angular, em rotações por segundo, do sensor A, na secadora com número de série X, à hora Y; 1506.0: peso em gramas, do sensor C, na secadora com número de série X, à hora Y.

Ao usar um protocolo de aplicativo, o aplicativo passa a consumir os dados de maneira mais eficiente, não importa onde residam os dados.

Metacamada

Uma pseudo quarta camada, emergindo uma a uma em diferentes setores, é a camada de metadados. Trata-se de um mapa de todos os metadados legítimos, com significados e unidades. Os protocolos de mídia permitem que diferentes rádios conversem uns com os outros. Os protocolos de rede permitem que diferentes redes conversem umas com as outras. Os protocolos de aplicativo permitem que diferentes aplicativos conversem uns com os outros – desde que estejam usando o mesmo vocabulário, que é onde entram os protocolos de metadados. Eles realmente permitem que diferentes aplicativos, de diferentes desenvolvedores, e até de diferentes setores, conversem uns com os outros, com um vocabulário comum e uma compreensão comum do que os metadados representam. Imagine um veículo autônomo conversando com uma cidade inteligente. Embora esses dois produtos IoT possam usar o mesmo protocolo de aplicativo, indicando que o valor de dados, 6, é velocidade, se o carro representa velocidade em metros por segundo e a cidade representa velocidade em milhas por hora, ainda temos um problema contextual e, portanto, um problema de metadados. Os respectivos aplicativos que operam o veículo e operam a cidade precisam reconciliar o significado de velocidade. Embora já estejamos constatando esse problema em certos setores, por exemplo, MTConnect para o setor de fabricação, prevejo que desenvolveremos uma sintaxe para transpor os padrões setoriais, como a que é necessária no exemplo do veículo e da cidade.

Siga o exemplo dos dados

Uma maneira útil de raciocinar sobre a relação entre os três protocolos, ou camadas, de IoT e os dados é usar a analogia com as bonecas russas matryoshka, ou bonecas aninhadas. O valor dos dados começa dentro do protocolo de aplicativo, que está dentro do protocolo de rede, que está dentro do protocolo de mídia. Cada protocolo é desempacotado em diferentes pontos ao longo da jornada, do sensor aos aplicativos. Vamos continuar com o nosso exemplo da secadora IoT, seguindo a jornada do ponto de dados 97.16, do sensor de temperatura ao aplicativo, que o armazena num banco de dados, no servidor, para análises futuras.

O sensor interpreta a temperatura e converte a voltagem do resultado no equivalente digital a 97.16. Essa é a carga útil de dados – é o que precisamos levar ao aplicativo (ver Figura 13.4).

A computação do sistema embutido embrulha a carga útil no pacote de aplicativo e carrega com ela as unidades de medida, o número de série da secadora, a hora em que o ponto de dados foi captado, e outras informações sobre os conteúdos dos dados e sobre o hardware e o software que armazenaram os conteúdos (ver Figura 13.5).

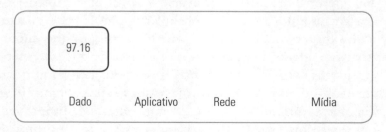

Figura 13.4: Carga útil

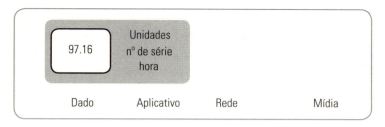

Figura 13.5: Carga útil dentro do protocolo de aplicativo

O protocolo de aplicativo, junto com os dados em seu interior, é empacotado dentro do protocolo de rede de TO e enviado ao longo da rede de TO interna da secadora para o rádio da secadora (ver Figura 13.6).

Figura 13.6: Carga útil dentro do protocolo de rede TO

O protocolo de rede de TO, que contém o protocolo de aplicativo, que contém a carga útil, é, então, empacotado no protocolo de mídia correspondente ao tipo de rádio da secadora (neste caso, Wi-Fi), que é enviado pelo ar, do transmissor de rádio na secadora para o receptor de rádio no *gateway* (roteador Wi-Fi) na rede de TI da casa (ver Figura 13.7).

Figura 13.7: Carga útil dentro do protocolo de mídia

Lá, o protocolo de rádio é descartado, deixando o protocolo de rede de TO. Uma vez que o receptor está numa rede de TI, o *gateway* deve ser usado para desempacotar o protocolo de aplicativo e seus dados do protocolo de rede de TO e, então, empacotá-los no protocolo de rede de TI, IP. Uma vez no formato de protocolo de internet, o protocolo de aplicativo, junto com a sua carga útil de dados (97.16), é enviado através da rede de TI para a conexão *backhaul*, onde deixa a casa, encontra alguma fibra e abre caminho para a internet (ver Figura 13.8).

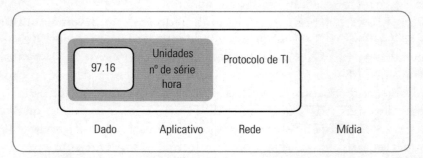

Figura 13.8: Carga útil dentro do protocolo de internet

Enquanto na internet, o pacote de dados é roteado, via IP, para a nuvem do produto, onde é ingerido e depois roteado para o servidor do aplicativo. O sistema operacional (OS) do servidor o despe da camada de rede e entrega os dados, empacotado no protocolo de aplicativo, no aplicativo (ver Figura 13.9).

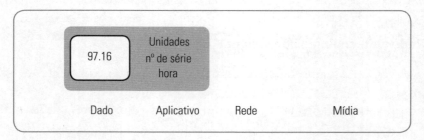

Figura 13.9: Carga útil dentro do protocolo de aplicativo

O aplicativo, rodando no servidor, desempacota o protocolo de aplicativo, ingerindo a carga útil 97.16 junto com seus metadados, para que o aplicativo saiba o que é. Os dados são processados imediatamente ou são armazenados em um banco de dados em outro servidor, junto com os metadados, para uso futuro pelo aplicativo ou pela análise de dados.

Os tipos de protocolos de aplicativo, de rede ou de rádio que forem usados serão orientados pelo caso de uso e pelos nossos requisitos, e essa é a preocupação da equipe de engenharia incumbida da implementação. Frequentemente, quando falo pela primeira vez com os clientes, eles já estão discutindo entre si se será Bluetooth ou Wi-Fi, e já estão mergulhados na seleção da plataforma. Isso está errado; é o rabo torcendo a porca. Embora seja importante aprender como funciona, o primeiro passo é definir o valor, depois os dados necessários, e só então considerar a tecnologia.

Isso dito, há uma tecnologia de rede em que devemos insistir, que é o protocolo de rede usado, e deve ser IP. A rede de TI usará, evidentemente, IP, mas devemos exigir em que a rede de TO o use tanto quanto for razoavelmente possível. Esse aspecto deve ser padronizado tanto quanto possível. A rede de TI evidentemente usará IP, mas devemos exigir que a rede de TO também o use tanto quanto for razoavelmente possível. Não porque o consideramos tecnicamente superior, mas sim porque é economicamente superior com base nos atributos já citados de custo mais baixo, maior simplicidade e maior segurança. Se o seu fornecedor já não oferecer IP na rede de TO, você precisa mudar de fornecedor ou então exigir que o fornecedor mude suas diretrizes. Essa iniciativa ajudará a movimentar a agulha da padronização e oferecerá, à sua empresa e ao setor como um todo, mais e melhores opções para o futuro.

Vamos saltar uma camada e retornar às diferentes partes da estrutura da rede.

Rede de tecnologia operacional

TO é a tecnologia necessária para suportar as operações do produto IoT (sistema ou ambiente). O propósito da rede de TO é transportar os dados entre os sensores ou os acionadores e a rede de TI que por fim leva os dados para o aplicativo (ver Figura 13.10).

As redes de TO podem ser redes de área pessoal, redes de área local ou redes de área ampla. Elas podem ser realmente pequenas, como a que se encontra no interior de um monitor inteligente; também podem estar dentro de uma secadora ou de um edifício; e às vezes são realmente grandes, envolvendo uma cidade ou até um país.

Como as redes de TO evoluem independentemente, em diferentes cadeias verticais de diferentes setores de atividade, quase todas usam protocolos de rede proprietários, como já analisamos. Esses protocolos proprietários eram feitos sob medida para determinada operação de negócios, como automação de processos, controles industriais, automação de edifícios, automação de sistemas de energia, pontos de venda, etc. Também eram construídos para automação de casas, veículos, e assim por diante. Juntamente com os protocolos proprietários vêm o hardware proprietário e o aprisionamento tecnológico (*vendor lock-in*). Daí resultou a *Internet of Gateways* – *gateways* proprietários, para protocolos de rede proprietários, e outros *gateways* para converter esses protocolos de rede proprietários em protocolo de internet. Nada bom.

Figura 13.10: A rede de TO

As redes de TO são por natureza independentes e podem durar décadas. Para conectar um sistema SCADA (Supervisory Control of Data Acquisition), por exemplo, à Internet das Coisas, há duas opções: explorar a rede existente com um *gateway* e traduzir as redes proprietárias, preparando-as para as redes e *backhaul* de TI, ou construir uma rede de IP sobrejacente – paralela à rede de TO e independente dela. Os gerentes e técnicos de TO geralmente escolhem a segunda opção para não correr o risco de romper as operações de seus negócios, mas podem ocorrer perdas de alguns dados importantes, em consequência do uso de redes sobrejacentes. Em alguns casos, esse *retrofit* pode chegar ao ponto de duplicar os sensores, isolando completamente as duas redes.

Um de meus clientes estava construindo um produto sobrejacente para instrumentar equipamentos industriais de preço médio, com idade média de 10 a 15 anos. Por um lado, era muito mais fácil, do ponto de vista técnico e político, não entrar diretamente no barramento da máquina e usar nossos próprios sensores. Mas, por outro lado, não indo diretamente à fonte, nós perdíamos metadados que tinham de ser recuperados *a posteriori*. Não há maneira perfeita, e cada situação exige uma análise específica.

Rede *mesh*

A topologia de uma rede *mesh* é tal que todo nó transmite todos os dados para a rede; ela é usada quando a topologia estelar é simplista demais (ver Figura 13.11). As redes *mesh* são tipicamente sem fio e podem ser empregadas em ambientes do mundo real menos sofisticados, em que os sensores sem fio podem falhar, por motivos de antena ou energia, relativos ao ambiente. A rede *mesh* foi desenvolvida para operar nessas condições menos do que ótimas, em que um ou mais nós *mesh* (sensores) podem parar de operar, sem impactar a funcionalidade da rede como um todo. Essa característica "autorregeneradora" também é encontrada nas redes de TI, mas a rede *mesh* pode comunicar-se sem a despesa de uma *routing table* usando *flooding*.

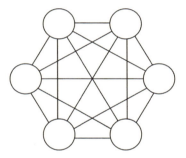

Figura 13.11: Topologia *mesh*

A rede *mesh* é empregada predominantemente em casos de uso de casas inteligentes, edifícios inteligentes e cidades inteligentes, mas também é usada em ambientes onde uma conexão por cabo é insegura e pouco prática, como dentro de uma tubulação.

O atual estado da arte da rede *mesh* é representada por uma Thread (linha ou encadeamento de execução), que emprega uma pilha aberta usando 6LoPAN sobre redes 802.15.4. Ela substitui ZigBee e Zwave antigas, que também rodam sobre a camada de mídia 802.15.4. Os outros principais tipos de rádio, celular, Bluetooth e Wi-Fi rodam uma tipologia de rede estelar, mas há tentativas em curso para rodar redes mesh sobre redes Bluetooth e Wi-Fi.

Rede de tecnologia da informação

A rede de TI é conhecida pela maioria das pessoas – ela envolve a internet, a intranet, e todas outras redes de TI (ver Figura 13.12).

O propósito da rede de TI em IoT é transportar os dados da rede TO para o link *backhaul*, que o transporta para o público e depois para a nuvem do produto. Como as redes de TO, as redes de TI podem ser redes de área pessoal, redes de área local e até redes de área ampla. Os exemplos de redes de TI incluem a rede que conecta a torre de celular com a infraestrutura de fibra em agricultura inteligente e a torre que conecta os pontos de acesso de Wi-Fi com a metronet da casa inteligente. Ela é padronizada em IP e roteada, ligada e protegida empregando o mesmo equipamento de rede usado na Internet das Pessoas.

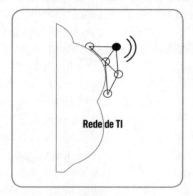

Figura 13.12: Rede de TI

Camada de névoa

A névoa é a superfície de computação, rede e armazenamento que conecta o sensor ao link *uphaul* e à nuvem pública. Ao contrário das nuvens privada e pública, que residem estritamente na infraestrutura de TI, a névoa abrange a infraestrutura de TI e de TO (ver Figura 13.13).

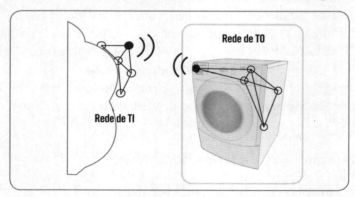

Figura 13.13: A camada de névoa

A costura entre as duas redes é uma questão a considerar, e é como um choque entre dois mundos: TI e operações. Há não só aspectos de tecnologia, como novas superfícies de ataque, que ameaçam a segurança, bem como os custos e as ineficiências adicionais dos *gateways* de conversão de protocolos, mas também aspectos humanos. As duas organizações diferentes responsáveis pela névoa geralmente não têm as mesmas prioridades de negócios. Enquanto TI se encontra em mutação constante, impulsionada pelas inovações, operações resiste à mudança, valorizando a estabilidade e o tempo ativo (ver Capítulo 8 para mais detalhes).

A realização de todo o potencial da IoT depende da unificação da névoa em uma rede homogênea. Para tanto, é preciso unificar o IP em todo o percurso, até o sensor. E, igualmente importante, também é necessário que as duas equipes que gerenciam as duas redes se integrem como organização, para garantir o pleno alinhamento entre ambas. Essa solução, embora relativamente fácil quando se desenvolve um produto independente em instalação *greenfield* (em campo virgem), fica mais difícil quando se trata de um produto *brownfield* (em campo usado), com infraestrutura já existente. Essa padronização e integração de equipes é que superará o grande retardo em IoT. A capacidade de usar todos os recursos de computação na nuvem, na névoa, em sistemas embutidos e em dispositivos móveis possibilita soluções para todos os casos de uso, inclusive em situações *on-prem*, em áreas restritas, onde toda a computação, rede e armazenamento devem ser locais.

Também é importante observar que *mist computing* (computação na neblina) significa dispor de recursos gerais de computação nos sistemas embarcados. Se a névoa (*fog*) encobre a neblina (*mist*) ou a neblina continua à parte, é só uma questão de nomenclatura. A estrutura da rede é uma superfície de computação distribuída, mas a tendência é aproximar a computação tanto quanto possível das fontes de dados. Entre outras vantagens, essa proximidade nos dá a opção de acumular ou não acumular os nossos dados.

Acumular ou não acumular

Na névoa, o consumo de energia na computação corresponde a cerca de um décimo do consumo de energia na comunicação – isso é importante quando é preciso poupar a energia da bateria. Uma vez que somente 1% dos dados coletados é usado, daí resulta a questão do volume de dados a armazenar.

Isso suscita a questão da acumulação de dados. Digamos que estamos coletando dados sobre o atrito dos rolos no exemplo da secadora IoT de nossa casa. Sabemos que enquanto o atrito se situar entre 0,1 N e 0,4 N, a peça está operando dentro das especificações. A abordagem da acumulação de dados é salvar todos os dados sobre atrito, independentemente do valor. No outro lado da escala, a abordagem do descarte de dados é executar análises simples na névoa e só transportar e armazenar os dados sobre atrito dos rolos superiores a 0,4 N ou inferiores a 0,1 N; em outras palavras, as anomalias e os intervalos entre as anomalias, descartando o resto.

A abordagem da acumulação de dados acredita que, embora seja dispendioso transportar e armazenar todos os dados sobre atrito de todas as suas secadoras em todo o mundo, há ouro nesses tesouros. Em outras palavras, o valor potencial dos resíduos de dados é bastante alto para justificar os custos de transporte e armazenamento e o aumento dos riscos legais decorrentes da acumulação.

A criação de novos produtos de informação é uma das maneiras de criar valor com IoT (ver Capítulo 2 para mais detalhes). Se você tiver um plano para vender um subconjunto de dados, é evidente que convém armazená-los. O dilema se refere mais aos dados para os quais você não tem planos.

A abordagem do descarte de dados tem uma visão menos romântica da ciência de dados. Para ela, a descoberta do valor dos dados não acontece por acaso; ela deve ser planejada desde o início, e os dados armazenados sem plano prévio apenas amontoarão poeira e acumularão custos e riscos.

O descarte de dados sem dúvida reduz custos, mas será que não está eliminando a hipótese de encontrar um pote de ouro? A resposta não é matemática, nem inequívoca, mas, para tomar qualquer decisão, a empresa precisa ter uma estratégia para o tratamento de seus dados primários e secundários.

Backhaul

A conexão *backhaul* liga a rede TI, ou névoa, com a nuvem pública, ou internet.

A conectividade pode ou não pode ser incluída no produto. Quando é incluída, ela geralmente implica LPWA, ou satélite, com a pré-negociação de um plano de transporte, o que fica mais oneroso se o produto for vendido e usado em vários países. Nesses casos, negociam-se os planos de transporte um a um, país a país, ou se usam os serviços de *backhaul*. Os serviços de *backhaul* se encarregam da negociação, consolidando a conectividade no mesmo acordo de serviço e na mesma conta. Esses serviços às vezes abrangem monitoramento em tempo real e análise de dados de faturamento.

A situação do negócio fica muito menos complicada se a conectividade do produto for carregada nos ombros da conexão *backhaul* existente, como uma conexão de linha fixa, na casa ou no trabalho do cliente, via Wi-Fi, ou sem fio, através do telefone móvel do cliente, via Bluetooth, para um produto vestível (*wearable*). Essa solução talvez seja menos complicada, mas, sem dúvida, envolve outra dificuldade. O produto IoT agora depende de uma infraestrutura que não é controlada e pode ser volátil. Isso talvez seja aceitável para a IoT de consumo, mas envolve (grandes) riscos para a IoT comercial, para a IoT industrial e para a IoT de infraestrutura.

Nuvem de produto IoT

Partindo da conexão *backhaul*, os dados viajam pela nuvem pública (a internet) e são ingeridos pela nuvem do produto IoT privada, que contém os servidores dos aplicativos que rodam aplicativos e bancos de dados não residentes (ver Figura 13.14). Há nuvens de IoT e nuvens de TI. A maioria dos leitores está familiarizada com nuvens de TI.

O modelo de negócios *cloud-as-a-service* (CaaS), ou nuvem como serviço, transformou a TI, com a maioria das empresas hoje incluindo um componente de nuvem pública em sua estratégia de TI. Como a nuvem de TI, a nuvem de IoT é usada para computação, comunicação e armazenamento, aumentando em muito a funcionalidade e o desempenho do produto IoT. Embora semelhantes, a natureza da nuvem de IoT é diferente da natureza da nuvem de TI em dois aspectos importantes: o tecnológico e o de negócios.

A estrutura da rede 205

Figura 13.14: A nuvem do produto IoT

A nuvem de IoT é diferente, no sentido de que deve suportar os protocolos dos aplicativos e os pacotes de análise de dados mais populares, usados pelos produtos IoT. Como a nuvem de TI, ela também deve se integrar com os sistemas de negócios PLM, CRM e ERP, mais populares. A nuvem de IoT também deve se integrar com as ferramentas de desenvolvimento preferidas da sua empresa, para a construção de cibermodelos e de aplicativos, assim como com as APIs dos serviços de dados que talvez sejam necessários, como clima, mapas, preços, etc.

O seu modelo de negócios deve ser compatível não só com os componentes técnicos de um produto IoT, mas também com a velocidade, a variedade e o volume de dados encontrados em IoT. Os dados dos sensores e dos serviços externos em IoT diferem dos mais comuns em TI. Em geral, há mais conexões enviando menores quantidades de dados em mais formatos. Se o modelo de negócios de nuvem de IoT cobra por número de conexões, como é o caso nos planos de celular para seres humanos, os custos serão altos demais.

Plataforma de IoT

Sempre recomendo aos meus clientes que comprem ou aluguem uma plataforma de IoT (ver Figura 13.15). As justificativas remontam às competências centrais e à propriedade intelectual. As plataformas de IoT são a tubulação de IoT – *software middleware* empacotando algumas ou todas as nuvens de IoT, um ambiente de desenvolvimento, um software de rede de TI, e, às vezes, um software de rede de TO, e até um pequeno *agent hardware*, tudo incluído dentro de uma estrutura de segurança. O propósito da plataforma de IoT é transportar dados do sensor e do sistema externo para o aplicativo, onde podem ser acionados e analisados para criar valor. A não ser que a competência central da sua empresa seja ou deva ser redes, não faz sentido criar aqui a sua propriedade intelectual exclusiva.

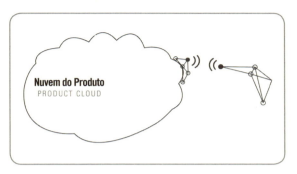

Figura 13.15: A plataforma de IoT

Tipos

Há centenas de plataformas de IoT comerciais disponíveis, geralmente classificadas em um de três tipos: plataformas de capacitação de aplicativos (*Application Enablement Platforms* – AEPs), plataformas de provisionamento e plataformas de conectividade. As AEPs fornecem um ambiente mais holístico e abrangente para o desenvolvimento de produtos IoT. Essas plataformas são usadas em IoT de consumo, comercial, industrial, e de infraestrutura. As plataformas de provisionamento são usadas para pôr on-line e para gerenciar rádios de comunicação – geralmente celular, mas também LPWA e satélite. A história delas envolve M2M e telemática, mas o seu alcance está se expandindo. As plataformas de conectividade geralmente conectam um produto numa rede de TO a uma nuvem, e essa nuvem a um dispositivo móvel. A conexão com a rede de TO é realizada por um agente de software, que roda nos sistemas embarcados populares existentes ou no próprio hardware embutido da plataforma. A IoT de consumo e a comercial usam essas plataformas para conectar um produto a um dispositivo móvel, que em si não cria valor suficiente, pelo menos sob a minha perspectiva.

Especialidade

Além do tipo, a outra maneira de estreitar as escolhas de sua plataforma de IoT é por especialidade do setor. Com o passar do tempo, a funcionalidade das plataformas comuns se transformará em *commodities*, deixando a especificidade setorial na condição de diferenciador. As plataformas de petróleo e de gás diferirão das plataformas de agricultura inteligente, que diferirão das plataformas de logística. E serão diferentes umas das outras não pela maneira como se constrói a rede – essa será a parte comoditizada –, mas pela maneira como se ajustam os ambientes de análise de dados e de desenvolvimento às necessidades específicas do setor e possivelmente à integração da rede de TO, mas isso é raro. Com o passar do tempo, toda a cadeia vertical dos setores se consolidará em uma a três plataformas. Talvez sejam versões muito customizadas de menos plataformas comuns, mas ainda serão muitas plataformas.

Arquitetura

A arquitetura da plataforma é ainda outra maneira de estreitar as suas escolhas. Uma exploração superficial dos protocolos de aplicativos mostra um espectro de escolhas, conforme o grau de responsividade necessário. As arquiteturas baseadas em mensagens geralmente não são tão responsivas quanto as arquiteturas baseadas em cliente-servidor, mas podem ser menos complexas de gerenciar e manter. Portanto, a questão passa a ser "Até que ponto o seu produto precisa reagir em tempo real?". Todos os outros fatores sendo iguais, as plataformas baseadas em protocolo de aplicativos de mensagem, como MQTT, não serão tão responsivas quanto as baseadas em protocolo cliente-servidor, como DDS.

Comercial *versus* código aberto

Uma última maneira de diferenciar as plataformas de IoT é código aberto *versus* comercial. Atualmente, as plataformas de IoT de código aberto não têm tantas funções, nem são tão robustas, sobretudo em escala, quanto suas equivalentes comerciais. Acredito que essa situação mudará e, em consequência, haverá um movimento para as plataformas de código aberto. Ao aderir a uma plataforma comercial, a existência do seu produto passa a depender dela. Se a entidade controladora muda de estratégia ou sai do negócio, você fica em situação difícil, o que torna o software de código aberto mais atraente. Eu, por certo, não esperaria pelo código aberto, mas é preciso tomar certas precauções ao trabalhar com um fornecedor de plataforma comercial.

Assegure-se de ter uma cláusula de garantia, no contrato, de acesso ao código-fonte e às chaves. Embora essa solução não seja perfeita, ela o ajudará na situação infeliz de ficar sem suporte ou, pior ainda, de se ver emparedado no *middleware*. Em termos realistas, porém, se chegar o dia desse apocalipse, assumir a responsabilidade de manter um programa dessa importância é, em geral, uma escolha difícil. É melhor conceber uma solução técnica desde o início. Evite comprometer o programa com alterações e extensões irreversíveis, observando com rigor os protocolos. Modularize a arquitetura do software para que toda a propriedade intelectual importante para a organização, como tudo relacionado com o aplicativo, o modelo e a análise de dados, seja isolada pela própria API, de maneira a ser plugada na plataforma. De forma semelhante à que ocorre na segurança, projetar com antecedência a modularidade na arquitetura é infinitamente mais fácil do que enfrentar essa questão terrível, depois do fato consumado. Essa é, em geral, a melhor prática.

Recomendações

Todas as empresas devem usar uma plataforma de IoT, não importam qual seja o setor de atividade, o que fazem os seus produtos, e em que estágio de desenvolvimento se encontrem. O modelo de negócios de *leasing* de uma plataforma de IoT se expande com o uso, dependendo do número de chamadas feitas, do número de *bits* movimentados, da quantidade de *bits* armazenados, etc. Nos primeiros estágios de desenvolvimento, as plataformas fornecem um conjunto rico de ferramentas de baixo custo, para obter uma prova do conceito ou um protótipo. Os custos aumentam apenas quando os clientes usam o seu produto, aumentando também a sua receita. Esse é um pequeno preço a pagar, ao considerar como seria difícil e oneroso construir e expandir essa tubulação internamente. Mas lembre-se de ter uma estratégia de saída.

As plataformas, hoje, são usadas para construir produtos IoT e linhas de produtos IoT independentes, mas o objetivo final é que as plataformas suportem linhas de produtos de várias organizações, em apoio à construção de ecossistemas (ver Capítulo 7 para mais detalhes).

★ ★ ★

Agora que a tubulação está sob controle, examinaremos, em seguida, os sistemas externos que alimentarão com dados e extrairão dados desses tubos.

‹ CAPÍTULO 14 ›

Sistemas externos, inclusive outros produtos IoT

A integração com sistemas externos é o que mais diferencia os produtos IoT dos produtos conectados e dos produtos inteligentes. Os produtos IoT se integram com a internet da mesma maneira como os softwares de web e os aplicativos móveis fazem hoje (ver Figura 14.1). Esses recursos tornam disponível uma funcionalidade maciça com relativamente pouco esforço, e, no processo, muda completamente a capacidade do produto físico.

Quando iniciei minha carreira como programador, tive que desenvolver quase tudo a partir do nada. À exceção de bibliotecas de hardware de gráficos, tudo foi feito desde o início. Embora positivo, sob uma perspectiva de flexibilidade e aprendizado, o processo era lento. Gratificante, mas vagaroso. Hoje, os programadores de internet, com mais facilidade, podem se erguer sobre os ombros dos antecessores, acessando as numerosas bibliotecas de funções pré-programadas, com APIs relativamente simples. Muito do que você precisa hoje já está disponível ou pode ser montado com rapidez com as peças existentes. Isso explica por que é possível desenvolver com tanta rapidez aplicativos móveis sofisticados e sites de internet. Os produtos IoT podem desfrutar de todos esses benefícios.

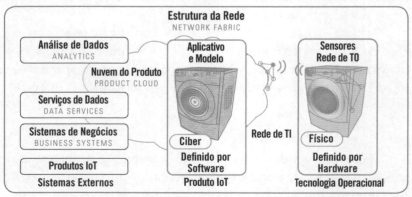

Figura 14.1: Sistemas externos como parte do produto IoT

Todo o valor incremental de um produto IoT decorre da transformação de dados em informações úteis. Quando a maioria das pessoas pensa em dados de IoT, elas se lembram de sensores, mas é muito mais que isso. Os sistemas externos fornecem fontes externas de dados, além dos dados oriundos de sensores internos (ver Tabela 14.1). Esses dados podem ser brutos ou podem ser pré-processados em informação. Os sistemas externos se classificam em quatro categorias principais:

⇢ Análise de dados
⇢ Serviços de dados
⇢ Sistemas de negócios
⇢ Outros produtos IoT

A análise de dados é diferente e muito importante. Como tal, ela é analisada com muita abrangência no próximo capítulo. Antes de mergulhar na análise de dados, porém, vamos focar em outros três sistemas externos.

Tabela 14.1: Sistemas externos

Serviços de dados

Os serviços de dados são abundantes na internet. Por honorários razoáveis, e às vezes até de graça, o seu software pode explorar dados sobre quase tudo, como clima, mapas e preços de ações (ver Quadro 14.1). Se os dados são o novo petróleo, os serviços de dados são as novas plataformas de petróleo no horizonte da internet.

Quadro 14.1: Exemplos de serviços de dados

- Clima
- Mapas
- Preços
- Tráfego
- Estoques
- Dados sobre pacientes
- Mídias sociais
- Dados sobre *commodities*

Esses dados são valiosos. Considere a compra pela IBM da Weather Company, por relatados US$ 3,3 bilhões. A IBM é uma desbravadora tecnológica, sempre um passo à frente da indústria da computação, como mostra a sua transformação, de fornecedora de hardware em desenvolvedora de software, depois em consultoria de serviços e, agora, em fornecedora de dados. Os dados estão ficando cada vez mais valiosos, como comprovam as aquisições da IBM e o foco de toda a empresa no Watson (uma inteligência artificial).

Sistemas de negócios

À medida que mudam os processos de negócios, também muda a maneira como atualizamos e acessamos os nossos sistemas de negócios. A IoT pode se integrar diretamente com os sistemas de negócios da empresa. Isso não se destina apenas a puxar dados úteis sobre o negócio de um cliente, mas também a preencher esses sistemas com produtos, clientes e dados de negócios ingeridos pelo produto IoT.

Todas as empresas podem usar esses dados coletados para melhorar as operações. Os dados podem ser para vendas (via CRM) quantificar e mirar nas necessidades dos clientes; de fornecedores (via SCM), para rever as necessidades de fabricação; sobre recursos internos (via ERP), para otimizar as despesas com manutenção e alocação de recursos; ou para o gerenciamento de produtos (via PLM) captar *insights* sobre como os clientes querem usar seus produtos hoje e no futuro.

Cada sistema de negócios é acessado por API. A API é usada para integrar os dados (e informações) gerados pelo produto IoT em seu negócio ou para obter dados a serem usados pelo seu produto para melhorar a inovação, a eficiência operacional, a utilização dos ativos e a invenção.

Outros produtos IoT

Como vimos, produto IoT é um sistema interconectado de sistemas. No entanto, a curva do valor realmente começa a inclinar para cima quando os produtos IoT são conectados com outros produtos IoT, usando os dados uns dos outros. O Continuum da Tecnologia de IoT, como analisamos no Capítulo 5, será uma das duas principais tendências (a outra é o Continuum do Modelo de Negócios de IoT, que capacita os ecossistemas, os resultados e, em última instância, a *Outcome Economy*, interconectando cada vez mais produtos.

Um produto IoT como um sistema de dados externos é extremamente poderoso. Esse produto IoT pode ser da mesma linha de produtos ou da linha de produtos de outra empresa, que compartilha uma plataforma de IoT comum. A capacidade de coordenar produtos díspares para oferecer resultados aos clientes ampliará a definição de como os produtos funcionam e de como interagem uns com os outros. Mais importante, porém, é aumentar o valor.

Na medida em que se aplica ao valor de qualquer rede, a Lei de Metcalfe também se aplica ao valor de uma rede de produtos, que, portanto, aumenta exponencialmente quando conectada (ver Capítulo 7). No caso dos produtos IoT você deve raciocinar além do produto individual e considerar como vários produtos podem trabalhar juntos. Uma vez que essa integração é possível e considerando que a interação daí resultante aumenta o valor, se você não os conectar, os concorrentes o farão.

★ ★ ★

Usar a análise de dados no *big data* gerado pela IoT muda o jogo e, juntamente com o modelo e com o aplicativo do produto definido por software, cria todo o valor na Internet das Coisas. O próximo capítulo mergulha nessa tecnologia extremamente importante.

‹ CAPÍTULO 15 ›

Análise de dados de IoT e *big data*

Conjuntos de *big data* são lugar comum em IoT, onde a dimensão normalizadora é tempo. *Big data, small data* — não importa o tamanho, a análise de dados é componente central da Internet das Coisas. Em todas as formas de análise de dados, há dois principais componentes: os dados e o modelo. Os dados são oriundos dos sensores, geralmente na forma de séries temporais, e dos sistemas externos, em forma não estruturada. Os dados definem e melhoram o modelo, e são comparados com o modelo, de diferentes maneiras, para gerar *insights*. Dependendo da tarefa a ser executada, a análise de dados pode situar-se em qualquer lugar da superfície do computador: a nuvem pública, a nuvem privada e a névoa; e a análise de dados pode viver até na neblina (o sistema embarcado).

Os diferentes tipos de análise de dados

Considerando a natureza dos dados de IoT, gosto de caracterizar a análise de dados com base na dimensão de tempo, respondendo a essas três perguntas (ver Figura 15.1):

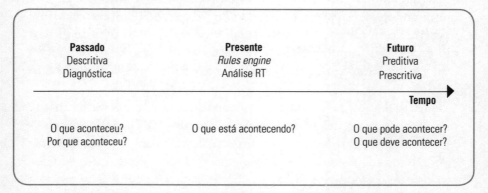

Figura 15.1: Caracterização da análise de dados por tempo

1. O que aconteceu no passado?
2. O que está acontecendo no presente?
3. O que acontecerá no futuro?

O que aconteceu?

A análise de dados descritiva e a análise de dados diagnóstica são usadas para responder às perguntas: "O que aconteceu?" e "Por que aconteceu?". Ambas as formas de mineração de dados perscrutam os dados para compreender o que aconteceu no passado, mas o fazem de maneiras diferentes.

A análise de dados descritiva usa a visualização para exibir os dados de modo a ajudar o cérebro humano a captar sutilezas difíceis de identificar e de transmitir só por meio da matemática. O conceito não é novo. Minha primeira empresa, Wavefront, vendia um produto, denominado Data Visualizer, a cientistas e engenheiros. Mais recentemente, vimos esse tipo de função em software de *business intelligence* (BI), geralmente usado em negócios. A análise de dados descritiva é uma continuação desse tipo de software, que se destina a visualizar dados captados; nesse caso, pelo produto IoT.

A observação visual geralmente é mais fácil de compreender do que a observação de uma pilha de gráficos 2D, ou pior, uma pilha de matrizes. Por exemplo, colorir o modelo 3D de uma escavadeira sobre rodas, com caçamba, com informações sobre tensão e torção reunidas pelos sensores e animadas no tempo é maneira eficiente de transmitir pontos e áreas quentes a estudar, depois da falha numa estrutura ou numa junta. Essa técnica funciona bem ao lidar com cinco ou menos dimensões; no entanto, quando a análise é de ordem mais elevada, é difícil e demorado preparar e exibir os dados de maneira compreensível. A realidade aumentada e a realidade virtual são técnicas de apresentação naturais da análise de dados descritiva que, provavelmente, poderão aumentar a abrangência da visualização além de cinco.

A análise de dados diagnóstica é usada em situações multidimensionais e em situações mais genéricas, quando se está diagnosticando um problema, por meio da solução ou da otimização do modelo, no contexto dos dados em mãos. Prosseguindo no exemplo da escavadeira, a análise de dados diagnóstica seria bem usada para comparar os dados simulados, usados no CAD, com os dados reais, coletados pela Internet das Coisas. O que seria espantoso em análise de dados descritiva pode ser tratado de maneira rotineira, em múltiplas dimensões, por meio da análise de dados diagnóstica.

A análise de dados diagnóstica usa os vários campos da mineração de dados para descobrir fatos, tendências, padrões e anormalidades que podem passar despercebidos, mediante a simples observação dos números, gráficos ou visualizações.

O que está acontecendo?

Enquanto a análise de dados que foca no passado ou no futuro considera os dados em repouso, trabalhar no presente significa lidar com dados em movimento. Essa situação restringe o campo e o tipo de análise a ser executada. Embora a análise de dados no presente não seja necessariamente em tempo real, a latência resultante da movimentação dos dados da nuvem e para a nuvem pública geralmente exclui essa nuvem como superfície de computação. Os *rules engines* e os *stream processing* ocorrem mais perto da fonte de dados, e respondem à pergunta: "O que está acontecendo?"

Os *rules engines* podem ser independentes, mas, geralmente, são encontrados em plataformas de IoT do tipo AEP. O *stream processing* pode ser parte do aplicativo ou ser executado por um sistema externo, integrando-se com o aplicativo. Em qualquer dos casos, a computação é executada por um servidor *on prem*, ou seja, localmente, por um roteador, por uma *switch*, ou por um *gateway* na névoa (*fog*); ou por um sistema embarcado na margem (*edge*).

A análise de dados em "tempo real", mais bem classificada como análise de dados *run-time*, computa as relações lógicas e funcionais entre os dados de entrada e um modelo, ou as variáveis de um modelo. Tudo isso é energizado por simples reconhecimento de padrões ou combinação de padrões, e pode ser usado para filtragem ou *windowing* – comparando se números ou funções estão entre outros números ou funções. Um exemplo é verificar se o elemento de aquecimento na secadora IoT está quente demais – captando dados "anormais" a serem enviados para a nuvem, para mineração de dados *versus* descarte de dados, depois de serem considerados "normais".

O que acontecerá?

Os pesos pesados da análise de dados podem prever o futuro. A análise de dados preditiva responde à pergunta: "O que pode acontecer?", e a análise de dados prescritiva responde à pergunta: "O que deve acontecer?". A diferença entre as duas é que a análise de dados prescritiva dá um passo à frente. Depois de definir o que vai acontecer, a análise de dados prescritiva compara a sua previsão com o resultado almejado e, então, trabalha de trás para frente para compreender o que é preciso mudar para corrigir o curso do produto rumo ao resultado almejado. Essas mudanças exigem que se feche o *loop*, ou seja, que se atualize o software e que se modifique o produto físico por meio de acionamento.

Minha secadora é velha, tem pelo menos dez anos, talvez mais ainda, mas funciona muito bem. Porém, nem sempre foi assim. Cerca de dois anos atrás, ela começou a fazer uns ruídos estranhos, vez por outra. Nada muito ruim, bastante fácil de ignorar, e foi o que fizemos; atribuímos os guinchos à personalidade excêntrica da nossa secadora e os deixamos de lado. Durante a noite, porém, o ruído se agravou, de uns poucos guinchos esparsos a um grito lancinante e prolongado, que se mantinha ininterrupto sempre que a secadora estava ligada. O barulho era tão intenso e incômodo que resolvemos comprar um substituto. Zoeira tão aguda e ferina, combinada com a idade provecta do aparelho, tinha que ser fatal. Enquanto eu procurava on-line uma nova secadora, tive a ideia de fazer outro tipo de busca: "Secadora Maytag, guincho agudo", e constatei que, realmente, era um problema muito comum. Indo mais além, descobri a causa do problema, facilmente eliminável, bastando substituir o conjunto de rolamentos de sustentação do tambor, por apenas US$ 10. Tudo o que eu precisava fazer era retirar a secadora do canto apertado em que estava, desmontá-la e substituir as partes desgastadas. Depois de umas poucas tentativas, seguindo com atenção uns dois vídeos do YouTube, consegui recuperá-la. Até hoje, tenho a impressão de ouvir um ronrom aconchegante quando a secadora está ligada.

Se minha máquina fosse uma secadora IoT, a análise preditiva teria identificado a mudança no padrão de atrito dos rolamentos e teria me alertado, com base nos eventos passados acumulados, que os rolamentos começariam a guinchar. Se eu tivesse um serviço de manutenção preditivo, ele teria me dado a chance de telefonar para a oficina de manutenção ou de comprar on-line as novas peças, antes do aborrecimento do guincho irritante. E se minha secadora IoT tivesse análise de dados prescritiva, ela seria capaz não só de prever o problema do ruído iminente, mas também de tentar evitá-lo.

Nesse exemplo fictício, ela acionaria a lubrificação dos rolamentos da secadora para reduzir o atrito, evitando, assim, aquele ruído intenso, ou, pelo menos, postergando a ocorrência.

Uma coisa são as possibilidades da manutenção prescritiva e preventiva; outra coisa, muito diferente, são as perspectivas de negócios de desenvolver e oferecer o produto. Tudo depende de como será a monetização. Retrocedendo ao Capítulo 3, se adotarmos o modelo de negócios de produtos, esse tipo de serviço jamais me será oferecido, uma vez que o negócio do fabricante é vender produtos de US$ 1.000, não peças de US$ 10. Se eu fizesse a compra como um serviço adicional, vendido como parte do modelo de negócios de produtos-serviços, o serviço me notificaria do problema (como no exemplo acima). Se a secadora IoT fosse vendida com base no modelo de negócios de serviços, o fabricante seria notificado do problema iminente e viria à minha casa fazer a manutenção.

Que tipo de pacote de análise de dados você escolhe?

A seleção de um pacote de análise de dados se resume em definir se você está olhando para o passado, para o presente ou para o futuro, assunto de que já tratamos. Além disso, é preciso considerar as características dos dados a serem processados; trata-se dos chamados volume, velocidade e variedade dos dados, em que o volume determina o processamento paralelo ou não paralelo; a velocidade impõe o processamento dentro ou fora da memória RAM (*in-memory processing, not in-memory processing*); e a variedade dita a necessidade de trabalhar com um banco de dados estruturado ou não estruturado. Ao selecionar a análise de dados, a última decisão a tomar é escolher entre um pacote de código aberto ou um pacote comercial de código fechado. Os produtos comerciais mudam com o tempo; por isso não incluo aqui uma lista de nomes. Para obter uma lista atualizada, pesquise em *IoT-Inc Buyer's Guide* ou visite o site: http://www.iot-inc.com/buyers-guide, para encontrar os mais recentes produtos comerciais de análise de dados.

Como é feita a análise de dados

Assim sendo, em que consiste a análise de dados? Como fazê-la? É um processo de três passos: preparar as coisas, triturar os números e relatar os resultados (ver Quadro 15.1).

> ### Quadro 15.1: Passos da análise de dados
>
> **1.** Extração, transformação, carregamento (ETL) – preparação dos dados no banco de dados
> **2.** Processamento (análise)
> **3.** Apresentação, visualização, ação

Passo 1: Preparar as coisas

Se houver algum componente sensual na ciência de dados, por certo não é o Passo 1. A preparação dos dados, a chamada ETL – extração, transformação e carregamento (*load*) – geralmente consome pelo menos 75% do tempo dos cientistas de dados. Aí se inclui:

→ Identificar e extrair os dados, na forma nativa, de um *pool* de dados e transferir os dados classificados com lógica para diferentes conjuntos hierárquicos.

→ Normalizar os diferentes tipos de dados conforme padrões de estrutura e tempo, e, então, tratar os dados, dando-lhes formas compatíveis com a análise de dados.

→ Carregar os dados no banco de dados para começar a análise.

É possível que você já tenha executado processo semelhante no Microsoft Excel, ao formatar os dados para convertê-los em gráficos e incluí-los num relatório: eliminando colunas, convertendo o conteúdo de algumas células de textos em números, adicionando linhas de dados de outros arquivos, eliminando duplicidades, etc., de modo a obter o formato desejável. Esse tratamento dos dados não é charmoso, mas é onde os cientistas de dados e seus ajudantes passam a maior parte do tempo.

Passo 2: Triturar os números

O primeiro passo da trituração de números é a seleção das equações certas, ou, mais exatamente, das classes de equações, a serem aplicadas aos dados: equações que incorporam as variáveis do modelo e são compatíveis com os dados extraídos. Escolher a melhor classe de equações pode ser tanto arte quanto ciência. E a ciência que está sendo cada vez mais usada para ajudar os cientistas de dados a fazer a seleção da melhor classe de equações é o aprendizado de máquina – ou *machine learning*. Depois de definir o conjunto de dados e estabelecer os parâmetros, os analistas de dados escolhem as ferramentas de análise de dados a serem usadas e apertam o botão de partida. Talvez os analistas usem uma interface gráfica ou talvez uma interface de linha de comando; qualquer que seja o caso, no entanto, aí se inicia o processo de trituração dos números, por assim dizer, para responder às perguntas: "O que aconteceu?", ou "O que acontecerá?". Na seção "Como a análise de dados funciona", neste capítulo, analisamos a trituração de números com mais detalhes.

Passo 3: Comunicar os resultados

Depois de completar a análise, usa-se algum mecanismo para comunicar os resultados. Pode ser a análise de dados descritiva, para gerar visualização; ou BI (*business intelligence*), para gerar gráficos mais esclarecedores; ou relatórios de análise de dados.

Bancos de dados e diferentes tipos de dados

Os bancos de dados armazenam os dados acumulados pelos sensores e pelos sistemas externos de maneira contextual. Todo o conjunto de dados brutos, armazenados no formato original e em hierarquia horizontal, é denominado lago de dados (*data lake*). Os *pools* de dados, a que nos referimos na seção anterior, são partes do lago de dados que foram separados e transformados por critérios lógicos, para serem acionados por um evento de análise de dados.

Os dados podem ser bem estruturados em linhas e colunas ou não serem estruturados, consistindo em diferentes tipos de dados, sem algumas partes esparsas. Os dados dos sensores de IoT geralmente são correlacionados por tempo; por isso é que os dados de IoT frequentemente são denominados dados de séries temporais. A dimensão de tempo é que une o mundo cibernético com o mundo físico.

Os bancos de dados são escolhidos para combinar com o pacote de análise de dados ou já são incluídos com o pacote de análise. Em qualquer dos casos, os bancos de dados conciliarão o volume, a velocidade e a variedade de dados. No caso de projetos com *outputs* estáticos, ou seja, quando a análise de dados olha para o passado ou para o futuro, as estruturas dos bancos de dados são quase tão claras e enxutas quanto descritas aqui. No entanto, na análise de dados com *outputs* dinâmicos, como nas otimizações em tempo real ou em qualquer processo de *streaming* que precise atualizar modelos, as estruturas dos bancos de dados são mais confusas e exigem customização para resolver problemas específicos.

Como a análise de dados funciona

Esta seção descreve o funcionamento da análise de dados. Não há matemática envolvida, mas os conceitos são importantes. Como você verá, o funcionamento da análise de dados é muito simples. No entanto, a matemática por trás dos conceitos, que você não verá, não tem nada de simples. Ela se torna complexa por causa da quantidade de variáveis envolvidas — a chamada maldição da dimensionalidade. Se há cem sensores, é possível que estejamos lidando com equações envolvendo até cem graus de liberdade. Embora as equações sejam fáceis de resolver por computação, a dificuldade aumenta porque a interação entre os subsistemas cresce exponencialmente.

Se isso parece um modelo complexo é porque é mesmo; mas agora considere que podemos ter centenas ou até milhares de modelos correlatos, no nível das partes, dos produtos ou dos sistemas, e que cada modelo pode ter mais de cem variáveis ou ordens de magnitude. Essa é a definição de *big data*.

Em alto nível, não há tantos tipos de operações fundamentais de análise de dados. Você está construindo ou atualizando o modelo, comparando o modelo, ou resolvendo o modelo, de alguma maneira, isolando as variáveis, otimizando, ou identificando tendências. Vamos dar uma olhada mais por dentro deste assunto.

Construir e atualizar

Toda análise de dados começa com um modelo. O modelo é primeiramente construído e depois melhorado ao longo do tempo, por iteração (ver Figura 15.2). O foco do modelo pode concentrar-se em qualquer nível: na parte, no produto, na linha de produto, ou no ecossistema. A classe do modelo depende do tipo de análise de dados a que se destina: descritiva, diagnóstica, *rules engine*, *stream processing*, preditiva ou prescritiva. E todos os modelos abrangem variáveis como as que identifiquei em nossos exemplos de modelos, para serem comparadas, combinadas, otimizadas ou resolvidas.

Os cientistas de dados, cada vez mais com o aprendizado de máquinas, escolhem a classe de modelo estocástico (tipo de equação) a ser adotada para representar os dados do produto, em nível mais alto. Lembre-se disso como o esqueleto estrutural do modelo. Para aumentar a exatidão do modelo, precisa-se de dados. Muitos dados. Cada *data stream* (sequência de dados) está associada a uma variável.

E cada *data stream* pode ser oriunda dos sensores do produto definido por hardware ou de sistemas externos, como serviços de dados, sistemas de negócios, e outros produtos IoT. Por ser um processo iterativo, a qualidade do modelo melhora com o tempo.

No exemplo da nossa secadora IoT, o foco do modelo se situa no nível do produto. Nesse caso, temos duas famílias de modelos. A primeira será para definir o tempo de secagem e a segunda será para descrever as economias de custos. As sequências que fornecem os dados para melhorar a qualidade do modelo decorrem da captação da velocidade da ventoinha, da velocidade angular, da temperatura do aquecedor, da temperatura do tambor e do peso da carga. O preço da energia virá do serviço de dados hospedado pela empresa de serviços de utilidade pública. E lembre-se de que essas seis *data streams* incluirão metadados para contextualizar a carga útil. Esses metadados podem incluir unidades de medida, a máquina, o estado da máquina, e possivelmente o estado do ambiente. Também deve incluir dados sobre o software e o hardware que captam os dados, a serem usados como "migalhas de pão" na hipótese de precisarmos identificar "dados sujos" ou qualquer outro "fantasma na máquina".

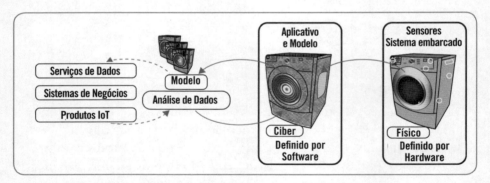

Figura 15.2: Construir e atualizar o modelo

Compare ou combine

A detecção de anomalias, um subconjunto do reconhecimento de padrões, que é um subconjunto do aprendizado de máquina, é adotado por IoT em todas as classes de análise de dados, mas de maneiras diferentes. Em geral, as variáveis do modelo ou as equações das variáveis do modelo são comparadas matematicamente em busca de equivalências ou faixas de equivalências (ver Figura 15.4).

No exemplo da secadora de roupas, podemos aplicar a detecção de anomalias ao coeficiente de atrito medido no rolamento. Nesse caso unidimensional, a anomalia é detectada por uma análise da sequência de dados, se o coeficiente estiver mais alto que um limite predefinido. Supondo que seja anormal o coeficiente de atrito acima de, digamos, 0,35, o sensor, ao detectar 0,36, dispara uma ação: enviar uma mensagem ou lubrificar os rolamentos. Esse recurso também pode ser usado para levar a análise de dados descritiva a gerar um gráfico do desempenho de qualquer variável do modelo que esteja fora do padrão. Esse exemplo é unidimensional (1D), e só se torna mais matemático a partir deste ponto.

Na Figura 15.3, estamos comparando duas curvas 2D, uma com a outra. Em análise de dados preditiva e em análise de dados prescritiva, essa comparação é a função-chave. Vamos supor que queremos prever se o rolamento da secadora deve ser substituído porque está fazendo um ruído estranho. O primeiro passo é associar as duas variáveis, a de atrito (causa) e a de intervalo até o início do ruído (efeito). Com o passar do tempo e com o monitoramento de muitas secadoras IoT, captamos essas variáveis para todas as secadoras e analisamos os conjuntos de dados das secadoras cujos rolamentos começaram a guinchar.

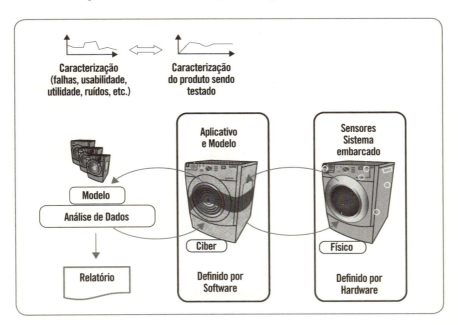

Figura 15.3: Modelo comparado

Sistemas externos, inclusive outros produtos IoT

Ao colher amostras de cada vez mais secadoras que guincham, construímos uma caracterização 2D cada vez mais exata da ocorrência do guincho. Para concluir que determinada secadora começará a guinchar, comparamos sua "caracterização de guincho" com a "caracterização de guincho" do modelo-padrão de guincho. Se as duas caracterizações forem parecidas, podemos prever que a máquina começará a guinchar com um nível de confiança baseado no grau de semelhança das caracterizações.

A razão de a análise de dados envolver tanta computação é não nos limitarmos a comparar padrões em uma ou duas dimensões. Esses modelos podem ter centenas ou até milhares de dimensões (variáveis) e poderiam levar em conta as observações de centenas ou até milhares de máquinas. A computação desses modelos multidimensionais é onde entra o trabalho duro e a matemática pesada. A melhoria contínua é produto da conjugação de inteligência humana e de inteligência artificial, para determinar a ocorrência de uma compatibilização.

Vamos examinar um exemplo de como o reconhecimento de padrões pode ser usado em nossa secadora de roupas, para a modelagem da usabilidade e da utilidade. A usabilidade é praticada há muito tempo nos sites de internet. A interface é projetada com base na maneira como o projetista espera que o site seja usado. Para analisar a diferença entre como o site foi projetado para ser usado em comparação com como ele é realmente usado, constrói-se por meio da análise de dados um modelo com variáveis como duração da visita, número de cliques, etc. A diferença entre os modelos da expectativa e os modelos da realidade pode ser quantificada para ajudar a melhorar a usabilidade do produto.

O mesmo conceito se aplica à secadora de roupas. O modelo de usabilidade, depois de refinado por milhares de donos do produto, pode informar ao fabricante da secadora IoT sobre como tornar o produto mais usável. O mesmo processo é possível em relação à utilidade – comparar a expectativa e a realidade em relação à finalidade do uso do produto; por exemplo, tamanho esperado da carga.

Resolva, otimize, encontre tendências

Esse é um pós-processo que não exige novos dados, apenas o modelo (ver Figura 15.4). Uma vez que os modelos são equações matemáticas, podemos resolvê-los de diferentes maneiras. Podemos isolar uma ou mais variáveis e resolvê-las com base nas demais variáveis. Por exemplo, quanta eletricidade é necessária para secar determinada carga de roupa? Ou podemos otimizar (minimizar ou maximizar) uma equação. Por exemplo, considerando essa quantidade de roupa, qual é o menor tempo possível para secá-la, e quais são os valores das variáveis usadas (por exemplo, velocidade do tambor, velocidade da ventoinha, e temperatura do aquecedor) a serem acionadas na secadora IoT física para alcançar esse resultado?

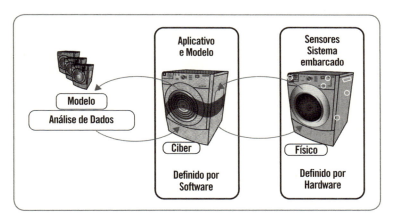

Figura 15.4: Modelo resolver, otimizar, encontrar tendências

Insights sobre tendências podem advir de muitos produtos semelhantes; por exemplo, o tempo preferido para secar roupas seria calculado matematicamente com a análise de regressão.

Outra técnica matemática é fazer a engenharia reversa do resultado desejado. Vou explicar. Se, depois da coleta de certa quantidade de dados, descobrirmos a configuração perfeita da secadora IoT para minimizar o tempo de secagem e, simultaneamente, manter a integridade das roupas (não as rasgando, nem as esticando, nem as enrugando), identificamos, em outras palavras, os coeficientes perfeitos das variáveis do modelo para minimizar o tempo de secagem de diferentes cargas. Trabalhando, então, de frente para trás com determinada carga, temos condições de calcular as variáveis para chegar a esse mesmo resultado; isto é, para qualquer carga, podemos configurar a velocidade do tambor, a velocidade da ventoinha e a temperatura do aquecedor da secadora.

Evidentemente, a otimização não é estática como a apresentamos aqui. No futuro, e em alguns casos já hoje, podemos fechar o *loop* com o modelo e voltar a otimizá-lo, através do aplicativo, sempre que carregarmos a secadora.

* * *

A análise de dados é fundamental para a criação de valor – um dos componentes do trio de criação de valor, juntamente com o modelo e o aplicativo. No entanto, não teremos a chance de criar valor se os produtos IoT não forem seguros e garantidos. O próximo capítulo abrange a cibersegurança (tecnologia), no contexto do risco (negócios), o que deve ser considerado desde o início de qualquer projeto de produto IoT.

‹ CAPÍTULO 16 ›

Cibersegurança e gerenciamento de riscos de IoT

A falta de segurança é considerada um dos principais pontos de atrito que retardam a adoção da Internet das Coisas, e eu compreendo essa resistência. O medo vende e, para a imprensa, é fácil atrair um clique num link, ao alardear tudo o que pode dar errado em IoT. Quando os produtos, sistemas ou ambientes se descontrolam, as pessoas e as coisas podem sofrer danos e prejuízos, mas não concordo com esse alarmismo. Praticamos a cibersegurança há mais de cinco décadas. Já houve imprevistos e acidentes? Sim, mas nós nos adaptamos. Embora seja impossível garantir cibersegurança total em IoT, já nos ajustamos a essa realidade. Os infortúnios são inevitáveis, mas, quando ocorrem, temos conseguido evitar que se tornem recorrentes. Será que já aconteceram falhas inesperadas e onerosas em nossa infraestrutura de TI? Decerto, mas sempre as corrigimos e nos protegemos com medidas cada vez mais eficazes. E, quanto aos bancos, o mais rico dos alvos? Será que eles estão sendo vítimas de ataques rotineiros? Não, porque, com o passar do tempo, reforçamos e melhoramos a cibersegurança.

A história se repetirá com a IoT. Será que haverá muitas invasões de alta visibilidade no mundo físico? Sem dúvida, talvez até piores, mas nós nos adaptaremos ao novo padrão, e as combateremos gradualmente, nas horas certas, aprendendo a preveni-las. O setor de IoT ainda é pequeno, e, apesar de todo o *hype*, ele está crescendo de maneira lenta e metódica. Enfrentaremos obstáculos, mas, o tempo todo estaremos aprendendo ao longo do percurso, lançando progressivamente produtos IoT cada vez mais seguros.

Neste livro, adoto em grande parte uma abordagem de negócios à IoT e à segurança de IoT; afinal, este é o propósito do livro.

No entanto, nas áreas em que o capitalismo sobrepuser o lucro à segurança humana e à defesa nacional, é preciso reconhecer que o governo também tem um papel a desempenhar. A legislação e a regulação serão e deverão ser aplicadas com intensidade proporcional aos riscos para a segurança e a defesa da IoT de consumo, comercial e industrial, mas, especialmente, para a IoT de infraestrutura, que pertence às áreas críticas de comunicação, transporte (rodoviário, ferroviário e aéreo) e energia (produção e distribuição). Ataques bem-sucedidos nessas áreas podem acarretar consequências mais devastadoras que nossos maiores acidentes industriais e desastres naturais. Essas ocorrências, porém, resultarão de sociopatias e psicopatias humanas, perversões a serem combatidas e prevenidas por todos os meios possíveis.

Não obstante as advertências acima e meu próprio alarmismo no sentido de combatermos com eficácia a criminalidade cibernética, devemos reconhecer, desde o início, que esse não é um problema técnico, mas um problema de negócios. A cibersegurança só será eficaz se promovida e financiada pelas empresas e pela disciplina do gerenciamento de riscos.

Quanto vale a segurança para você?

Como um tipo de tecnologia da informação, a IoT é vulnerável às mesmas ameaças cibernéticas a que está sujeita a TI: ameaças à confidencialidade dos dados, ameaças à integridade dos dados, e ameaças à acessibilidade dos dados.

As ameaças aos dados de IoT em repouso não são, em grande parte, diferentes das enfrentadas pela TI. No entanto, como máquina de coletar dados, a IoT enfrenta ameaças singulares aos seus dados em movimento. A cibersegurança nunca é completa, jamais atua com perfeição e sempre precisa ser aperfeiçoada. A cibersegurança é um problema de orçamento. Em toda ameaça há risco, e todo risco cobra um preço para ser mitigado.

A inação e até a resistência quanto à necessidade de melhoria da cibersegurança decorre da efetiva falta de demanda. Infelizmente, os consumidores e, portanto, os gerentes de produtos atribuem baixa prioridade à segurança em sua lista de desejos. Quando a escolha é entre segurança e conveniência, a conveniência sempre vence. Quando a escolha é entre segurança e as metafóricas plumas e paetês, as miçangas levam a melhor o tempo todo. A demanda hoje por segurança em IoT é mais baixa que por segurança em TI, mesmo que as implicações da insegurança nesta última talvez sejam mais graves. Essa tendência resulta, provavelmente, da imaturidade relativa da IoT em comparação com a TI, assim como da inexperiência relativa em ataques associados a IoT.

Se não for a demanda dos consumidores e das empresas, o que impulsionará melhor a segurança? Um evento catastrófico? A intervenção do governo? Padronização ou treinamento? Ninguém sabe ao certo o que provocará a mudança, mas acho que será o tempo. No final das contas, o nível de segurança e o risco tolerável se equalizarão.

Ameaças e fontes de contingências

Todo o valor incremental de um produto IoT decorre da transformação de dados em informações úteis. Portanto, os ativos de IoT são dados e informações (a que nos referiremos, de forma abreviada, como "dados" no restante deste capítulo). Esses ativos devem ser protegidos por causa do valor que têm e em razão das contingências que representam.Vamos começar olhando para as ameaças e contingências; depois, na segunda metade do capítulo, veremos como equilibrar essas ameaças e contingências com o gerenciamento de riscos.

Confidencialidade dos dados

As ameaças à confidencialidade dos dados de IoT são semelhantes às ameaças à confidencialidade dos dados de TI, à exceção do novo vetor de ameaça que aponta para os dados em movimento dentro da rede de TO. A cibersegurança defensiva garante que os dados cheguem ao lugar certo e não caiam em mãos erradas. Os métodos tradicionais de segurança de TI, como criptografia, controle de perímetro e educação em engenharia social protegem contra essas ameaças.

As contingências, aqui, se associam à privacidade do usuário, à perda de propriedade intelectual pela empresa e à difamação pública da marca da empresa. O acesso a informações pessoais identificáveis do cliente está sujeito a contingências judiciais, sobretudo em IoT B2C. Em IoT B2B, essa invasão de privacidade é menos relevante do que as contingências concorrenciais, relacionadas com a violação de dados referentes a operações de negócios com os clientes.

Integridade dos dados

Integridade aqui se refere à credibilidade e exatidão dos dados. Estes não devem ser corrompidos, nem alterados; por isso, o objetivo da segurança relativa ao controle de acesso e à inspeção dos dados é garantir a validade das informações e das fontes de informações. Ferramenta mais recente para salvaguardar as redes de TO usa a análise de dados para analisar o tráfego atual na rede e compará-lo com o tráfego "normal" na rede. Considerando que os nós na rede de TO são coisas, não pessoas, os padrões de tráfego são mais limitados e previsíveis, e, portanto, mais fáceis de identificar e reconhecer que na rede de TI.

A contingência, aqui, refere-se principalmente a dados em movimento na rede de TO. Se um malfeitor modifica os dados existentes ou injeta novos dados, ele pode danificar o produto IoT, torná-lo inoperável, ou levá-lo a agir erraticamente. Os malfeitores – no caso, delinquentes – podem instruir o produto a executar ações inadequadas, ou, ainda mais preocupante, podem assumir o controle do sistema. No mundo virtual da TI, tudo isso envolve consequências financeiras; no mundo físico da IoT, porém, esses delitos também põem em risco vidas humanas. A perda da integridade dos dados expõe a empresa ao risco de graves contingências judiciais e financeiras.

Disponibilidade de dados

A disponibilidade de dados se refere à confiabilidade do acesso aos dados e produtos por usuários autorizados. Como na web, um ataque de negação de serviço (*Denial of Service Attack* – DoS Attack) ou um ataque distribuído de negação de serviço (*Distributed Denial of Service Attack* – DDoS Attack) pode sobrecarregar o produto IoT, levando-o a parar de operar. Infelizmente, as mesmas ferramentas acessíveis e baratas usadas para tirar do ar um site podem ser usadas para derrubar qualquer interface externa com a web em IoT, o que se torna ainda mais problemático quando ocorre no caminho crítico da operação de um produto IoT. Enquanto os sites podem empregar soluções de segurança para interceptar DDoS no *front-end*, essa solução geralmente não é prática em IoT.

Tornar indisponível um produto IoT pode acarretar contingências diretas, como quebra de contrato, ou contingências indiretas, que podem gerar despesas com processos judiciais. Pense nas repercussões de um ataque DDoS contra um serviço de autenticação na internet, se essa for o único meio de acesso dos membros da tripulação de uma Bagger 293 (escavadeira sobre rodas, com caçamba), de US$ 100 milhões, para fazer o *login*, iniciar o turno e operar a máquina.

Os seis vetores de ataque contra a segurança de IoT

Como sabemos, o produto IoT não é uma entidade à parte, mas um sistema de sistemas. Os vetores de ataque geralmente miram as interfaces entre os sistemas. Embora o software forneça ao produto IoT todas as suas vantagens de funcionalidade, ele também é responsável pelas desvantagens de segurança, encontradas nas interfaces de programação entre os sistemas. A consequência é que daí resultam várias disciplinas de cibersegurança. Vamos analisá-las na ordem da sequência de dados oriundos do sensor (ver Figura 16.1).

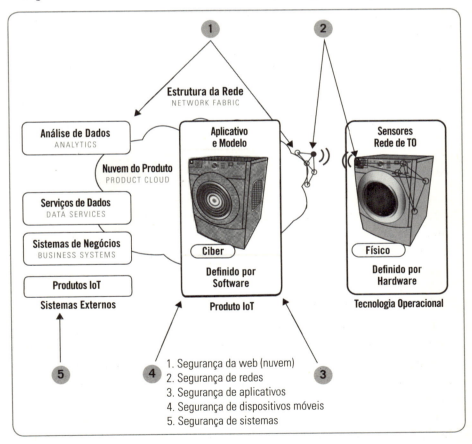

Figura 16.1: Vetores de Ataque em IoT

Segurança física

As restrições SWaP (*Size, Weight, and Power*), referentes a tamanho, peso e energia, tornam desafiadora a segurança dos nós finais. Interfaces de depuração, como JTAG, são pontos de ingresso perfeitos, assim como os *bootloaders*. Se o invasor tiver acesso ao firmware, ele assume o controle do dispositivo.

Sensores, acionadores e *gateways* também estão fisicamente expostos ao mundo exterior. Nessas condições, a interferência física talvez possa extrair dados, injetar dados, ou interromper fluxos de dados, obrigando os fornecedores a tornar suas instalações físicas fortes e hígidas.

Segurança da rede

As redes de TO e de TI são vulneráveis aos mesmos ataques contra os quais nos protegemos na Internet das Pessoas. Uma vulnerabilidade exclusiva da Internet das Coisas, no entanto, é a costura TI-TO que separa as duas redes. Fisicamente, essa junção se manifesta como um *gateway*, que traduz protocolos de TO proprietários em protocolos de internet – e, no processo, fornece um ponto de ataque conveniente. Além disso, a rede de TO tende a ser fisicamente mais vulnerável que a sua contraparte de TI.

Nuvem e segurança da web

Qualquer conexão com a nuvem pública ou com *web services* introduz vulnerabilidades resultantes de APIs de terceiros e de seus métodos de autenticação. No caso de um produto IoT, o ponto fraco é o *uplink* para a nuvem pública e entre o produto e qualquer serviço externo ou banco de dados externo.

Segurança de aplicativos

Os seus programas de aplicativos contam com a segurança do ambiente físico, das redes, da nuvem e da web, que acabamos de mencionar, mas o servidor do aplicativo também é alvo. O acesso ao aplicativo ocorre por meio da API. Os aplicativos externos de terceiros são protegidos por estruturas de segurança que em grande parte estão fora do seu controle, mas os seus aplicativos são outra história. Preste o máximo de atenção à segurança da sua API customizada, sobretudo se executada no local.

Segurança de dispositivos móveis

Além de residir no sistema embarcado nos nós de redes, na nuvem e no servidor de aplicativos, os apps também são instalados com frequência nos dispositivos móveis, oferecendo mais uma superfície de ataque. Embora muitas sejam as questões de segurança referentes a dispositivos móveis, grande parte da segurança de dispositivos móveis se limita ao *end-point* da RESTful API, usado para autenticação, autorização, etc.

Segurança do sistema

Até agora, consideramos cinco tipos de superfícies de ataque. Não é pouca coisa. E, embora seja muito difícil considerar cada superfície isoladamente, quando elas são reunidas em IoT surge um novo tipo de vulnerabilidade, relacionada com a segurança do sistema. A segurança do sistema é necessária para garantir que um sistema não introduza inadvertidamente uma vulnerabilidade em outro sistema. Considere um sistema A e um sistema B, que podem ser quase qualquer combinação de ambiente físico, redes, nuvem, aplicativos e dispositivos móveis. Uma vulnerabilidade comum surge quando o acesso ao sistema B através do sistema A não impõe a sua própria autenticação, ao assumir equivocadamente que o sistema A já autenticou o usuário. As interdependências de segurança devem ser examinadas.

Melhores práticas de segurança

A primeira melhor prática de segurança é usar o método Software Development Life Cycle – SDLC (ciclo de vida de desenvolvimento de software) em sua organização. O método SDLC inclui segurança nas fases de ideação, projeto, desenvolvimento, teste e lançamento do software. Analisarei, aqui, rapidamente, essas fases, destacando as melhores práticas de segurança relevantes ao longo do percurso.

Ideação

Define os atributos de segurança e os requisitos de segurança para o seu modelo, aplicativo e análise de dados, ao mesmo tempo em que define os outros requisitos do seu produto, durante as fases de conceito e ideação. Esses aspectos foram analisados no Capítulo 9: "Definição dos requisitos do seu produto IoT".

Projeto

"Segurança no projeto" significa projetar a segurança de baixo para cima, desde o início, de modo que essa função importante não seja "acrescentada" mais tarde, como complemento, uma vez que *retrofit* da segurança é receita certa para o desastre. Não é à toa que o primeiro pedido dos especialistas em segurança, ao serem chamados à empresa depois de uma violação ou invasão, é pedir o projeto arquitetônico da segurança interna. Sem uma arquitetura explícita, não há plano. Sem plano, não há segurança eficaz.

A segurança no projeto é executada durante o processo de gerenciamento de riscos, abordado na segunda metade deste capítulo.

Desenvolvimento

Durante o desenvolvimento, as melhores práticas incluem a adoção de estruturas de segurança, conforme as intenções; a prática de segmentação de redes; a implementação de um sistema OTA de entrega de atualizações; a criptografia de (quase) tudo; e o inventário honesto do estoque de competências internas; tarefas que serão analisadas a seguir.

Adote estruturas de segurança conforme as intenções

Estruturas de segurança de uma ou outra forma são oferecidas ao público para segurança de redes, segurança da web, segurança de dispositivos móveis, criptografia, etc. Primeiramente, antes de qualquer coisa, use esses recursos. Não há motivo, por exemplo, para desenvolver seu próprio código de autenticação quando há tantas estruturas de autenticação por aí, abertas e já testadas em batalha. Segundo, ao usá-las, use-as como foram configuradas para serem usadas. Muitas autópsias pós-violação revelaram que o pessoal de segurança havia modificado a estrutura original. Por ignorância ou com a melhor das intenções, não usar as estruturas de segurança conforme as intenções do projeto original pode ter a consequência fatídica, inesperada, de abrir os sistemas para vulnerabilidades desconhecidas.

Pratique a segmentação de redes

Uma camada de ar é a forma mais forte de proteção. Por exemplo, manter a rede de entretenimento de seu carro IoT separada da rede de navegação é só uma questão de bom senso, ou não é? Nesse caso, sim, mas grande parte do valor de IoT decorre da interconectividade e da intraconectividade; portanto, é importante promover o equilíbrio entre essas duas recomendações. Nesse caso, o duplo sensoriamento é um recurso para extrair valor da fusão das redes, de um lado, e da segurança da camada de ar, de outro. O duplo sensoriamento consiste em ter sensores idênticos em redes isoladas entre si por camadas de ar. É redundante e mais oneroso, mas o valor pode ser alto.

Implemente um sistema OTA de entrega de atualizações

A cibersegurança é um jogo contínuo de gato e rato, com os malfeitores sempre um passo adiante. As vulnerabilidades são prospectadas, depois descobertas e, por fim, remendadas. É um ciclo ininterrupto que o impulsiona sempre a fazer remendos de segurança oportunos e eficazes. O surpreendente é que, em 99,9% das vulnerabilidades exploradas que resultam em ataques bem-sucedidos, não só se conhecia o tipo de ataque, mas também se dispunha de remendo para evitá-lo durante pelo menos um ano. De acordo com a FTC, 999 entre 1.000 tipos de ataque podem ser frustrados quando se mantêm atualizados os códigos de segurança. A aplicação contínua desses remendos de segurança é a parte mais difícil. O requisito é manter um sistema OTA de atualização de remendos. O desafio, porém, é implementá-lo de modo a não impedir o uso prático do produto. E considere, além disso, que um sistema OTA também é, em si, uma superfície de ataque.

Criptografe (quase) tudo

Em tese, ao adotar criptografia de ponta a ponta você mantém a confidencialidade dos dados, mesmo que o sistema seja violado. No entanto, como tudo o mais em segurança, o diabo está nos detalhes, ou, melhor dizendo, o diabo está nos humanos que implementam a criptografia. Errar é humano. Por exemplo, se você não blindar e gerenciar as chaves de criptografia de maneira adequada, a tranca pode ser aberta. Por um acréscimo no preço, os sistemas embutidos existentes podem ser equipados com a capacidade de computação necessária para a criptografia, mas será que essa providência é de fato necessária? Se a contingência for baixa, talvez não seja necessário criptografar todos os dados. Só é possível responder a essa pergunta depois de se fazer a avaliação do risco, que ainda será analisada neste capítulo.

Faça o inventário honesto do estoque de competências internas

Vamos ser realistas. Com as necessidades abrangentes da segurança de IoT, é difícil, se não impossível, contratar pessoas com conhecimentos suficientes sobre redes, web, aplicativos, dispositivos móveis e segurança de sistemas para blindar o seu produto. O problema dos desenvolvedores (eu sei, porque já fui um) é sobrestimar suas forças e subestimar a energia indispensável para completar um projeto de programação, sobretudo um projeto com que estão menos familiarizados. Em segurança não é diferente. As lacunas de segurança sempre ocorrem, e não suponha que as competências de segurança são transferíveis. Identifique as lacunas e as preencha com recursos especializados. Faça um inventário honesto das suas capacidades internas. Se você não dispuser de recursos internos e não tiver condições de recrutar pessoal externo em tempo oportuno, sempre é possível recorrer a empresas de segurança externas.

Testes

Os testes incluem a varredura de vulnerabilidades, por meio de equipamentos, e a sondagem de fragilidades, por meio de equipes internas e externas.

Teste da caneta

Uma das técnicas de teste mais eficazes é o teste da caneta, ou teste de penetração. O teste da caneta é um conjunto de técnicas de hackeamento ético, capazes de expor vulnerabilidades na rede de dados. Se você tentar invadir o sistema de IoT sem mais informações do que as do malfeitor típico, você estará agindo como se estivesse usando um chapéu preto e assaltando uma caixa preta. Se você for informado dos antecedentes e contar com todos os recursos de uma equipe interna, você estará usando um chapéu branco e trabalhando numa caixa branca. O chapéu cinza significa que você é uma mistura de ambos os atores, começando com um chapéu preto e depois o trocando por um chapéu branco. Essa terceira abordagem é, em geral, a mais eficiente e eficaz, mas tudo depende das suas necessidades.

Lançamento

Na última fase do ciclo de desenvolvimento, precisamos definir uma maneira de o mundo ser capaz de relatar uma vulnerabilidade. Além de ter um procedimento para eliminar vulnerabilidades recém-descobertas, precisamos de um plano de resposta a incidências e necessitamos de treinamento.

Plano de resposta a incidências

O plano de resposta a incidências resume as providências internas e externas a serem tomadas no caso de violação. Ele descreve o que deve ser feito e responde a numerosas perguntas internas: Quem deve ser procurado? Como procurar essas pessoas? Se não alcançarmos os primeiros contatos, quais são os seguintes na lista? Quais são os procedimentos operacionais padronizados a serem adotados em cada tipo de violação? No âmbito externo, ele também responde à pergunta: "O que deve ser feito?". Por exemplo, "O que fazer se uma violação vazar para a imprensa? Se não vazar para a imprensa? Quem será responsável por RP? Quem define e controla as mensagens?". O plano de resposta a incidências é um documento vivo que precisa ser simulado e praticado antes da ocorrência de uma violação real.

Treinamento

Consiste em treinar os empregados sobre as vulnerabilidades humanas comuns que são exploradas para ganhar acesso. Trata-se da denominada engenharia humana. A equipe deve ser instruída para reconhecer práticas como *phishing* e *spear phishing*, e outros métodos fraudulentos usados pelos *hackers* para induzir incautos a revelar informações confidenciais, como dados pessoais e senhas de acesso. A questão é importante. É como os *hackers* invadem sistemas "impenetráveis". O treinamento também inclui a execução simulada do plano de resposta a incidências, de modo a antecipar-se a qualquer dificuldade operacional antes que se transforme em problema.

Gerenciamento e avaliação do risco

Gerenciamento de riscos é o equivalente, em negócios, a segurança. Embora deva ser considerado no contexto de SDLC, nós o destacamos aqui juntamente com a privacidade, para enfatizar e detalhar mais esses dois tópicos de negócios muito importantes.

Compete à administração adotar e executar um processo que avalie e atenue o risco e as contingências dele resultantes. Como já mencionamos, segurança não é um problema técnico; se dispusermos de verbas suficientes, poderemos pagar o preço para reduzir o risco a quase zero. Essa, porém, não é uma providência prática. A verba para segurança é limitada, daí a necessidade de definir a melhor maneira de aplicá-la.

A avaliação do risco é um exercício de equilíbrio do grau de risco tolerável com os custos de segurança (ver Figura 16.2). O produto é um conjunto de prioridades e requisitos de engenharia para o modelo, o aplicativo e a análise de dados, e um perfil de risco explícito para a administração executiva. A avaliação do risco compõe-se de quatro passos:

1. Fazer o inventário dos ativos (dados).
2. Identificar os vetores de ataque.
3. Calcular os riscos.
4. Equilibrar riscos e custos.

Vamos ver cada um desses itens com mais detalhes.

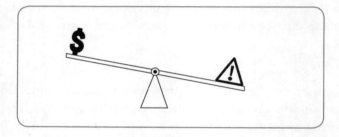

Figura 16.2: Equilíbrio de riscos e custos

1. Fazer o inventário dos ativos (dados)

O primeiro passo na avaliação do risco é fazer uma auditoria do produto IoT para fazer um inventário de onde se encontram os dados. Esses ativos serão embutidos nas coisas, na névoa e na nuvem. Eles podem estar em movimento ou em repouso. Os dados em movimento serão transferidos dos sensores e dos sistemas externos para os produtos definidos por software (aplicativos e cibermodelos), que podem residir no produto físico e em qualquer lugar na trama de computação da rede. Os dados também transitarão entre o lago de dados consolidados e os *pools* de dados isolados para alimentar a análise de dados. Quando os ativos estão no lago de dados e nos *pools* de dados, a sua vulnerabilidade é a mesma de qualquer dado de TI armazenado numa nuvem privada ou mesmo pública.

Concluído esse passo, a empresa deve ter um inventário da localização dos dados, da natureza e do propósito dos dados, e de quaisquer questões legais ou regulatórias a considerar em relação aos dados. Essa tarefa é executada pela engenharia.

2. Identificar os vetores de ataque

O segundo passo no gerenciamento de riscos é identificar tecnicamente onde é mais provável que ocorram os ciberataques, usando um processo denominado modelagem de ameaças. Os vetores de ataque exclusivos do produto são identificados com base no exame da segurança da nuvem, da segurança da rede, da segurança dos aplicativos e da segurança dos dispositivos móveis. Uma vez que o produto IoT é um sistema de sistemas, a segurança deve ser analisada nas interfaces de cada sistema e nas interfaces de pessoas e sistemas. Esses são os pontos em que se situam as vulnerabilidades. Essas interfaces, por onde os fluxos de dados entram e saem, é que devem ser identificadas e, então, protegidas contra ciberataques. Para cada vetor de ataque identificado, a engenharia estima o custo do tempo e dos recursos necessários para atenuá-lo.

3. Calcular os riscos

O terceiro passo na avaliação do risco é percorrer cada um dos vetores de ataque identificados, aplicando a fórmula:

$$\text{Risco} = \text{impacto} \times \text{probabilidade}$$

O risco associado a cada vetor de ataque é o produto da multiplicação do impacto pela probabilidade, resultando em um valor entre 0 e 1. Esse cálculo é executado pelas áreas de negócios e de engenharia, mas, ironicamente, ele é muito mais arte do que ciência.

Impacto

O impacto representa, em última instância, qual seria o custo da contingência da empresa caso ocorresse uma violação por determinado vetor de ataque. Em vez de expresso em moeda, esse valor se situa entre 0 e 1. A área de negócios considera a contingência legal, a contingência financeira e a contingência referente à reputação da marca, resultantes da violação.

Probabilidade

São as chances de ocorrência da violação. A engenharia atribui um número entre 0 e 1, avaliando os tipos de ameaças técnicas (confidencialidade, integridade e disponibilidade) que podem ocorrer em consequência de cada vetor de ataque.

Equilibrar riscos e custos

O último passo na avaliação do risco é puramente de negócios. Ele equilibra os riscos e os custos de desenvolver a cibersegurança necessária para neutralizar o risco de cada vetor de ataque. Esse processo, em última análise, prioriza os requisitos de segurança a serem integrados na descrição de requisitos para engenharia.

Esse processo de quatro passos até pode parecer oneroso, mas não precisa ser. Os detalhes e o tempo dedicados à avaliação do risco é função da contingência máxima em que a organização pode incorrer e dos recursos disponíveis. O mais importante é trazer à tona uma lista de prioridades de segurança com algum grau de detalhamento e neutralizá-las uma a uma, dentro da realidade das circunstâncias da organização.

4. Exemplo

Vamos considerar dois exemplos extremos da escavadeira sobre rodas, com caçamba. O fluxo de dados transmitido pelo sensor 4251, representando a temperatura em uma das centenas de articulações, exerce impacto muito pequeno se os dados forem lidos, manipulados ou interrompidos por algum invasor. Provavelmente não precisam ser criptografados, porque, se um malfeitor o violar, a contingência daí decorrente é relativamente pequena. Caso o malfeitor injete dados falsos no fluxo ou embaralhe o fluxo, mais uma vez a contingência relativa – e "relativa" é a palavra-chave – é baixa. Portanto, o impacto desse vetor de ataque é *baixo*. É possível que, equivocadamente, inundemos a articulação com jatos de água, ou talvez a sinalizemos, indevidamente, para ser examinada na próxima manutenção programada, nada muito sério. Considerando a localização e o propósito geral dessa articulação no grande esquema das coisas, a motivação e, por conseguinte, a probabilidade da ocorrência são *baixas*. Logo, esses dois fatores, baixo impacto e baixa probabilidade, quando multiplicados um pelo outro, resultarão em número relativamente pequeno, e, nessas condições, classificam esse requisito de segurança quase no fim da nossa lista de prioridades.

Por outro lado, digamos que os operadores da Bagger 293 devam autenticar-se por meio de um servidor de web no início do turno. As ferramentas de ataque DDoS são eficazes e acessíveis e, portanto, representam *alta* probabilidade de ataque, porque, se o objetivo do ataque é paralisar a máquina, essa é uma maneira relativamente fácil de alcançar o resultado almejado. O impacto do ataque também seria *alto*, porque, sem o *login* da nova equipe, não há como operar a máquina. Em conjunto, a alta probabilidade e o alto impacto decorrentes desse vetor de ataque multiplicados entre si produzem um número relativamente alto. Considerando o alto risco, esse requisito de segurança seria incluído no topo da nossa lista de prioridades, sujeito a receber classificação ainda mais alta, considerando os custos de mitigação.

O servidor de autenticação de *login* envolve riscos mais elevados do que o sensor 4251; portanto, a segurança dele seria incluída mais no começo da nossa lista de requisitos de segurança.

Privacidade

Os relacionamentos B2B entre o comprador e o vendedor são descritos expressamente nos contratos e aceitos explicitamente pelas partes, depois de analisados e aprovados pelos advogados. Já os relacionamentos B2C não são assim tão claros. Por isso é que os governos em todo o mundo protegem os cidadãos como consumidores. A situação não é diferente em IoT, e como são do conhecimento e do interesse geral, estamos mais familiarizados com esse tipo de contingência (não proteger a privacidade do comprador) do que com outras menos comuns e notórias.

Quem controla os dados oriundos do dispositivo médico implantado no paciente? É o próprio paciente? Ou talvez o fabricante do dispositivo? Ou é o provedor de assistência médica que implantou o dispositivo e o está usando para gerenciar a saúde do paciente?

Na verdade, ninguém controla os dados, pelo menos por enquanto, em grande parte do mundo. A melhor pergunta a fazer é: "Quem tem o direito de usar os dados?". O fato é que, quando se trata de uso de dados, WWW é mais Wild Wild West (Oeste Selvagem Selvagem) do que World Wide Web (Rede de Alcance Mundial), mas a melhor resposta é exigir um contrato formal e "assinado", atribuindo à sua empresa os direitos sobre os dados referentes à entidade que originou os dados. Esse reconhecimento, porém, ainda é nebuloso, e, ainda por cima, a forma desses pedidos varia e, em alguns casos de uso de IoT, nem há interface que poderia reivindicar esse consentimento.

Além do consentimento, dependendo do setor, talvez haja regulamentos e leis a serem observados. Nos Estados Unidos, os mais influentes são HIPPA, para assistência médica, e FTC, para bens de consumo – ambos tratando diretamente de como as informações pessoais identificáveis devem ser usadas e protegidas.

As pessoas estão preocupadas com a privacidade. Os consumidores e as empresas também querem saber como os seus dados estão sendo usados, se os dados estão sendo vendidos, e se as partes envolvidas podem ser identificadas pelos dados. No futuro previsível, é preciso usar o bom senso para evitar problemas com as autoridades. Toda situação é contextual, mas seja razoável em seus julgamentos. Se você não fizer nada falso, enganoso ou injusto, tudo bem.

Melhores práticas

Todos querem os dados. Enquanto o objetivo da segurança é manter os bandidos externos longe dos dados do usuário final, a política de privacidade se destina a evitar que os mocinhos internos também caiam em tentação. Essas políticas internas para orientar os empregados também devem ser desenvolvidas e aplicadas. Embora as políticas sejam diferentes entre as empresas, um princípio norteador é tratar os dados de terceiros como você gostaria que os seus dados fossem tratados. Não existem normas rígidas e padronizadas. Use o bom senso e o senso comum, seja justo e seja ético. Felizmente, as seguintes melhores práticas de privacidade, que foram comprovadas e validadas ao longo dos anos, podem ser usadas para orientar as suas políticas internas.

Seja transparente

Deixe claro para os usuários finais o que acontecerá com os dados deles. Informe-os; não ofusque a questão com uma tentativa canhestra de confundir a situação.

Faça um negócio explícito

Meu senso de direção é péssimo e me perco o tempo todo. Mesmo em minha cidadezinha de 80.000 pessoas, ainda me surpreendo digitando um endereço local em meu telefone, se percebo que não sei chegar ao destino. Adoro mapas de GPS e não sei como eu me encontrava quando eles ainda não pipocavam em meu smartphone. Mas esses aplicativos não são gratuitos. Em troca, o provedor do serviço de mapas sabe exatamente onde eu moro, quanto tempo fico em casa e onde faço compras. E não me importo com isso, porque há uma troca explícita de valor: meus dados em troca de serviços úteis do provedor. Ofereça uma troca explícita de serviços por dados, mesmo que a troca seja proposta em termos de como o produto IoT funcionará com e sem os dados.

Não arranque mais do que você precisa

Não adote a abordagem de espingarda de caça, que dispara vários projéteis por cartucho, que se espalham, para acertar o alvo com mais facilidade. Como defendo neste livro, identifique explicitamente os dados que você precisa coletar. Não colete dados além dos indispensáveis com base na crença romântica de que em algum ponto do futuro a magia da ciência de dados tornará valiosas as informações hoje ociosas. A probabilidade não justifica o custo de coletar e armazenar os dados, nem compensa o risco de longo prazo de manter os dados. Tenha um plano de dados.

Mantenha os dados pelo período mais curto possível

A quantidade de dados mantidos depende de quanto tempo são mantidos. Transforme os dados em informações, conforme os seus planos, e descarte os dados originais. Mais uma vez, é forte a tentação de manter os dados indefinidamente, na expectativa ilusória de auferir algum ganho num futuro indeterminado, quando e se os dados ociosos de hoje se tornarem valiosos. Não faça isso; a chance não justifica o risco. Quanto mais longo for o armazenamento, mais elevado será o risco.

Fim de jogo

Informe durante quanto tempo você manterá os dados e o que você fará com os dados ao fim desse período. A adoção de um limite de tempo é tranquilizador para os indivíduos e para empresas – ninguém quer que seus próprios dados pessoais fiquem à toa para sempre. E seja claro quanto ao que fará com os dados quando não mais precisar deles. É mais reconfortante para os consumidores e para as organizações saber que você os destruirá, inclusive todas as cópias de segurança, onde quer que estejam, em todos os seus *pools* de dados e lagos de dados, em vez de deixar esses consumidores e organizações especulando sobre se acabarão sendo vendidos a terceiros.

‹ CONCLUSÃO ›

No canto esquerdo da minha mesa estão dois produtos cobertos por uma fina camada de poeira. Não toco neles há muito tempo. Eles estão lá não por alguma razão sentimental, mas, simplesmente, para me lembrar de duas lições importantes, ambas enfatizadas neste livro.

A poeira sobre o meu telefone fixo é compreensível. Eu nunca o uso, e ninguém importante tampouco o usa. A única razão para ele ocupar um lugar permanente na minha mesa é alguma magia que torna a minha conta mais barata com o telefone fixo do que sem ele. É um exemplo tradicional de uma categoria de produto absorvida por um produto IoT; nesse caso, o primeiro produto IoT produzido em massa: o smartphone.

O maior problema é o produto IoT ao lado dele. Se eu o plugar no barramento CAN do carro da minha filha, ele me passará todos os tipos de informações de que não me lembro agora, mas estou certo de que ele me fornecerá o histórico das velocidades do carro. E isso é importante para mim.

Minha filha adolescente dirige o carro rápido demais. E como eu pago o seguro do carro e me importo muito com a segurança dela, eu deveria estar muito motivado a gastar alguns minutos e a instalar esse dispositivo IoT. No entanto, lá está ele, juntando poeira sobre a minha mesa, onde o vejo todos os dias, há 18 meses, desde quando ele me foi oferecido, depois de uma apresentação sobre IoT que fiz em Las Vegas.

Esse é um problema – um problema a ser resolvido por quem quer que desenvolva produtos IoT hoje. Se eu, que amo IoT e ganho a vida com isso, não me dou ao trabalho de instalar um dispositivo gratuito no carro de minha filha adolescente pé de chumbo, quem o fará?

O problema é que o seu valor não justifica o custo, que, nesse caso, é apenas o meu tempo! Se o fabricante tivesse seguido o processo rigoroso de modelagem do valor e depois o processo de descrição de requisitos de 360° apresentado neste livro, esse produto nunca teria visto a luz do dia. Ele jamais teria vindo ao mundo para ser tamanho fracasso, como tantos outros produtos IoT antes dele.

Vamos fazer uma retrospectiva e rever outras lições importantes deste livro, a serem lembradas.

Tecnologia essencial

O poder e o valor de um produto IoT decorre da abstração da sua funcionalidade física de IoT em um modelo virtual que quantifica a proposta de valor do produto IoT. O modelo e o aplicativo constituem o produto definido por software, e o resto do produto IoT é a máquina coletora e analisadora de dados. Os dados são oriundos dos sensores e dos sistemas externos, como serviços de dados, sistemas de negócios e, com mais profundidade, outros produtos IoT. Todo o produto é amarrado como conjunto pela estrutura da rede.

A análise de dados envolve todo o trio da criação de valor (os outros dois elementos são o modelo e o aplicativo), e é usada, juntamente com o aplicativo, para transformar os dados em informações úteis — porque todo o valor incremental do produto IoT decorre da transformação de dados em informações úteis. O valor define as informações necessárias, que define os dados a serem coletados, que define a tecnologia de coleta de dados de que precisamos para amarrar o conjunto.

Quatro maneiras de criar valor

A primeira maneira de criar valor com IoT é possibilitar a inclusão de atributos inovadores que melhoram o produto. A inovação resulta não só da maior disponibilidade de dados, mas também de um recurso embutido para analisar esses dados e transformá-los em valor. Controle por voz e busca na internet são dois desses atributos de IoT que tornam a nova geração de autofalantes sem fio muito superior a seus equivalentes tradicionais, sem IoT.

A segunda maneira é operar melhor o produto. Uma das categorias de produto mais quentes para exemplificar esse recurso é a dos veículos autônomos. A melhor operação de carros deve poupar cerca de 30.000 vidas por ano, só nos Estados Unidos, que hoje se perdem em acidentes de trânsito. O governo não está promovendo, nem financiando automóveis sem condutores, por se tratar de tecnologia atraente; mas o governo está por trás desses carros, estimulando seu desenvolvimento, porque, nesse caso, a IoT salva vidas. Operar melhor o produto também é fundamental para aprimorar a eficiência operacional do produto e para promover avanços no produto, via IoT, a partir dos limites da TI.

A terceira maneira de criar valor incremental com IoT é suportar melhor o produto. A manutenção preditiva, por exemplo, usa a análise de dados de IoT para prever falhas antes que ocorram. Esse recurso melhora muito a utilização do ativo.

Finalmente, a IoT pode criar melhor os novos produtos estimulando a invenção. Isso é feito não só ouvindo os clientes, mas também quantificando as suas ações. Daí resultam novas versões e novas variações dos produtos existentes. Além disso, se ouvirmos os clientes e também quantificarmos todos os dados coletados, é possível que o processo leve a novas categorias de produtos completamente novas – e talvez a novos mercados onde vendê-los. O acesso a esses dados privados pode ser negociado de maneira explícita e equânime, antes de explorarmos completamente esse novo tipo de criação de valor.

Duas vias paralelas

Essas são as maneiras de criar valor com a Internet das Coisas, mas a maneira *como* criamos e monetizamos o valor nos leva a percorrer duas vias tecnológicas paralelas que, paradoxalmente, nos levam ao mesmo lugar: resultados.

À medida que os produtos de IoT evoluem, somos capazes de integrar mais desses produtos, para que, em interação, entreguem mais e melhor o que os clientes querem. Primeiro, eles evoluem de produtos inteligentes para produtos conectados, e daí para produtos IoT. Em seguida, os produtos IoT conversam uns com os outros numa linha de produtos, e, por fim, entendem-se uns com os outros entre linhas de produtos de diferentes fornecedores. Nesse cenário, a padronização desempenha importante função de suporte, mas a estrela é a plataforma de IoT, que desempenha o papel de base tecnológica para fornecer resultados.

Na segunda via paralela, a tecnologia de IoT capacita os nossos produtos a medir mais o modelo de negócios dos clientes e, assim agindo, impulsiona a evolução do modelo de negócios de IoT, que avança do modelo de negócios de produtos para o modelo de negócios de serviços e, por fim, para o modelo de negócios de resultados, que, por definição, imita o modelo de negócios do cliente.

Alinhar modelos de negócios alinha objetivos de negócios, promovendo um relacionamento mais íntimo com os clientes e uma verdadeira parceria, em que os fornecedores são bem-sucedidos apenas quando os clientes são bem-sucedidos. Esse é o ecossistema de IoT, o equivalente em negócios à plataforma de IoT, que monetiza a IoT, ao aglutinar vários modelos de negócios em uma única interface a ser apresentada ao cliente.

Resultados – *Killer app* de IoT

Individualmente, os produtos IoT são superiores aos seus equivalentes tradicionais de todas as maneiras imagináveis, mas o *killer app* de IoT são os resultados.

Vamos encarar a realidade: os clientes realmente não querem os seus produtos; o que os clientes querem é o que podem fazer com os produtos. Os agricultores, por exemplo, não querem ter, nem manter tratores; o que eles querem é uma supersafra pelo custo mais baixo possível.

Os tratores sozinhos, porém, não podem produzir esse resultado; por isso, os principais fabricantes de tratores estão usando a Internet das Coisas para integrar os tratores com outros equipamentos agrícolas, assim como com sistemas de irrigação, de gerenciamento de sementes e de dados sobre clima, para entregar uma safra com rendimento mais alto, a custo mais baixo. E isso é vendido como resultado por uma porcentagem do lucro.

Grupos de produtos, todos atuando em conjunto para produzir o resultado almejado pelo cliente, são integrados pela plataforma de IoT e monetizados pelo ecossistema de IoT. E é o somatório desses ecossistemas, em áreas geográficas específicas, que produzem a *Outcome Economy*, ou Economia de Resultados. Essa é uma economia direcionada para produção e entrega de resultados, em que se baseiam as projeções de mercados de trilhões de dólares, atribuídas à Internet das Coisas.

Plotando a sua estratégia

O conceito de usar a tecnologia de IoT para entregar e efetivamente monetizar resultados é fundamental para desenvolver a estratégia de IoT. Os resultados reconfiguram os setores de atividade, mudando as definições de concorrentes e parceiros. Os clientes também podem mudar, mas esteja certo de que sua empresa mudará. Construir, vender e suportar com mais eficácia um produto IoT requer transformação da empresa. E depois que a empresa foca o setor, os concorrentes, os clientes e as operações sob as lentes da IoT, ela assume a perspectiva necessária para desenvolver o plano de negócios de IoT.

O verdadeiro desafio

O maior desafio de IoT não é técnico, é de negócios. Tudo bem, o desenvolvimento de padronização adequada e de segurança suficiente são grandes desafios tecnológicos, mas podemos superá-los e por certo os deixaremos para trás. Por mais que nos esforcemos, porém, não venceremos esses desafios, nem a IoT irá além da fase de *hype* e dos adeptos precursores, se a Internet das Coisas não gerar mais dinheiro para as empresas. Este é o propósito deste livro; minha esperança é que este livro tenha apresentado aos leitores uma perspectiva de negócios diferente e algumas ideias sobre como explorar essa nova tecnologia em sua empresa.

E agora?

Da mesma maneira como hoje a internet é parte de todos os negócios, assim também será com a Internet das Coisas – que é a evolução tecnológica natural da Internet das Pessoas. A revolução será deflagrada pela maneira como você usar a Internet das Coisas em seu negócio. Considerando que a Internet das Coisas está a caminho, todas as empresas devem preparar-se para recebê-la e para incorporá-la no dia a dia dos negócios. Agora que você leu este livro, desenvolva o seu plano de negócios de IoT – você está pronto. Essa atitude reduzirá o risco competitivo e o preparará para decidir quando investir o tempo e os recursos necessários para explorar a Internet das Coisas com o intuito de desenvolver seu negócio de IoT e sua linha de produtos de IoT.

‹ ÍNDICE ›

Absorvendo categorias de produtos convencionais, 100, 101
Acionador, 52, 53, 184
ACME Pest, 80, 81, 92
Acumulação de dados, 203, 204
AEPs. *Ver application enablement platforms*
Agricultura inteligente, 78, 79
Airbnb, 72, 101
All Traffic Solutions, 125, 126
Análise de dados preditiva, 46, 56, 181, 217
   análise de dados preventiva comparada com, 217
   modelo de negócios de produtos e serviços e, 71, 72
Análise de dados prescritiva, 217
   análise de dados preditiva em comparação com, 216
   rede elétrica IoT e, 51
Análise de dados preventiva, 56
Análise de dados proativa, 56
Análise de dados, 216
Análise de dados, 35, 162, 163
   bancos de dados e, 220
   ciência de dados e, 135
   descritiva, 181, 215, 223
   detecção de anomalias em, 222-224
   diagnóstica, 47, 50, 51, 215, 216
   engenharia reversa, 225
   geração de valor e, 36, 213, 244-246
   modelo de análise de produtos e, 58
   modelo de, 173, 221, 222
   modelo estocástico e, 175-177, 221
   modelos de usabilidade e utilidade e, 58, 59
   modelos e, 173, 221-223
   operações fundamentais de análise de dados, 221
   para a escavadeira sobre rodas com caçamba IoT (BWE IoT), 55, 56
   para a frigideira IoT, 143

   para o mandril acetabular, 46, 47
   para operar melhor os produtos, 50, 51
   passos da, 218-220
   planejamento e, 166
   preditiva, 46, 56, 72, 181, 216, 217
   prescritiva, 51, 217, 218
   preventiva, 56
   proativa, 56
   prognóstica, 56
   reativa, 56
   requisitos da, 141-144
   run-time, 216
   seleção de um pacote de análise, 218
   sistemas externos e, 37, 210
   streaming, 184
   superfície do computador e, 214
   suporte e manutenção e, 133
   tempo e, 214-216
   Tesla e, 67, 68
   trituração de números e, 219, 220
Análise de *streaming*, 181
Análise descritiva, 181
   detecção de anomalias e, 222, 223
   software de BI e, 215
Análise diagnóstica, 47
   rede IoT e, 50, 51
   uso de, 216
Análise em "tempo real". *Ver* análise de dados *run-time*
Análise prognóstica, 56
Análise reativa, 56
Andreessen, Marc, 126
API (application programming interface), 64, 90, 183, 210
Aplicativos, 161, 162
   ambiente de modelagem do desenvolvimento e, 162, 163
   cibermodelo e, 179
   conectividade com a internet e, 180, 181

de rede IoT, 49, 50
em produtos definidos por software,
35
estrutura da rede e, 194, 195
gerenciamento de modelos de, 180
modelos matemáticos e, 176, 177
para a escavadeira sobre rodas com
caçamba IoT (BWE IoT), 54, 55
para a frigideira IoT e, 143
para o mandril acetabular, 46
para operar melhor os produtos, 49,
50
propósito da, 177
rede de TO e protocolo para, 197
requisitos de produtos IoT e, 140,
141, 143
segurança, 232
superfícies de computação e, 177
Application enablement platforms
(AEPs), 207. *Ver também* plataforma de IoT
Application programming interface.
Ver API
Ataque distribuído de negação de serviço (DDoS), 230, 231
Atrito da monetização, 64
Automação, 50
Avaliação de riscos
calcular os riscos em, 239-241
desenvolvimento e, 237, 238
equilíbrio riscos e custos em, 240
inventário de ativos, 238, 239
vetores de ataque, 239
B2B. *Ver business-to-business*
B2C. *Ver business-to-consumers*
Backhaul
conectividade e, 204, 205
conexão de linha fixa e, 204, 205
Bagger 293, 52. *Ver também* escavadeira
sobre rodas, com caçamba, IoT
Barreiras à entrada, 109, 110
BI. *Ver business intelligence software*
Big data, 214. *Ver também* análise de dados
Bisteca. *Ver também* frigideira IoT
ciência da culinária, 137

exatidão nos queimadores do fogão
para, 137, 138
temperatura interna da, 132
Bluetooth, 192
Brass, Paul, 62, 63, 111
Business intelligence (BI), software, 215
Business-to-business (B2B), 63
privacidade, 241, 242
Business-to-consumers (B2C), 58
privacidade, 241, 242
BWE. *Ver* IoT escavadeira sobre roda
com caçamba
CAD (computer-aided design), 174
Cadeia de suprimentos, 150
Cadeia de valor, 117
Camada de aplicativos, 194, 195
carta útil e, 196-199
sistemas embutidos e, 196
uso de, 195
Camada de névoa
acumulação de dados e, 203, 204
instalações greenfield e, 203
mist computing (computação na neblina) e, 203
propósito da, 202
Camada de rede, 190, 191, 195, 196
IP as, 198
padronização de, 194
TO e TI e, 194
Camadas de mídia
carga útil e, 198
hardware em, 191
LPWA e, 191-193
padronização das, 193
tecnologia celular em, 191-193
topologia estelar, 193
Camadas, 190. *Ver também* protocolos
Carga útil digital. *Ver* data
Carga útil, 223
camada de aplicativos e, 196-199
camadas de mídia e, 198
IP e, 198
Carros IoT, 101
Categoria de produto *Quantified Self*
(autoquantificação), 57-59

Celular, 192, 193

Cibermodelo, 35, 174
- aplicativos, 179
- criação de valor e, 36
- da escavadeira sobre rodas com caçamba, 53, 54
- da rede IoT, 49-52
- da secadora IoT, 177, 178
- definição, 35, 173
- modelo estocástico como, 175-177, 221, 222
- modelo paramétrico como, 175, 176
- para mandril acetabular, 45
- variáveis macro de, 178, 179

Cibersegurança, 35, 171
- adaptação e, 227, 228
- alarmismo e, 227
- confidencialidade de dados e, 229
- de TI comparada com de IoT, 228, 229
- desenvolvimento e, 234-236
- disponibilidade de dados e, 230
- estruturas para, 234
- ideação e, 233
- integridade de dados e, 230
- IoT de infraestrutura e, 228
- lançamento, 237, 238
- melhores práticas de, 233-237
- orçamento e, 228
- privacidade e, 241-243
- projeto e, 234
- requisitos de, 142
- teste e, 236
- vetores de ataque e, 231-233

Ciclo de desenvolvimento da pré-produção, 160
- orçamento e, 168

Clientes
- abordagem centrada em dados ao, 86
- alinhamento de interesses com, 131
- Continuum do Modelo de Negócios de IoT e, 84
- desintermediação e, 99, 100
- parcerias e, 85, 86
- pesquisa de produtos e, 83, 84
- relacionamentos ganha-ganha com, 108, 109
- resultado almejado para, 90-92
- ROI para, 90
- sistemas de negócios e, 212
- suporte para, 84
- valor vitalício dos, 84, 85
- vendas e, 130-133

Comoditização, 103

Competição, mudança das fronteiras da, 98, 99

Computer-aided design. *Ver* CAD

Concorrentes
- barreiras à entrada e, 109, 110
- ecossistemas e, 104, 105, 109
- estratégia para, 123
- existentes, 104, 105
- exóticos, 104, 105
- momento de entrada no mercado e, 104, 105, 107, 108, 110
- novos entrantes como, 104, 106, 107
- participação no mercado e, 110
- recursos humanos e, 110
- requisitos do produto e, 151
- resultados e, 105
- risco competitivo e, 248
- vantagens do pioneiro e, 108, 109

Concorrentes exóticos, 104-106

Consolidação, 102, 103
- requisitos de produtos e, 151, 152

Consórcios, 134, 152
- educação e, 169

Contingência jurídica, 229

Continuum de Tecnologia de IoT, 124, 126, 127
- efeito de rede e, 128
- evolução do produto e, 94, 96
- IoT comercial e, 96, 97
- IoT de consumo e, 98
- IoT de infraestrutura e, 97, 98
- IoT industrial e, 97
- mudanças setoriais e, 98
- parcerias e, 95, 96
- plataforma de IoT e, 106

sistemas externos e, 213

Continuum do Modelo de Negócios de IoT, 68, 69, 113, 114
- ciclo de, 67
- clientes e, 85
- fatura recorrente pelo produto, 80
- ROI e, 66
- valor incremental e, 71
- vendas e, 130, 131

Criptografia de ponta a ponta, 235

Custo dos produtos IoT, 63, 64

Dados de séries temporais, 220

Dados, 36
- abordagem da espingarda de caça e, 243
- analistas de dados, 134, 135
- bancos de dados, 220
- big data, 214
- cientistas de dados, 134, 135, 219
- clientes e, 86
- como ativo, 228, 229
- como contingência letal, 136
- confidencialidade de, 229
- DDoS e, 230
- departamentos para, 134, 135, 154
- disponibilidade, 230, 231
- estrutura da rede e, 196-199
- integridade, 229, 230
- marketing e, 128, 129
- movimento de, 196-199
- privacidade e, 242, 243
- sensores e, 184, 196, 214, 220
- séries temporais, 220
- sistemas externos e, 37, 38, 210-212
- valor incremental e, 210, 211, 229

DDoS. *Ver* ataque distribuído de negação de serviço

Departamento jurídico, 135, 154

Departamentos, 142, 155. *Ver também* recursos humanos
- departamento de dados, 134, 135, 154
- desenvolvimento de negócios, 133, 134
- engenharia, 126, 127, 153

fabricação, 128, 153
- jurídico, 136, 154
- marketing, 128-130, 153
- suporte e manutenção, 133, 154
- TI e TO, 127, 128
- vendas, 130-133, 153, 154

Dependências da tecnologia de IoT, 166

Desempenho financeiro (lucros e perdas), 43

Desenvolvimento
- abordagem de cima para baixo, 162-165
- avaliação do risco e, 237, 238
- cibersegurança e, 234-236
- começar pequeno e pensar grande como, 165, 166
- educação e, 168, 169
- em casa ou fora de casa, 161, 165, 189, 190
- estratégia de propriedade intelectual e, 162
- incubação e, 166, 167
- negócio, 133, 134
- orçamento e, 168
- pré-produção, 159, 160
- processo de desenvolvimento enxuto, 139
- produzir ou comprar para, 161, 162
- segurança e, 234, 235
- sequência e dependências do, 162-165
- sistemas embutidos e, 163, 165
- startup enxuta como, 167

Desenvolvimento de negócios, 133, 134

Desenvolvimento *in-house*, 161, 166
- estrutura da rede e, 189, 190

Desintermediação, 99, 100
- bancos e, 101, 102

Detecção de anomalias , 222-224

Digital exhaust (exaustão digital), 61

Diretor técnico (DT), 89

Dronski, Pat, 62, 111

Economia de serviços (XaaS), 120, 121. *Ver também* modelo de negócios de serviços

Ecossistemas, 66, 67, 80, 114
concorrentes e, 104, 105, 109
constituição, 102, 103
desenvolvimento de negócios, 133, 134
evolução, 118, 119
IoT de consumo e, 118
IoT industrial e, 118
para indústrias, 120
plataforma de IoT e, 78, 118
tecnologia de IoT para capacitar, 116
Edifícios inteligentes, 32
Educação, 168, 169
Efeito de rede, 121
Eficiência operacional, 42, 43, 48
Engenharia, 126, 127
Escavadeira sobre rodas com caçamba IoT (BWE IoT), 52, 53
análise de dados para, 55, 56
análise diagnóstica e, 216
aplicativos para, 54, 55
avaliação do risco para, 240, 241
geração de valor para, 56
IoT industrial e, 97
manutenção para, 57
modelo 3D de, 215, 216
modelo de negócios como serviço, 75
modelo de negócios serviços-resultados e, 78
modelos para, 53, 54
proposta de valor para, 53
resultados almejados para, 91
suportar melhor os produtos para, 53, 54
Estratégia de IoT, 98-101
Estratégia de propriedade intelectual, 162
Estratégia, 87, 88, 90, 98, 103, 142, 159, 162, 204, 208, 247
Estrutura da rede, 34, 35, 38, 189
backhaul e, 204, 205
camada de aplicativos e, 194, 195
camada de névoa e, 202-204

camada de rede e, 194
camadas aninhadas e, 190
camadas de mídia e, 191-193
carga útil e camadas de, 190, 191
desenvolvimento in-house, 189
fluxo de dados e, 196-199
geração de valor e, 189
nuvem do produto e, 190
nuvem do produto IoT e, 205, 206
plataforma de IoT e, 113, 206-209
protocolos de rede e, 190
rede de TO (tecnologia de operações), 199
rede, 201, 202
TI (tecnologia da informação)
Estruturas de segurança, 222-224
ETL (extração, transformação, carregamento), 219
Evolução do produto, 93
Exoesqueleto de rede de sensores, 185
Experiência do usuário (UX), 58
Extração, transformação, carregamento. *Ver* ETL
Fabricação, 128
Fazendas eólicas, 75, 76
Fazer melhor os produtos
invenção e inovação em, 42, 43
para o mandril acetabular, 46
Fazer novos produtos, 43, 57
Fazer ou comprar, 161, 162
Fechar o loop, 46
Fitbit, 57, 72
Frigideira IoT, 138, 142
modelagem de valor para, 142, 143
monetização para, 145-147, 148
operações e, 152-154, 155
requisito de análise de dados para, 143, 144
requisitos de aplicativos para, 143, 144
requisitos de modelo para, 143, 144
resultados e, 147, 148-150
setor e, 150, 151, 152
valor incremental e, 143-145
GameWare, 157

Índice 253

metodologia de validação de produtos, 158, 159

Gêmeo digital. *Ver* produto definido por software

General Motors (GM), 67, 68

Geração de valor e, 59, 60

Geração de valor, 29. *Ver também* valor incremental

análise de dados e, 36, 225, 226, 245, 246

B2B, 89, 90

capacitação, 41, 42

cibermodelo e, 35

conectividade e, 41

de cima para baixo, 162, 163, 165

do produto definido por software, 36

e suportar melhor os produtos, 51–56

estrutura da rede, 189

fazer novos produtos, 57, 58

inovação e, 43, 44, 57, 245

invenção e, 232, 233

manutenção em, 56, 57

modelagem de valor e, 41, 42

modelos de usabilidade e utilidade, 59, 60

novos produtos de informação e, 204, 205

operar melhor os produtos e, 51, 52, 245

Outcome Economy e, 122

para a escavadeira sobre rodas com caçamba IoT (BWE IOT), 56

para a rede elétrica IoT, 51

requisitos do produto e, 141, 142–144

requisitos do produto IoT e, 142–145

resultados almejados e, 93

suportar melhor os produtos e, 53, 54, 245

trio de valor, 35

variáveis e, 179

Gerenciamento de dispositivos, 185, 187

Gerenciamento de pragas. *Ver também* ratoeira IoT

ACME Pest e, 62, 63, 92

ecossistema de, 117

evolução da, 96

segurança física, 232

Gerenciamento de riscos, 216–218, 227

Gestão de produtos, 83, 84

Greenfield, instalações, 187

camada de névoa e, 203

Grupos setoriais de IoT, 169

Ideação, 233

IIoT. *Ver* IoT industrial

ILM. *Ver* Industrial Light & Magic

Inbound marketing (marketing de atração), 129

Incubação, 166

Indicadores-chave de desempenho (*Key performance indicator* – KPI), 69

da Rolls-Royce, 73

do modelo de negócios de serviços, 74

tecnologia de IoT e, 100, 101

Industrial Internet Consortium, 134

Industrial Light & Magic (ILM), 89, 90

Informações pessoais identificáveis (IPI), 64, 154, 229, 242

Inovação, 57, 245

invenção e, 42, 43

Instalações brownfield, 185, 187

Interface do usuário (UI), 58

Internet de *Gateways*, 200

Internet de Pessoas, 232

Invenção, 57

geração de valor e, 245, 246

inovação e, 42, 43

monitor IoT e, 58

passos em, 61

IoT comercial, 97, 137

mandril acetabular IoT e, 44, 97

IoT de consumo, 41

Continuum da Tecnologia de IoT e, 98

ecossistemas em, 118

mercado de casas inteligentes e, 98, 99

monitor IoT e, 59, 98
plataformas de IoT e, 206, 207
IoT de infraestrutura
cibersegurança e, 228
ecossistemas em, 117
rede elétrica IoT e, 49, 97, 98
IoT industrial (IIoT), 52
ecossistemas em, 117
escavadeira sobre rodas com caçamba IoT e, 52, 97
grupos setoriais e, 169
IoT-Inc Buyer's Guide, 165, 166, 218
IP (protocolo de internet)
carga útil e, 197
como camada de rede, 198
padronização, 203
TI e, 194, 202
IPI. *Ver* informações pessoais identificáveis
Jawbone, 61
Jurassic Park, 89, 90
Lançamento
plano de resposta a incidências, 237
treinamento para, 237, 238
Lançamento, 168
Lei de Metcalfe, 121, 213
Lentes de IoT para analisar negócios, 87
Lossy network, 192
LPWA radio, 191-193
Lucros e perdas. *Ver* desempenho financeiro
MAC/PHY, camada. *Ver* camada de mídia
Mandril acetabular IoT, 44
aplicativos para, 46
cibermodelo para, 45
consolidação e, 102
fazer melhor os produtos para, 46
IoT comercial e, 96, 97
IoT e, 45-47
modelo de Negócios Produto-Serviço e, 72, 73
modelo de Negócios Serviços-resultados e, 76, 77

requisitos de análise de dados para, 46, 47
resultado almejado para, 91, 92
Manutenção
da escavadeira sobre rodas com caçamba, 57
evolução da, 56, 57
geração de valor e, 56, 57
preditiva, 72
prescritiva, 55, 56
preventiva, 52, 71
proativa, 55
suporte e, 133, 154
Manutenção preditiva, 71
Manutenção prescritiva, 55, 56
Manutenção preventiva, 52
pneu conectado e, 71
Manutenção proativa, 54
Mapa de protocolo, 32
Mapeamento por GPS, 242
Marketing de produtos, 85, 86
Marketing, 153
inbound, 129, 130
movido a dados, 128, 129
outbound, 130
produto, 85
Teste A/B e, 129
Mercado de casas inteligentes, 99
Metacamada, 195, 196
Metodologia de validação de produtos, 158
ciclo interativo de, 159, 160
Modelagem de valor, 141, 161, 162, 244, 245
criação de valor e, 41, 42
fazer melhor os produtos e, 43, 44
para a frigideira IoT, 142, 143
para a secadora IoT, 177
Modelo de Negócios como Atributo, 81, 82, 101, 102
Modelo de negócios de IoT para B2B, 62, 63
Modelo de negócios de IoT para B2C, 63, 64
Modelo de negócios de IoT, 246

alinhamento para, 64, 65, 246
como atributo, 8, 82, 101
exemplos de, 69
modelo de negócios de produtos
    como, 67-69, 145
modelo de negócios de produtos-ser-
    viços como, 69, 70-72, 145, 146
modelo de negócios de resultados
    como, 69, 77-80, 147
modelo de negócios de serviços
    como, 69, 73-76, 101, 112, 113,
    132, 133, 146, 218
modelo de negócios de serviços-re-
    sultados como, 69, 76-79, 146,
    147
mudança, 100, 101
Modelo de negócios de produto como
    serviço (PaaS), 101. *Ver também*
    modelo de negócios de serviços
Modelo de negócios de produtos, 69,
    70
    requisitos do produto e, 145
    Tesla modelo S e, 67, 68
Modelo de negócios de produtos-servi-
    ços, 69, 70
    exemplos de, 72
    pneu conectado como, 70, 71
    requisitos do produto e, 145, 146
Modelo de negócios de resultados, 69
    exemplos de, 79, 80
    parcerias e, 78, 79
    requisitos do produto e, 150
    risco conjunto em, 80
Modelo de negócios de serviços, 69,
    112, 113
    economia do compartilhamento e,
    101, 102
    exemplo de, 75, 76
    financiamento, 54
    para B2C, 75
    requisitos do produto e, 165
    Rolls-Royce como, 72, 73
    secadora IoT e, 233
    Teatreneu (de Barcelona) como, 73
    vendas e consultoria em, 132

Modelo de negócios de serviços-resul-
    tados, 69
    escavadeira sobre rodas com caçam-
    ba IoT (BWE IoT), 77
    exemplos de, 77
    fazendas eólicas e, 75, 76
    mandril acetabular e, 77
    rede elétrica IoT e, 76-78
    requisitos do produto e, 146, 147
Modelo de negócios do telefone celu-
    lar, 64
Modelo de negócios propício a IoT, 101
Modelo de receita, 79
Modelo estocástico, 175, 221
    equação da mola, 176, 177
Modelo paramétrico, 175, 176
Modelos de cachoeira em cascata, 126
Modelos de negócios. *Ver* modelo de
    negócios de IoT
Modelos de usabilidade, 58, 128, 129
    análise de dados e, 58, 59
    geração de valor, 59, 60
    inbound marketing e, 129
    outbound marketing e, 130
    reconhecimento de padrões e, 224,
    225
Modelos de utilidade, 128, 129
    análise de dados e, 58, 59
    inbound marketing e, 129
    observações e, 84
    outbound marketing e, 130
Modelos, 245. *Ver também* cibermodelo;
    modelos de usabilidade; modelos
    de utilidade
    análise de dados e, 173, 221, 222
    definição, 83
    para operar melhor os produtos, 49
    proposta de valor de IoT e, 161, 162
    resolva, otimize, encontre tendên-
    cias, modelo para, 224-226
Momento de entrada no mercado, 104,
    108, 110
Monetização, 29, 61, 81, 82. *Ver também*
    modelos de negócios de IoT
    para B2B e, 63

para a frigideira IoT, 145-148
requisitos do produto e, 141, 145-148
resultados e, 67, 93
Monitor inteligente, 100. *Ver também* monitor IoT
Monitor IoT, 58, 98
resultados almejados para, 92
Motor a jato IoT, 72
MPU (unidade de microprocessamento), 182
MTConnect, 196
Mudanças setoriais, 89
consequências inesperadas, 92
maturação acelerada, 102
reconfiguração, 98
Necrose, 44, 45
Nova nova economia, 119
Nova propriedade intelectual, 126
Novos entrantes, 104, 106
valor incremental dos, 107
Nuvem de IoT, 205
nuvem de TI comparada com, 207
Nuvem de TI, 205
nuvem de TI comparada com, 206
Nuvem local, 189
Open Connectivity Foundation, 134, 152
Operações remotas, 51
Operações, 87. *Ver também* departamentos
"Operar melhor os produtos", 48
análise para, 20, 51
aplicativos para, 50
modelo para, 49, 50
valor gerado para, 51, 245, 246
Orçamentação, 168
OTA (*over-the-air*), mecanismo, 44
requisitos do produto e, 155
sistema de entrega de atualizações, 235
Tesla, uso pela, 67, 68
Otimização da rede, 51
Outbound marketing, 130
Outcome Economy e, 119, 247

agricultura inteligente e, 78, 79
de gerenciamento de pragas, 117
garantia de qualidade, 119
gerenciamento de pragas e, 117
numa região, 120
parcerias e, 152
propósito do, 117
valor de, 122
Outcome Economy, 82, 98, 99, 112
definição, 113, 118
ecossistema e, 118, 119, 247
tipos de empresas de IoT em, 109
valor da, 122
Out-of house development, 161, 162
Over-the-air. Ver mecanismo OTA
PaaS, modelo de negócios. *Ver* modelo de negócios de serviços
Padrões, 194. *Ver também* protocolos
Parcerias
clientes e, 85, 86
Continuum de tecnologia de IoT e, 95
ecossistemas e, 152
plataformas de IoT e, 96
requisitos do produto e, 150, 151
Pesquisa de produtos, 83
Pesquisa, 158
Pipeline de animação, 89
Planejamento, 158
análise de dados e, 166
ciclo de desenvolvimento da pré--produção e, 160
de cima para baixo, 166
metodologia de validação do produto e, 159-161
passos para, 160, 161
projetar, vender, produzir e, 158-160
Plano de resposta a incidências, 237
Planos de negócios de IoT, 87, 158-161
Planos de negócios. *Ver* planos de negócios de IoT
Plataforma de IoT, 65, 66, 247
arquitetura de, 208
comercial e de código aberto, 97, 207, 208, 209

Continuum de tecnologia de IoT e, 106

custos e, 209

ecossistemas em plataformas independentes, 78, 118

especialidade setorial e, 207, 208

estrutura da rede e, 106

parcerias e, 96

primeiros estágios de desenvolvimento, 209

propósito da, 206

segmento setorial em, 61

tipos de, 207

usos de, 201

Plataformas comerciais, 208, 209. *Ver também* plataforma de IoT

Plataformas de código aberto, 208, 209. *Ver também* plataformas de IoT

Plataformas de conectividade, 206, 207. *Ver também* plataformas de IoT

Plataformas de IoT e, 98, 206-209

Plataformas de provisionamento, 207. *Ver também* plataformas de IoT

Plataformas. *Ver também* plataforma
  IoT de infraestrutura como, 97
  IoT industrial como, 97, 98

Pneu conectado, 70, 71

manutenção preventiva de, 71

Power-by-the-hour, modelo de negócios da Rolls-Royce, 72

Priorização de atributos, 85, 137

Privacidade, 241

B2B e B2C, 241

propriedade intelectual e, 229

transparência e, 242, 243

Processo de desenvolvimento enxuto, 139

Produção, 168

Produto de Internet das Coisas. *Ver* produto IoT

Produto definido por hardware, 182

camadas de mídia e, 191

plataforma de IoT e, 113, 114

propósito do, 36

sensores e acionadores em, 184-188

sistemas embutidos, 182-184

Produto definido por software (SDP), 39, 173. *Ver também* aplicativo; cibermodelo

geração de valor, 36

partes de, 173

plataforma de IoT e, 113

ratoeira IoT e, 173, 174

videogame esportivo como, 35

Produto IoT (produto de Internet das Coisas), 31, 94, 213

abordagem de cima para baixo em, 37, 38

custo de, 63

definição, 32

evolução do, 108

informação no, 34

rede de, 94

sistemas externos de, 37, 38

Produto viável mínimo, 166

startup enxuta e, 167

Produtos conectados, 31, 32, 113, 114

criação de valor e, 41

definição, 40

preços, 40, 41

Produtos inteligentes, 53, 40, 93

Produtos. *Ver* produtos IoT

Projetar, vender, produzir, 111

metodologia de validação do produto, 158

orçamento e, 168

planejamento e, 158-160

startup enxuta e, 167, 168

Proposta de valor

modelos e, 161

na abordagem de cima para baixo, 162, 163

para a escavadeira sobre rodas com caçamba IoT, 53

para a rede elétrica IoT, 48, 49

para o mandril acetabular IoT, 45

para o monitor IoT, 58

Prótese de quadril

mandril acetabular e, 45

necrose na, 44, 45

Protocolo cliente-servidor, 194, 207
Protocolo de aplicativo. *Ver* camada de
  aplicativos
Protocolo de Internet. *Ver* IP
Protocolos de aplicativos de mensagem,
  208
Protocolos de rádio, 192. *Ver também*
  camada de mídia
  rede *mesh* e, 201
Protocolos de rede. *Ver* camada de rede
Protocolos, 190-199
QA (garantia de qualidade), 119
Ratoeira IoT, 62, 63
  modelo para, 179, 174
  reconhecimento de padrões e, 224,
    225
Reconhecimento de padrões, 222
  modelos de utilidade e usabilidade e,
    224
Recursos humanos
  mudanças culturais e, 135, 136
  mudanças no DNA de, 110
  novo conjunto de competências e,
    136
Rede de tecnologia da informação, 201
Rede de TI (tecnologia da informação),
    37, 38, 128
  camada de rede e, 194
  cibersegurança e, 228, 229
  desempenho financeiro e, 127
  IP e, 194, 202
  modelo de negócios de nuvem
    como serviço e, 205
  propósito da, 202
  protocolo de rede de TO e, 197
  redes de área pessoal e, 199, 200
Rede de TO (tecnologia operacional),
    38
  camada de rede e, 194
  carga útil e, 196, 197
  departamentos para, 127, 128
  desempenho financeiro e, 112, 127
  integridade dos dados e, 230, 231
  MPU e, 182
  protocolo de aplicativo e, 197

protocolo de rede de TI e, 198
rede *mesh* como, 201
rede proprietária e, 200
Rede elétrica IoT
  análise de dados diagnóstica e, 50, 51
  análise de dados preditiva para, 71,
    72
  análise de dados prescritiva e, 51
  aplicativo de, 49, 50
  geração de valor para, 51
  IoT de infraestrutura e, 97, 98
  modelo de negócios de serviços-re-
    sultados e, 76, 77
  modelo para, 49, 52
  proposta de valor para, 48, 49
  resultados almejados para, 92
Rede *mesh*, 192, 201
  topologia da, 201
Redes de área local, 202
Redes elétricas
  rede IoT e, 49
  valor incremental e, 47
Regulações, EUA, 241, 242
Relacionamentos de consultoria, 130.
    Ver também vendas
Requisitos de produtos industriais, 142,
    150, 152
Requisitos dos produtos, 87, 88, 137
Requisitos, para produtos IoT, 156. *Ver*
    também frigideira IoT
  abordagem de 360°, 138-140, 153,
    260
  análise de dados, 141, 143, 144
  aplicativos, 140, 141, 143, 144
  cibersegurança e, 142
  definição, 140
  exemplo da bisteca, 137, 138
  ideação e, 140
  modelo, 139, 143, 144
  monetização e, 141, 145, 147, 148
  operações e, 142, 152-155
  processo de desenvolvimento enxu-
    to e, 139
  produção e, 139
  resultados e, 142, 147, 148-150

Índice 259

segurança e, 142
setor e, 142, 150, 151, 152
sistemas embarcados e, 182
valor e, 142-145
Resultados
clientes e resultado almejado, 90-92
concorrentes e, 106
escavadeira sobre rodas com caçamba e resultado almejado, 92
frigideira IoT e, 147, 148-150
mandril acetabular e resultado almejado, 91, 92
monetização e, 66, 93
monitor IoT e resultado almejado, 92
pipeline para, 148
requisitos e, 142, 147, 148-150
vendas e, 137, 138
Resultados almejados. *Ver também* resultados
criação de valor em, 93
monetização e, 93
para clientes, 90-92
Retorno sobre o investimento (ROI), 66, 95, 129, 130
Robinson, Frank, 158
ROI. *Ver* retorno sobre o investimento
RTOS (*real-time operating system*), 179
Rules engines, 70, 71, 216
SCADA (supervisory control and data acquisition), 48, 200
SDK (*software development kit*), 183
SDLC. *Ver* software development life cycle
SDP. *Ver* produto definido por software
Secadora conectada, 40, 41
secadora IoT em comparação com, 181
Secadora IoT
análise prescritiva e, 217
cibermodelo de, 178, 179
detecção de anomalias em, 222, 223
modelagem de valor para, 180
modelo de negócios de serviços e, 218

modelo para, 221, 222
modelos de usabilidade e utilidade para, 224
resolva, otimize, encontre tendências, modelo para, 224, 225
secadora comum comparada com, 216, 217
secadora conectada comparada com, 181
sensores embutidos em, 184, 185
valor incremental de, 177, 178
Segmentação da linha de produto, 85
Segmentação da rede, 234, 235
Segurança da nuvem e da web, 232
Segurança da rede, 232
Segurança de aplicativos, 232, 233
Segurança de IoT. *Ver* cibersegurança
Segurança do sistema, 233
Segurança móvel, 233
Segurança. *Ver* cibersegurança
Seguro, 76, 77, 80, 100
Sensores conectados, 184. *Ver também* sensores
gerenciamento de dispositivos para, 185, 187
tipos de, 186
Sensores embutidos, 184, 185
Sensores independentes, 184
Sensores, 48
carga útil de dados e, 196
conectados, 184-187
dados e, 182, 196, 214, 220
exoesqueleto, 182
precificação de, 183, 184
requisitos de dados para, 184
tipos de, 181
Serviços de dados, 211, 212
Setor de construção, 94, 95
Shaffer, Christian, 125, 132
Sistema de freios antitravamento, 36, 37
Sistema operacional em tempo real. *Ver* RTOS
Sistemas de negócios, 212
clientes e, 213
tipos de, 37, 38

Sistemas embutidos, 179
  elementos do, 182
  hierarquia de cima para baixo e, 183
  protocolo de aplicativos e, 196
  requisitos de, 183
Sistemas externos, 81, 94, 210
  análise de dados e, 37, 38, 211
  continuum de tecnologia de IoT e,
    213
  outros produtos IoT e, 213
  plataforma de IoT e, 113, 114
  serviços de dados e, 37, 211, 212
  sistemas de negócios e, 37
Smartphones, 64, 244
Smith, Andy, 157
Soderlund, Eric, 111
  auditoria e, 112, 113
Softimage, 89
Software development kit. *Ver* SDK
Software development life cycle
    (SDLC), 233. *Ver também* ciber-
    segurança.
Startup enxuta, 167
Supervisory control and data acquisi-
    tion. *Ver* SCADA
"Suportar melhor o produto", 52-56
  manutenção preventiva para, 52
"Suportar melhor os produtos" 246
  para a escavadeira sobre rodas com
    caçamba IoT (BWE IoT), 53
Suporte e manutenção, 133, 154
Tecnologia da informação. *Ver* rede de
    TI
Tecnologia operacional. *Ver* rede de TO
Telemática, 32
Tesla
  análise de dados e, 68
  recall da, 67, 68
  relacionamentos com os clientes e,
    99, 100
Tesla Modelo S, 67, 68
Teste da caneta, 236
Testes, 236
Thread, protocolo, 192, 201
TI e TO e, 127, 128

Topologia estelar, 193
Transparência, 165
  educação e, 168
  privacidade e, 242, 243
U.S. Geological Survey (USGS), 78, 79
UI. *Ver* interface do usuário
Unidade de microprocessamento. *Ver*
    MPU
USGS. *Ver* U.S. Geological Survey
Utilização de ativos, 42, 52, 56
UX. *Ver* experiência do usuário
Vail, Theodore, 121
Valor incremental, 47, 121. *Ver também*
    geração de valor
  Continuum do Modelo de Negó-
    cios de IoT e, 71
  frigideira IoT, 143, 144
  modelo de negócios e, 62
  novos entrantes e, 107
  secadora IoT, 177, 178
  transformação de dados e, 210, 211,
    229
Valor vitalício do cliente e, 85
Veículos autônomos. *Ver* carros IoT
Vendas
  alinhando interesses e, 131
  clientes e, 130-133
  composição da força de vendas em,
    132
  departamentos, 130-136, 153, 154
Videogame esportivo, 35
Visão do integrador do sistema, 32
Wavefront, 215
Wi-Fi, 192
XaaS (qualquer coisa como serviço).
    Ver modelo de negócios de
    serviços

‹ SOBRE O AUTOR ›

Bruce Sinclair começou no negócio de IoT em 2008, como CEO de uma empresa de *networking* que vendia uma plataforma de capacitação de casas inteligentes para provedores de serviços de internet. Ele começou a carreira como matemático e depois como programador, e rapidamente direcionou suas atividades de negócios para marketing, área em que foi CEO de empresas nos setores de computação visual e tecnologia da informação.

Hoje, Bruce é o editor do site http://www.iot-inc.com e presta assessoria a marcas, fabricantes e fornecedores em estratégia de IoT, além de proferir palestras de abertura de eventos sobre Internet das Coisas em todo o mundo.

Bruce é conhecido pelos seus podcasts, séries de vídeos e reuniões mensais no Vale do Silício, além de ser autor de destaque em importantes publicações de negócios e tecnologia. Ele mora no Nordeste da Califórnia com a esposa e dois filhos.

Encontre mais informações sobre Bruce e suas atividades de consultoria, palestras, cursos e workshops em: http://www.brucesinclair.net.

IoT Inc. Workbook

Baixe o *IoT Inc. Workbook*, gratuito, em: http://www.iot-inc. com/workbook. Acompanhando cada capítulo deste livro, esse recurso complementar enfatiza os principais conceitos aqui expostos e fornece links para podcasts, vídeos e artigos selecionados, que analisam com mais profundidade tópicos importantes.

IoT Inc. Buyer's Guide

Produtos e serviços específicos não são mencionados neste livro, uma vez que estão sempre mudando. Veja as mais recentes ofertas comerciais em *IoT Inc. Buyer's Guide*, em: http://www.iot-inc.com/buyers-guide.

IoT Inc. Online Courses

Uma série de cursos on-line, baseados neste livro são encontrados em: http://www.iot-inc.com/online-courses.

LEIA TAMBÉM

RECEITA PREVISÍVEL
Aaron Ross & Marylou Tyler
TRADUÇÃO Celina Pedrina Siqueira Amaral

Toda empresa precisa vender, isso é inquestionável. No entanto, a maior parte delas permanece refém do acaso, sobrevivendo à base de resultados pífios, insuficientes e imprevisíveis. *Receita Previsível* (*Predictable Revenue*) é uma provocação a empresas, gestores, empreendedores e todos aqueles que lidam com vendas, para que saiam da posição de vítimas passivas da demanda de mercado e passem a protagonistas dos resultados.

Com a revolucionária metodologia *Cold Calling 2.0*, sua empresa nunca mais perderá tempo e dinheiro com processos de prospecção ultrapassados e ineficazes, e você assumirá o controle da receita, tornando-a completamente previsível.

De forma objetiva e com *cases* reais implantados pelos próprios autores – Aaron Ross e Marylou Tyler –, você aprenderá, passo a passo, como colocar em prática o processo de vendas *outbound*, que levou empresas como a Salesforce.com e a HyperQuality a aumentarem em mais de 300% suas receitas e a obterem milhões de dólares em receitas futuras. Sem milagres ou fórmulas mágicas, você será capaz de estruturar uma verdadeira máquina de vendas na sua empresa, sem grandes investimentos em marketing, utilizando apenas método, pessoas e disciplina para obter resultados incríveis.

Considerado a bíblia de vendas do Vale do Silício, *Receita Previsível* é um livro instigante, mas acima de tudo útil, como uma consultoria do mais alto nível.

PETER DRUCKER: MELHORES PRÁTICAS
Como aplicar os métodos de gestão do maior consultor de todos os tempos para alavancar os resultados do seu negócio.

William A. Cohen, PhD
TRADUÇÃO Afonso Celso da Cunha Serra,
Celina Pedrina Siqueira Amaral

Mundialmente conhecido como o pai da administração moderna, Peter Drucker (1909-2005) também foi um dos mais renomados e bem-sucedidos consultores de gestão de todos os tempos, tendo atuado em centenas de organizações públicas e privadas de vários países. Em Peter Drucker: melhores práticas, William A. Cohen, o primeiro aluno graduado no PhD executivo criado por Drucker, detalha as práticas mais efetivas de gestão adotadas pelo fenômeno da administração que ajudaram empresas como a General Eletric (GE) a chegarem ao topo. Esta obra pode ser considerada uma enciclopédia das práticas de Drucker, além de orientar sobre como e quando aplicá-las. Enquanto consultores de gestão encontrarão um guia completo com as melhores técnicas e metodologias para serem aplicadas em projetos de intervenção organizacional, executivos, gestores e empreendedores poderão ter em mãos uma verdadeira bússola para examinarem seus negócios e organizações, por meio de perspectiva pragmática – que reforça a influência e o impacto do pensamento e das metodologias de Drucker sobre as organizações até os dias atuais.

A BÍBLIA DA CONSULTORIA
Métodos e técnicas para montar e expandir um negócio de consultoria

Alan Weiss, PhD
TRADUÇÃO Afonso Celso da Cunha Serra

Se você já atua ou pretende ingressar no mercado de consultoria, precisa ler este livro. Alan Weiss é um dos mais notáveis consultores independentes de todo o mundo. Com cerca de 40 livros publicados e mais de 500 clientes atendidos em 55 países, o autor é referência quando o assunto é consultoria.
Com a consistência de quem pratica o que diz, Alan discorre, ao longo de 15 capítulos, sobre seus métodos e técnicas, indo desde a estratégia e o posicionamento do serviço de consultoria até questões mais operacionais sobre como elaborar propostas ou como lidar com questões administrativas, tecnológicas e de pessoal.
Para aqueles que já estão nesse ramo há algum tempo, Alan dá dicas e orientações valiosas sobre como lidar com clientes, como cobrar honorários mais elevados e como expandir seu negócio por meio de licenciamento, *franchising* e desenvolvimento de processos patenteados que possam se tornar fontes de receita.
Se tornar-se um consultor ainda é apenas uma possibilidade, este livro pode ajudá-lo a tomar a decisão mais acertada, porque expõe de forma verdadeira, clara e objetiva o que constitui a rotina de um profissional da área.
Com uma linguagem didática e bem fundamentada, *A Bíblia da Consultori*a é um guia prático, tanto para prestar o serviço de consultoria em si quanto para gerir um negócio com excelência técnica e resultados financeiros.

TRANSFORMAÇÃO DIGITAL
Repensando o seu negócio para a era digital

David L. Rogers
TRADUÇÃO Afonso Celso da Cunha Serra

Como podemos adaptar nosso negócio à era digital? Essa é a pergunta que vem tirando o sono de muitos CEOs, dirigentes e gestores de empresas diante da quantidade e profundidade das mudanças no ambiente de negócios nos últimos anos. Especialmente para negócios estabelecidos antes da virada do milênio, esse cenário tem se mostrado bastante desafiador. Migramos do mundo analógico para o digital, em que o ritmo é bem mais frenético, e os resultados, incertos. A comunicação entre pessoas e empresas se dava por telefone, correio ou, no máximo, e-mail. Não se podia prever a dimensão que as redes sociais, as mensagens virtuais, o comércio eletrônico e o marketing digital alcançariam. Basta lembrar que algumas empresas gigantes da atualidade, como Amazon, Google, Facebook, YouTube e Netflix, têm pouco mais de 10 anos de existência.

Transformação Digital: repensando o seu negócio para a era digital é um caminho para ajudar empresas de todos os portes e segmentos a refletirem sobre esse universo que se impõe e a encontrarem alternativas estratégicas para se ajustarem aos novos tempos. Com a autoridade de quem vem ajudando empresas como GE, Google, Toyota, Visa, SAP e IBM a fazerem sua transformação digital, e com o conhecimento de quem dirige os programas executivos de Digital Business Strategy e Digital Marketing da renomada Columbia Business School, David L. Rogers propõe uma análise profunda do que denomina "os cinco domínios da transformação digital: clientes, competição, dados, inovação e valor". Com esse *framework*, o autor consegue organizar o raciocínio em torno do tema e pavimentar o acesso à sua implementação. Parafraseando o próprio Rogers, transformação digital não se trata de uma questão de tecnologia, mas sim de estratégia.

CUSTOMER SUCCESS
Como as empresas inovadoras descobriram que a melhor forma de aumentar a receita é garantir o sucesso dos clientes

Dan Steinman, Lincoln Murphy, Nick Mehta
TRADUÇÃO Afonso Celso da Cunha Serra

De onde virá a receita do seu negócio no futuro? Sua empresa ainda é daquelas que têm de "matar um leão por dia" para fechar o mês? Já ouviu falar em receita recorrente? Acha que customer success é assunto apenas para empresas de tecnologia ou startups?

Se esses e outros questionamentos já lhe foram feitos, você precisa ler *Customer Success* para descobrir que, mais que um neologismo, trata-se de uma nova estratégia para lidar com os modelos de negócio fundamentados em serviços em vez de produtos, no uso em vez da propriedade. Seja qual for o segmento em que atua, direta ou indiretamente, você será impactado por esse fenômeno.

Customer success tem a ver com a geração de receita por meio da criação de drivers de retenção ativa de clientes, de redução do *churn* e estratégias de *upselling* para maximizar o valor do cliente ao longo do seu ciclo de vida, o *Lifetime value* (LTV). Muito além da satisfação dos clientes, *customer success* é saber que a sobrevivência da sua empresa depende do sucesso do negócio do seu cliente e, a partir daí, adequar estruturas e processos para crescer de forma rentável e contínua.

INTELIGÊNCIA EMOCIONAL EM VENDAS
Como os supervendedores utilizam a inteligência emocional para fechar mais negócios

Jeb Blount
TRADUÇÃO Afonso Celso da Cunha Serra

Os profissionais de vendas estão passando por uma verdadeira prova de fogo. De um lado, compradores com mais poder, informação e acesso a fornecedores prontos para tomar o seu lugar em todo o mundo. De outro, um ambiente tecnológico disruptivo, onde um produto ou serviço pode virar pó da noite para o dia.

O que fazer nessa situação?

Aproximadamente 1% dos profissionais que atuam em vendas está se dando bem nesse cenário: são os supervendedores. Essa elite de vendas está usando a inteligência emocional para fechar mais negócios.

Nesta obra, Jeb Blount apresenta detalhadamente as técnicas e os comportamentos utilizados por esses vendedores de alta performance, capazes de influenciar compradores e decisores e superar a concorrência.

Inteligência Emocional em Vendas aborda o hiato do relacionamento humano no processo de vendas atual, um momento em que as organizações estão falhando porque muitos vendedores nunca desenvolveram as habilidades humanas necessárias para envolver os compradores no nível emocional.

MITOS DA LIDERANÇA
Descubra por que quase tudo que você ouviu sobre liderança é mito

Jo Owen
TRADUÇÃO Afonso Celso da Cunha Serra

Em *Mitos da Liderança*, Jo Owen derruba, um a um, 56 mitos sobre a liderança que fazem parte do senso comum e estão impregnados nas mentes de milhares de estagiários, jovens profissionais e até dos mais experientes especialistas, impedindo-os de assumirem posições de liderança pela crença em ideias arraigadas, ultrapassadas e sem qualquer comprovação científica sobre o que é ser um líder de fato. Com base em dados e estudos científicos, Jo apresenta, a cada capítulo, os argumentos que derrubam cada um dos mitos que o senso comum em negócios nos faz acreditar. Ele também releva um horizonte de possibilidades para que cada um de nós se identifique com o texto e faça seu próprio diagnóstico sobre suas crenças e conhecimento a respeito da liderança.

Mais do que conhecimento, Jo Owen abre um novo horizonte sobre o tema da liderança e sacode nosso espírito crítico para que possamos remover as barreiras que nos impedem de explorar todo o nosso potencial como líderes.

Depois de *Mitos da Liderança*, sua visão e opinião sobre as "verdades" sobre os líderes nunca mais serão as mesmas.

OS SONHOS DE MATEUS
Aventuras e desventuras de um empreendedor no universo das startups

João Bonomo

Já pensou em empreender?
E em ter sua própria startup?
Essas e outras questões afligem milhares de jovens que estão ingressando na vida adulta e se vendo diante de dilemas até então distantes do seu cotidiano. Com a conclusão do ensino médio e o ingresso na universidade, a busca por uma carreira que concilie qualidade de vida e sucesso profissional é permeada por dúvidas, prazeres, dores, sucessos e fracassos. É um momento de escolhas difíceis, que terão impacto por toda uma vida. É também um período de fortes emoções nas relações familiares, amizades, amores e novos meios sociais que o jovem passa a frequentar.

Em *Os sonhos de Mateus*, uma ficção sobre empreendedorismo, esses e outros ingredientes se juntam para apresentar aos jovens um dos caminhos possíveis para a busca da autorrealização na vida e no trabalho: a arte de empreender.

Ambientado no universo das startups – empresas de base tecnológica fundadas e dirigidas por jovens empreendedores –, *Os sonhos de Mateus* conta a jornada de um jovem como qualquer outro, que se vê diante de questões complexas como carreira, independência financeira e a busca da própria identidade.

De forma leve e didática, os conceitos, processos e atitudes para empreender são tratados ao longo do livro nas passagens de Mateus e nas suas relações com familiares, amigos, colegas de faculdade, de trabalho, enfim, no seu dia a dia. *Os sonhos de Mateus* também mostra os dois lados do empreendedorismo: sucessos e fracassos, aventuras e desventuras. É um livro esclarecedor, que desmitifica a figura do empreendedor e faz com que os jovens se identifiquem com Mateus, levando-os a conhecer e refletir sobre a questão do empreendedorismo e a encontrar o "Mateus" que existe em cada um de nós.

MITOS DA GESTÃO
Descubra por que quase tudo que você ouviu sobre liderança é mito

Jo Owen

TRADUÇÃO Afonso Celso da Cunha Serra

Você é daqueles que acredita no fim da hierarquia nas empresas; ou que um ambiente de trabalho descolado vai tornar os funcionários mais criativos; ou ainda, que o que move as pessoas é o dinheiro?
Se você respondeu positivamente a uma ou mais dessas perguntas, precisa ler *Mitos da Gestão*. Nesta obra, Stefan Stern e Cary Cooper desmontam, com singular maestria, 44 mitos sobre a gestão propagados como verdades absolutas por muitos gestores e empresários.
São "máximas" repetidas usualmente, sem qualquer reflexão, e que acabam induzindo esses mesmos gestores e empresários a tomarem decisões completamente equivocadas baseadas em crenças sem fundamento, levando à perda de tempo, dinheiro e outros recursos valiosos.

Mitos da Gestão *vai estimular a sua visão crítica sobre diversos temas da gestão de empresas e AJUDAR VOCÊ a evitar as armadilhas nas quais esse tipo de raciocínio obtuso, baseado no senso comum, podem FAZER VOCÊ cair.*

Livre-se dos mitos que o estão impedindo de ter uma gestão mais moderna e eficaz na sua organização.
Depois de ler *Mitos da Gestão*, sua visão sobre como gerir um negócio nunca mais será a mesma.

Este livro foi composto com tipografia Bembo e impresso
em papel Off-White 90 g/m² na Assahi.